U0945102

陈铭聪 著

WEN ZHOU XUE SHU WEN KU
温 州 学 术 文 库

# 公私合作模式相关法律问题研究

GONGSI
HEZUO
MOSHI
XIANGGUAN
FALV
WENTI
YANJIU

厦门大学出版社
XIAMEN UNIVERSITY PRESS
国家一级出版社
全国百佳图书出版单位

**图书在版编目(CIP)数据**

公私合作模式相关法律问题研究/陈铭聪著.—厦门:厦门大学出版社，2017.9
(温州学术文库)
ISBN 978-7-5615-6569-8

Ⅰ.①公… Ⅱ.①陈… Ⅲ.①政府投资—合作—社会资本—法规—研究—中国 Ⅳ.①D922.280.4

中国版本图书馆 CIP 数据核字(2017)第 151471 号

**出 版 人** 蒋东明
**责任编辑** 李 宁
**封面设计** 李嘉彬
**技术编辑** 许克华

**出版发行** 厦门大学出版社
**社 址** 厦门市软件园二期望海路 39 号
**邮政编码** 361008
**总 编 办** 0592-2182177 0592-2181406(传真)
**营销中心** 0592-2184458 0592-2181365
**网 址** http://www.xmupress.com
**邮 箱** xmup@xmupress.com
**印 刷** 厦门集大印刷厂

**开本** 720mm×1000mm 1/16
**印张** 14.5
**字数** 260 千字
**插页** 2
**版次** 2017 年 9 月第 1 版
**印次** 2017 年 9 月第 1 次印刷
**定价** 59.00 元

厦门大学出版社
微信二维码

厦门大学出版社
微博二维码

# 2016年度《温州学术文库》编辑指导委员会

# 目　录

# 引 言

## 一、研究缘起

### (一)全球化的议题

全球化(globalization)为当今世界自由市场经济盛行的一种现象,无论是政治学、经济学、管理学或社会学等都有不少学者对此进行论述。在这些论述中,出现一个值得探讨的问题,即"全球治理",旨在探讨全球化所引发的重要议题。在全球化的架构下所形成的新管理制度、新社会规范与新价值体系,对传统国家行政管理模式产生了巨大的冲击。全球化把世界政治、经济和价值秩序汇集成一个无国家疆界的场域,无论从国际政治学还是从发展社会学的角度,国家角色、政府功能、社会平等、价值分配或市场与社会的关系等问题,都将被重新给予论述与评价。

全球化带来的影响大致分为两个方面:一方面,主要是由上至下管理社会的权威结构,必须转变或转型,因为国家已无法依照以往纯粹的以政府为中心的结构,而需要民间力量的合作。公共治理不再仅由国家独任,民间力量的参与也日益增多。另一方面,涉及全球性的治理议题逐一浮现,经济贸易合作、人权或人道援助、温室效应或环境保护、野生动植物保育以及医疗卫生等,受到各国政府和社会组织的关切。在理论上,这些议题受国家主权的框架限制,未能脱离以政府为统治主体的思维与路径。然而,全部由一国政府去处理恐怕力有未逮,因而需要新的治理机制来加以管理。因此,通过各国政府与民间力量进行某种程度的整合,建立协调的机制,寻求合作的机会,已经被视为一种新的治理模式。

### （二）民营化的浪潮

20世纪80年代，西方国家兴起一股民营化（privatization）（本书称为私部门化）浪潮，这股浪潮席卷世界上许多国家和地区。民营化不仅仅是政府组织改革的权宜之计，更是一个不可逆转的潮流。① 尽管每个国家或地区的民营化进程各不相同，范围也有所差异，并引发各种争论，但民营化已经成为全球范围内各国政府改革的一种新取向和政府治理的新战略。② 民营化导引出的公私合作，是指公部门与私部门建立合作伙伴关系，公部门将所执行的行政任务移转到私部门，以缩减行政任务、精简人事编制、节省财政支出和提升行政效率，可以说是现代国家最常使用的行政改革手段。③

## 二、研究目的

现代民主政治基本上是基于“人民的知情权”“人民的同意”与“公私合作”。

首先，政府应尊重人民的知情权，使人民知悉参与公共事务的信息。知情权是公共事务推动的基础与动力，政府政策与信息公开可以提升人民参与公共事务的兴趣，并防止政府的黑箱作业以及政策盲点。

其次，政府应该注重与人民的互动，并通过良性的互动获得人民的信任及认同，为政府公权力的存续提供合法性的基础。

最后，政府应与民间建立合作伙伴关系，提供公私合作的机会，通过人民的同意与参与，汇集民意，达成共识，如此才能有效地推行行政任务。

公私合作的含义，简单来说，是指个人、民间团体、法人组织与非法人组织基于权利的认知及实践，对政府的行动及政策的信息予以充分理解，同时也有参与的意愿与管道。换言之，公私合作有利于打破公部门对公共政策或行政任务的一贯垄断，有利于吸纳私部门的参与，与公部门合作完成行政任务，直接体现了现代法治国家所内含的民主性和公开性要素，扩大了私部门对公共政策或行政任务的直接参与。因此，公私合作的运作可以说是民主政治理念

① 杨海坤、章志远：《中国行政法原论》，中国人民大学出版社2007年版，第411页。

② 黄学贤：《中国行政法学专题研究述评（2000—2010）》，苏州大学出版社2010年版，第56页。

③ 詹镇荣：《论民营化类型中之公私协力》，载《月旦法学》2003年第102期。

的具体表现之一。

目前,我国在公私合作发展过程中存在诸多问题,例如:公私合作的外部法律保障制度不健全、公私合作的内部构成机制运行不顺畅、公私合作的实施方式程序缺乏规制、公私合作的市场透明化程度不高、公私合作的救济监督处于薄弱环节等,已经严重阻碍公私合作的正常运行和健康发展。同时,在法学理论层面上,公私合作的研究相对匮乏,不能响应社会现实的需要。[①]

公私合作模式必须建立在坚实的法治基础上,不仅需要从文化与观念上着手,更需要制度上的配合。我国 1982 年《宪法》公布至今,社会发展已经从经济性发展逐渐走向政治性发展,但是,法治观念尚未成熟,法治建设尚未完备,公私合作的实践经验更是缺乏。因此,我国的政治环境与社会环境是否已经满足公私合作应该具备的条件,颇值得深思。尽管过去几十年来民主建设的发展已经逐渐形成公民参与的概念,但是人民对公共事务的参与毫无认识,在一定程度上误解了公私合作的本质,忽视了公私部门之间的权利与义务。传统行政管理模式实行的是管制行政,与公私合作模式所要求合作的本质存在矛盾与对立的特性,因此,必须重新建构一种新的行政模式,以面对这一现象。

在公私合作的议题中,首先,主要是探讨公私合作的含义和理论基础,并尝试建构新的行政模式,从这个新模式的设计中试图使公私合作的真义能够落实到实际的政府决策过程和行政任务执行中。公私合作是从传统的行政体系蜕变而来的,与以往的政府形态有所不同,包括其组成方式、制度设计都必须重新思考与规划。其次,在这个模式之下,应思考如何培育、发展更积极的私部门,并且配合公部门角色重新定位,重新设计一个适合公私合作的制度环境。理论的实践或制度的设计都必须建立在现实的社会环境之上,要将公私合作的理念进一步落实,就必须切实了解现实行政环境中有利于和不利于公私合作的因素,再选择适当的公私合作的策略。

本书尝试进行公私合作的相关制度的设计,并提出行政合作法的制度建构。过去在关于公私合作的学术研究中,大部分是公共行政学者关注的议题,而行政法学对此的探讨相对较少。行政法学者在探讨公私合作的议题时,首先应该致力于发现此问题所提供的公私合作模式为何,法制应该如何取向于落实;其次,在设计相关公私合作的制度时,应根据公私合作的模式与行政任务的特性,而有不同的考虑重点。

---

① 赵磊:《行政法视域下的公私协力行为研究》,东北师范大学 2011 年硕士论文。

## 三、研究思路

公私合作是近年来各国政府寻求提升政府治理能力，改善治理绩效的主流思维，其不再只是强调对价与利益结合的交易关系，而是更加强调合作伙伴关系，基于相互认同的合作目标，建立在不同利益之间的动态关系，包括相对自主、公平参与、明确课责、透明程序的相互衔接与认同允诺的新相互关系，一种需要更多包容适应、欣赏学习与异质交流，并进行资源连结与组织学习的转换过程。[①] 近代的行政机关在选择达成行政任务的手段上，与过往有相当大程度上的改变。传统强调公部门必须完全负责的行政形态，现已由公、私部门共同承担。公私合作强调公部门与私部门系相对平等的伙伴关系，共同致力于特定行政目标的达成或行政任务的执行，[②]本质上是一种概括描述公部门与私部门为了较经济地实现公共任务所采取的合作关系，相较于传统干预行政与给付行政，属于合作行政的一种展现。

公私合作是一个连结行政主体与行政客体之间垂直与水平合作的集合性概念，而此种集合性概念是描述纯粹以高权形式实现公共任务以及公共任务完全私部门化的两种极端光谱间的所有形态。此外，更有学者明确指出，公私合作概念应与私人财政资助(private finance initiative，简称 PFI)有所区隔。[③]即便如此，公私合作也仅能抽象地描述其范围，难以明确地定义其所有的模式。公私合作特别强调公部门与私部门之间的伙伴、合作与共同作用关系，因为公私合作欲建构一个能结合公、私部门的优势，使之形成双赢，并让参与的公、私部门均能达到预期的丰硕效果的合作形态。从国家的观点来看，公、私部门之间不只是共同利益的相互利用，更是通过公私合作的模式，作为建构双方合作伙伴关系的机制。若从任务角度观察公私合作，则公、私部门之间以阶段性的任务分配或责任分配的模式将行政任务移转给私部门执行。其中将公共任务移转私部门所欲达成的利益，在于财政负担的减轻，增进给付的完善，

---

① 李宗勋：《公私协力与委外化的效应与价值：一项进行中的治理改造工程》，载《公共行政学报》2004 年第 12 期。

② 詹镇荣：《行政合作法之建制与开展——以民间参与公共建设为中心》，载台湾“行政法学会”主编：《行政契约之法理、各国行政法学发展方向》，2009 年版，第 107 页。

③ J.Ziekow：《公私协力在德国宪法与行政法上之挑战与发展》，詹镇荣译，于 2009 年公私协力(PPP)法制国际学术研讨会上发表。

组织与程序上负担的减轻，弹性化、接受度和形象的增进等。对于公部门而言，其必须承担的风险包括：合作关系可能创造的不对等的市场地位、信息上的不对称、因私益的追求而产生对公共利益不利的负担、正当性的要求被破坏、国家调控能力因依赖私部门而减弱甚至丧失等。相对的，私部门也可能因公私合作的运用而获得事业的开创、经济利益、能利用行政资源解决自身问题等，而这些因公私合作所产生的困境或利益，均必须通过法律规范与机制加以控制，使公私合作行为既能达到行政行为的目的，又不至于成为规范外的“脱缰野马”。[①] 关于公私合作的可行性分析，可以从以下四个方面进行。

### （一）法律可行性

法律可行性是指政策方案在执行时，能否克服法规方面的障碍，是否违反法律规定，是否受到法规限制，是否必须制定或者修改法律、法规。

### （二）经济可行性

经济可行性是指执行政策方案时所需要的一般性资源与特殊性资源的可得性。一般性资源是指财务预算，特殊性资源则指专业性人力、资源及相关信息等。

### （三）公益可行性

公益可行性是指政策方案在执行时，必须考虑公益与私益之间的衡量问题，而且公益必须大于私益，否则私部门的参与就欠缺正当性。

### （四）执行可行性

执行可行性涉及备选方案的标准作业程序有无问题，有无适当的预算项目，是否必须另外设置执行机关，私部门人力配置有无问题，最终直指私部门是否足以承担政策方案的执行工作。

---

① 许登科：《德国担保国家理论为基础之公私协力法制——对台湾促进民间参与公共建设法之启示》，台湾大学法律学研究所2008年博士论文。

## 四、研究方法

按照公私合作的理论基础、制度设计及法律分析等研究途径的需要，本书的研究方法着重在公私合作方面进行分析与论证，并从相关理论中寻求有关公私合作的主张、立论，形成公私合作的基本原则，并尝试建构公私合作的模式。为了切实将公私合作的基本原则及模式落实于现实社会，分析影响公私合作的制度的可能性，本书将以文献资料为根基，以实践公私合作为目标，建造一个可能的制度环境。文献资料来源于国内外的相关论者，以及期刊、研究报告、学术发表论文、网页资料、报纸等。

由于我国对公私合作问题的讨论相当有限，本书拟采取比较法学的方法开展探讨，旨在观察本国法的问题，经由比较域外的法律制度加以解决。因此，应该选择具有相同的生活问题、论证方法更为丰富、实践上有更多的解决经验、内容相近的法律制度作为比较对象。本书将选择德国、日本作为借鉴的对象，因为德国、日本皆为大陆法系国家，除了法学理论向为我国所继受外，也是因为德国、日本早在 20 世纪 80 年代即开始进行公私合作或相关领域的研究，其学理、法律规制及实务上的运作模式，应该足以作为我国处理类似问题与法制化的参考。

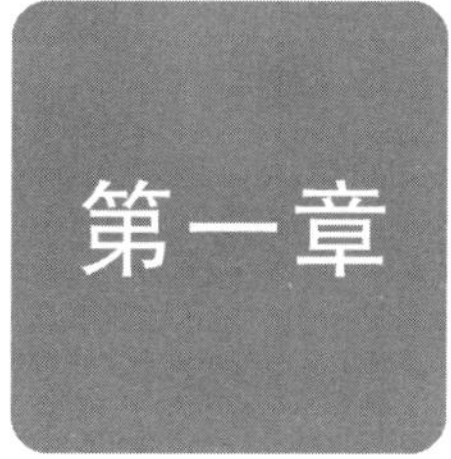


# 公私合作的基本概念

## 第一节 公私合作的起源与目标

### 一、公私合作的起源

#### （一）福利国理念的兴起

福利国（或称社会国）理念大约在第一次世界大战后兴起，并为当今多数先进国家和地区所采行，其目的是修正纯粹自由主义国家的理念，进而把国家的行动限制在维护安全领域，该原则认为应该借由国家力量积极形成正当化的社会秩序。所谓正当化的社会秩序，是指包含经济需求的满足与生活环境的确保。此外，借由生存照顾的给付义务，公部门更负担了提供水、电、天然气等众多服务。然而，持续增加服务所造成的后果是政府部门因其事实上人员配置与资源有限，无法对现行法律所要求的各种措施加以有效执行。政府部门在遭遇此种困境后，希望引进民间力量，协助其执行无力负担且日渐增多的行政任务。而政府管制的增加将不断压缩民间自由发展的空间，从而可能对人身自由与经济自由造成危害，因此，要求政府解除管制的呼声不断高涨。经济全球化的浪潮更对此种去除管制以实现自由化的要求产生了推波助澜的功

效,在全球化的经济体系下,资本的累积不再限制于单一国家的领域,而是存在于全球化的经济体系之中,降低生产成本成为企业提升竞争力的主要手段。因此,若政府承担的任务越多,势必会加强对社会的管制,如此必然会增加企业的生产成本,降低其投资意愿,国家的经济发展因而减缓,降低国家的竞争能力。因此,为维持国家的竞争优势,现今世界各国的政治决策都已直接或间接受到如联合国(UN)、世界银行(WB)、世界贸易组织(WTO)、经济合作发展组织(OECD)的影响,缩减国家管制的范围。① 在此种压力之下,公部门解除原本由其承担的任务,移转给私部门自行运作,并减少国家的直接管制,借以满足市场经济的期待,以期提高国家的竞争力。

随着福利国理念的长期发展,财政上的压力成为国家必须面对的重大课题。首先,伴随着行政任务的不断扩大,支应行政任务的财政支出也持续扩张,加上行政任务具有"易于创设、难于终结"的特性,结果常使政府财政捉襟见肘;其次,由于行政任务的膨胀,行政资源愈加庞大,基于分配与管理的需要,政府部门势必相应扩增,为办理相关业务而扩大编制,增加更多的公务人员,其人事费用也会造成国家财政的沉重负担;②最后,政府在福利国的责任压力下,必须苛征高额税收以支应不断上升的财政支出,税收的提高不但使一般家庭实质收入相对减少,还会造成储蓄下降,进而降低投资意愿,导致社会资本成长缓慢,无法推动经济成长,相对的也会减少政府的税收,造成恶性循环。③政府部门面对此种财政上的沉重负担,势必无法维持相同的规模,为了减轻财政的压力,将其所承担的行政任务移转私部门,已经成为一种重要的改善手段。

### (二)民营化的浪潮

民营化,本书又称为私部门化,在 1976 年由美国人 Robert Poole 首次提出,在近代政府改革发展上,是一个重要的里程碑。1979 年,撒切尔政府(Thatcher Government)推动了公营事业民营化的政策。民营化,是指政府部门减缩组织规模,并将任务移转民间办理的种种现象。一开始,民营化是用来

---

① David Held、Anthony McGrew、David Goldblatt、John Perraton:《全球化大转变:全球化对政治、经济与文化的冲击》,沈宗瑞、高少凡、许湘涛、陈淑玲译,韦伯文化事业出版社 2001 年版,第 202～205 页。

② 廖俊松:《福利国家民营化的观察与检讨》,载《小区发展季刊》1999 年第 85 期。

③ 古允文:《从福利国家发展谈民营化下国家角色的转换》,载《小区发展季刊》1997 年第 80 期。

形容公营事业释股于民间,并且也仅限于此。现今,民营化却早已逸脱出公营事业释股的狭义范畴,扩展到适用一切私部门化的现象。若从国家的角度观察,民营化可以看作是一种改革的策略,结合民间的资源,将行政任务移转至民间来执行,达到减少政府部门的任务的目的。[①] 私部门一般必须达到以下三个目的:一是缩减政府规模并减少干预与管制,以增加私部门的功能并促进社会参与;二是扩大并强化市场功能,促进兼顾市场取向的施政模式;三是促进政府组织的经营绩效,提升服务质量并满足人民的需求。[②]

在国家实践方面,20 世纪 80 年代,日本政府开始对国有企业的管理制度进行改革,目标是提高经营效率。其主要措施是逐步下放国有企业的经营自主权,减少政府对其经营活动的干预,广泛推行国有企业的民营化。日本政府先后将中央政府所属的日本电话、电信公社和专卖公社、国有铁路公社等大型国有企业民营化。具体做法是先把国有企业原资产折成股份,国家是该股份公司的唯一股东,然后向私人企业出售部分股权,形成国私共同持股的股份公司。我国与日本政府国有资产管理体制改革相似,我国国有企业民营化是指把国有企业的大部分资产分解出售给社会公众或广泛吸收社会资金,从而把国有企业变成股份制企业。国有企业民营化虽然也通过股份制,但其与以前的股份制改造所不同的是,国家在股权结构中不再处于控股地位,从而把国有企业改造成社会化的民营企业。国有企业民营化,必须对社会公众的资金具有吸引力。如果由于各种原因,国有企业不能吸引社会公众资金,也没有机会吸收外资改造成中外合资企业,那么还有一条现实的途径,就是接受民营企业对其改造。

### (三)经济管制的解除

在说明解除管制之前,必须了解政府为什么要进行经济管制。经济管制是公部门在市场经济的基础上,基于保障公共利益与提高效率等原因,以公权力介入并代替私部门的部分决策(如定价、产能、营业范围等),以行政程序代替市场机制。当某一产业为完全竞争市场时,不需要任何人为干预,借由市场机制的运作自然可以达成生产效率与配置效率的最优选择,符合社会大众利益的最佳境界。一旦市场无法满足上述完全竞争市场的假定,如垄断与寡头的存在,便无法达成效率最优化。即使市场符合竞争市场的假定,但如果存在

---

① 林明锵:《欧盟行政法——德国行政法总论之变革》,台湾新学林出版股份有限公司 2009 年版,第 34 页。

② 李希扬:《台湾教育事业民营化之研究》,台湾师范大学教育系 1999 年硕士论文。

外部性、公共财政短缺的问题，一样无法达到配置最优化。

在上述诸多市场失灵的情况下，为顾及国民权益，需要仰赖公部门的介入与管制。[①] 经济管制是一种以行政手段代替市场机制的制度，公部门采行经济管制措施的目的，是直接通过人为的手段，保障公共利益与提高效率。换言之，公部门对于特定事业或市场进行管制往往基于许多原因，但其共同的原因在于补救自由竞争机制的不足。[②]

有关经济管制的原因，主要有以下几个方面：一是基于控制自然独占力量的需要。在无竞争的情形下，自然独占事业限制产能并提高售价，成为获取超额利润最好的方式。自然独占事业在国有化政策下，管制自然独占事业主要的方式就是定价管制，使得资源不至于接收错误的价格讯号，而全部流向自然独占市场，提高资源分配效率。二是基于管制"暴利"(windfall profit)的需要。所谓暴利，是指当某种产品或服务的价格忽然上升，使业者取得不当利润。[③] 在经济学上，此种暴利(predatory pricing)策略，是指部分强势经营业者先利用低价策略打击其他竞争对手，当市场中仅剩部分强势业者之后，再以高价赚回损失。如此一来，社会大众未受其利却先受其害。因此，政府必须介入加以管制，以维持市场秩序。

应该注意的是，解除管制常与民营化相提并论，尤其是在行政学的讨论上，很多学者会将"公私合作"一词等同于解除管制。例如，将其理解为减少政府干预，增加私有机制功能以满足人民需求，或认为民营化应该包含自由化与解除管制，或是与完全的市场安排视为相同意义。[④] 因此，公部门除了开放市场竞争、维持竞争秩序外，应该废止所有会导致进入市场的障碍与限制，禁止任何干预与保护。[⑤] 关于民营化和解除管制两者的关系，有学者认为，解除管制的措施是否能为私部门带来更多的自由，原则上取决于民营化后公部门对于该任务负有何种程度的责任，以及该责任是否赋予公部门进行控制或介入

---

① 虞国兴、康世芳、胡名雯：《台湾自来水市场解除管制可行性研究》，载《公平交易季刊》2003 年第 4 期。

② 陈鸿嘉：《台湾公用民营事业市场解除管制之可行性研究——以天然气产业为例》，台湾逢甲大学经营管理硕士在职专班 2007 年硕士论文。

③ 张清溪、许嘉栋、刘莺钏等：《经济学：理论与实际》(上册)，台湾翰芦图书出版有限公司 1995 年版，第 276 页。

④ 詹中原：《公共行政理论与实务》，台湾五南图书出版股份有限公司 1993 年版，第 15 页。

⑤ 徐晓菁：《民营化之法律概念》，载《公营事业评论》1999 年第 4 期。

措施的义务。因此,解除管制并不必然导致将行政任务放任给市场看不见的手来操作;私部门化并不是政府责任的解除,而是通过解除管制后的重新规制,将行政任务以最符合公益的需求来完成。

## 二、公私合作的目标

### (一)推动行政组织改革

公私合作的推动与行政组织的改革息息相关,因为两者的手段与目的具有关联性,行政组织形态必有多样,才可以因应不同的行政任务而选择不同的组织形态。行政组织的历史发展与公私合作有不可分离的关系,事实上,自 20 世纪以来政府改革行动一直绵延到 21 世纪仍没有停止。传统行政组织的模式是倾向于科层式组织的国家直接行政。科层式意指组织体系垂直分工的原则。换言之,科层式行政组织是指同一行政主体下的公部门之间呈现出的层层节制的严密体系,上下级机关之间有严格的上下统属关系,形成金字塔般的垂直分工体制。然而,此种科层式行政体系原本是希望创造出一个极高效率的结构,实际却偏离了当初的想法,导致行政效率的低下。公私合作是现代政府改革的必要手段之一,但必须同时注意有关的限制与其可能带来的负面效果。另外,必须同时考虑其特性、限制及其他配合措施,才能使之成为有效的制度与方法。

行政法规范的对象是行政机关与行政相对人的关系,因此无论是基于社会环境的变迁,还是相关法律的改变,只要行政机关与行政相对人之间的关系有重大的改变,行政法体系就应随之改变。[①] 所以,行政组织本质上具有工具性格,任何行政组织的设置必有其所欲实施的行政任务,其本身并非目的,而在于任务,任务决定组织,组织与任务之间必须有匹配性。[②] 换言之,行政组织形态的设计与应用,势必不可避免地与行政任务的种类及特性具有不可切割的"手段—目的"关联性。[③] 但近年来,为解决国家财政的困难与行政效率

---

① 陈爱娥:《行政行为形式—行政任务—行政调控——德国行政法总论改革的轨迹》,载《月旦法学》2005 年第 120 期。

② 黄锦堂:《开放的行政组织概念——宪法学与公共行政学门的整体观察》,载《行政组织法论》,台湾翰芦图书出版有限公司 2005 年版,第 24～25 页。

③ 詹镇荣:《变迁中之行政组织法——从组织形式选择自由到组织最适诫命》,载《"中研院"法学期刊》2010 年第 6 期。

低下的问题，政府组织改革的风潮方兴未艾，公私合作伙伴关系（PPP）、行政法人等新兴的行政改革的议题备受关注。

## （二）提高行政效率

传统的行政模式是科层式组织的国家直接行政，并以此为行政组织的标准，如欲与此背离，就必须具备特殊的正当性事由。[①] 科层式组织是指组织体系垂直分工，并以此将整体任务与权限以一种固定的、由上而下的阶层顺序，安排给比较小的行动单元，每个阶层活动的正当性都来自最上层，后者并借由其中间阶层来控制所有阶层。换言之，科层式行政组织是指同一行政体系下的上下级行政机关之间，呈现层层节制的严密体系，上下级行政机关之间有严格的隶属关系，形成金字塔般的垂直分工体制。借着这种层层的统属关系，使一个最高行政首长，在理论上可以统辖所有所属机关，进行权责集中的一元式领导模式，[②]其所带来的严重的后果是使得行政效率低下。

首先，传统的行政组织强调依法行政，受严格的法律拘束，要求行政机关必须遵守法律的命令，必须以上令下从的科层式组织作为其落实的制度基础。然而，行政科层组织因行政任务持续扩大而变得庞杂，作成行政决定应经的流程也因此无限膨胀，其通常会因公文往返旷日费时而形成无效率的现象。

其次，传统的行政组织所重视的是规范“如何”作成行政决定的程序。换言之，其着眼于形成科层体系、人事制度、预算制度及程序规范等架构，一般性地影响行政决定的作成。此种设计被批评为是一种投入导向的结构，其中产出只是一项附属品，在此种制度的影响下，将使得公部门沉溺于事情应该如何作成，包括规定程序、控制投入，以至于忽视成果。此种结构性的因素往往被认为会造成行政机关忽视强调结果的效率要求。

最后，维持此种行政组织的运作而必须配置的公务员制度也遭受批评。终身雇用原则使行政机关几乎无法解雇任何无能力、工作意愿低或工作效率低之人，而公务员的升迁和待遇几乎是依照职等与年资而决定，而非基于实际的工作内容。从激励工作的机制来说，公务员的绩效制度往往流于形式，失去

---

① 陈爱娥：《国家任务取向的行政组织法——重新建构行政组织法的考量观点》，载《月旦法学教室》2003 年第 5 期。

② 詹镇荣：《变迁中之行政组织法——从组织形式选择自由到组织最适诫命》，载《“中研院”法学期刊》2010 年第 6 期。

奖励公务员勇于任事、积极向上的作用。[①]

以上因素都会导致公务员丧失积极的工作意愿，进而造成行政效率的低下。相较于公部门在行政组织上的缺陷，私部门在组织的设计、作成决定的流程、人员的聘用与解雇上，并不会受到像公部门一般复杂而庞大的限制。私部门所需要的资源，必须以成本加以换取，所以更重视效率的考虑。鉴于私部门的此种优点，公部门在面对日益高涨的批评时，也逐渐将原本由其所承担的任务移转由私部门，承担期待利用私部门在组织与制度上的优势，提升执行的质量与效率。

### （三）减少政府财政支出

关于公私合作与政府财政拮据的关系，以德国为例。该国的道路建设及其管理，以其国际著名的高速公路网的完善为代表，在传统上由公共团体进行规划、建设和经营管理。从公有财源中提供资金的同时，建立了一套国民可以自由无偿利用的系统。而这一系统却趋于崩溃。以欧盟为例，虽然欧盟统一后确立了区域内实行自由通行原则（1994 年 1 月 1 日），但由于德国国内的免费自由通行无法保持与其他各国的均衡，结果导致高速公路旁路化（bypass）。加之环境污染日趋严重，德国也开始引进征收高速公路通行费的制度。[②] 高速公路网征收通行费用的问题在德国国内引起激烈的争论，关于总重量 12 吨以上的货物汽车，从 1995 年 1 月 1 日起开始依照征收特别税的形式征收高速公路网使用费用。另外，两德统一后，原民主德国方面急需得到交通基础设施的迅速完善，这加重了德国原本沉重的财政负担，而当时德国经济不景气，国家财政收入有减无增。因此，实现财政健全化的要求变得更加迫切。面对种种现实问题，德国开始在道路建设和管理两个方面引进民间资本活力。完善道路的民间活力措施，包括将道路附属设施（加油站、休息厅、小卖店等）交给民间经营；改变从前连同附属设施的经营也由联邦政府一手包办的惯有方式，承认由私部门经营道路附属设施。[③]

---

① Owen E.Hughes：《公共管理新论》，林钟沂、林文斌译，台湾韦伯文化事业出版社 2000 年版，第 59～60 页；David Osborne、Ted Gaebler：《新政府运动》，刘毓玲译，天下文化出版社 2003 年版，第 155～156 页。

② 通行费的概念依据欧盟 1993 年 10 月 25 日的指令（93/89/EWG）第 2 条而来。

③ ［日］米丸恒治：《私人行政——法的统制的比较研究》，洪英、王丹红、凌维慈译，中国人民大学出版社 2010 年版，第 203～206 页。

我国改革开放以来，国内政治民主化演进快速的发展，伴随着社会、经济结构的转变，整体社会资源分配发生本质上的变化，福利国的主张应运而生。面对社会福利需求的快速增加，政府也采取多项社会福利措施以资因应。福利范围的扩大，反映于政府财政支出优先级变化上，福利支出不断增加，占政府总支出的比重也不断提升。2013 年 3 月 5 日，在第十二届人民代表大会开幕会的政府工作报告上，时任国务院总理温家宝表示，国家领导人将不再一味强调不计成本地增长，而要将发展的首要任务放在社会福利项目上；将确保和改善人民福利水平作为政府工作的出发点和目标，把人民福祉作为重中之重，努力加强社会发展。①

现代福利国家的产生基于社会福利的要求，公部门在事实上与财政上已经被过度苛求。例如：因为承担的行政任务过多而无法负担行政任务的执行；因为行政组织体质上缺陷导致行政效率普遍低下；因为国家财政拮据导致大量的财政赤字。因此，公部门在执行其行政任务时已遭遇重大困难，遂通过公私合作的模式，将行政任务移转私部门执行，解决上述现代福利国家所遭遇的问题。

### (四)促进公共利益实现

一般而言，公共利益是现代国家用以维持社会秩序的和平稳定，保障个人尊严、财产、自由及权利，提供文化发展的有利条件的利益。所以，公共利益是由众多利益共同组成的统一概念，不是静态、既定的数目，而是随着程序的进行而逐渐发展形成的。在以民主法治为基础的现代国家，宪法、法律与法规的内涵本身即一种公益的体现，故忠实执行宪法、法律与法规，是实现公共利益的主要手段。

从国家与社会二元论的角度出发，因为国家与社会理念不同，其行为准则也有所不同。国家的主要功能在制定法律，裁决个别利益，确保社会安宁，实现公共利益。公部门必须对各种利益做正确的调节，在行使法令所赋予的权限时，必须以公共利益为考虑，并且唯有实现公共利益目的，才可以作为正当性的事由。因为公部门在现代法治国家本即具有公益取向性，其设置必须在行政任务达成的目的与公共利益确保之间求取适当的平衡，始为正当。但公共利益非由公部门所独占，其也可由私部门的力量来实现。然而，私部门的行为并不需要受到严格的平等原则拘束，本可仅为自身利益而自由行事，而无实

---

① NPR：中国强调社会福利大于增长，http://finance.qq.com/a/20130305/003045.htm，最后浏览日期：2016 年 3 月 1 日。

现公共利益的义务。不过,仍然必须受法律所规定的最低限度的约束,例如不得违反公共利益的限制。

任何一项公共政策都应该要符合公共利益的需求,也必须切合社会大众的需要。一方面,在民主社会中,社会大众已逐渐懂得争取自己的权益,通过适当的公私合作管道来表达期望,尤其可以让少数弱势者有机会表达需求,此将有助于维持社会稳定。另一方面,公共政策的形成过程如果能够引进相关利害关系人的参与,容易形成较佳的政策与方案,创造对大多数人最有利的政策,而非只是满足少数人的利益。如此形成的政策既能得到公信力,也可以增进执行力。公部门为实现法律上所规定的目标而与私部门合作共同执行行政任务,分担实现公共利益的责任,如此不仅能够有效减轻公部门的负担,还可以充分运用私部门的创新能力与弹性特质。

## 第二节　公私合作的理论基础

公私合作的理论基础主要有以下三种:公共选择理论、代理理论和交易成本理论。

### 一、公共选择理论

公共选择理论(Public Choice Theory)兴起于政府功能失灵的时代,公共支出持续因政府无法控制外在因素而增加,公共服务也极无效率。就方法论而言,公共选择理论是一种把个体经济学应用到政府决策行为的分析,认为个体无论是企业决策者还是行政官员,都是基于自利动机,追求最大效用。公共选择学派主张减少政府的职能,其认为许多物资与服务应移转更有效率的市场来生产与提供,近年来全球风行的民营化(私部门化)等做法,可说是此一建议的具体表现。如不得已,政府必须提供特定物资与服务时,最好也要通过"准市场机制"(Quasi-market Mechanisms),如使用者付费原则来调和供需关系,达到较有效率的资源配置。公共选择就是社会大众对公共事务的服务或行政任务的执行,应该有权选择由谁来提供。过去社会大众的事均由公部门亲自为之,现在也可以选择移转私部门执行。公部门在财政日益短缺下,必须要精简人力,把有限的人力运用在应该做的事务上。通过运用私部门所拥有

的资源，可以将民间资源和国家资源作统筹运用。所以，可以交由私部门去做的，就移转私部门去做，因为私部门是以营运绩效为目的，在绩效导向之下，行政效率自然提升，又可避免公部门在运作上遇到很多不必要的行政程序和法令限制。

## 二、代理理论

代理理论(Agency Theory)，又称委托—代理理论。其假定分工是有益的，大部分社会互动过程中，不同的个体会借其各自不同的优势，经由分工合作来达到提升集体福利的目的。事实上，人们常常成为他人的代理者，为别人的目标而工作，使社会中的委托—代理关系无所不在，从资本家与劳动者、地主与佃农，到股东、债权人与企业管理者，或是选民、利益团体、政党、国会及政府相互之间的关系等，都能观察到代理的现象。

依照代理理论，经济资源的所有者是委托人，负责使用以及控制这些资源的经理人员是代理人。当经理人本身就是企业资源的所有者时，他们拥有企业全部的股权，经理人员会努力地为自己而工作，这种环境下，就不存在什么代理成本问题。但是，当管理人员通过发行股票方式，从外部吸取新的资源，管理人通常会有提高工资待遇、降低工作强度、增加休息休假的动机。显然，如果企业的管理者是一个理性经济人，就会认真考虑企业资源的提供者与资源的使用者之间的代理成本问题。

代理成本又可以区分为监督成本、守约成本和剩余损失。其中，监督成本是指外部股东为了监督管理者的过度消费或自我放松(即“磨洋工”)[①]而耗费的支出；代理人为了取得外部股东信任而发生的自我约束支出(如定期向委托人报告经营情况、聘请外部独立审计等)，称为守约成本；由于委托人和代理人的利益不一致导致的其他损失，就是剩余损失。

---

① “磨洋工”指拖延时间，懒散拖沓。该词汇来自1917年至1921年，美国用清政府的“庚子赔款”在北京建造协和医学院。这项工程耗资500万美元，占地22公顷，而且建筑质量要求甚高，外观上采取中国传统的磨砖对缝、琉璃瓦顶。由于这项工程是由外国人出资、设计，中国工人就称它为“洋工”。协和医院共有主楼14座，又是高层建筑，“磨工”工序十分浩繁。所以，参加建筑工程的许多工人就把这一工序称为“磨洋工”。至于后来的意思，有人认为是因为国人对帝国主义侵略中国的仇恨，所以才有了其贬义的意思。其实，是因为有些工程在修建的过程很多建筑工作者只注重效率，在工程设计方要求的工期中急于求成，不注重质量，消极怠工，直到工期临近时才赶工。

## 三、交易成本理论

交易成本理论(Transaction Cost Theory)，是指在交易过程中为确保交易的顺利进行，交易双方所需要负担与生产本质无直接关系的各种成本。换言之，在任何交易中所需的信息收集分析、议价过程，合约协议监督所付出的时间、金钱、人力、物力与风险，都包含在交易成本之中。交易成本就是做一件事情，由哪一个组织承办的成本比较省，即由成本较低的组织来做。如果同样一件事情，由民间组织来做的成本比较低，为什么不找民间组织呢？所以从交易成本观念来思考，私部门的成本一定比公部门的低。交易成本理论学者认为，任何产品或服务的生产与提供。必须先衡量其交易成本，并评估由公部门提供所创造的效益是否高于私部门，再决定是以公权力来主导产品或服务的生产与分配，或是以市场的自由竞争来提供。此一理论的贡献在于将交易成本的概念引进公部门，并且将成本的内涵扩充，除经济成本外，也包括政治和社会成本在内。若无交易成本的存在，则一切交易包括劳资雇用均可由市场来完成。由于市场体系机能运作有其不完美之处，因此通过厂商来使分配与整合资源更有效率，其提出的交易成本分为三个方面：一是搜寻成本，即寻找交易双方当事人的成本；二是协议成本，即交易双方当事人就交易事项沟通所产生的成本；三是执行成本，即交易双方当事人执行合同及监督合同时所产的成本。

## 四、分析

公共选择理论主张减少政府职能，由更具有效率的市场来生产或提供物资与服务。代理理论主张在政府与厂商的责任关系上，公部门可将某些业务以合同外包的方式移转给私部门执行，而公部门基于[illegible]立场来控制私部门执行任务的质量，并缩减其组织的规模与责任。[illegible]论则主张任何产品或服务的提供，应先衡量其交易成本，评估其[illegible]效益是否高于私部门，再决定由公部门主导生产，或由市场自由[illegible]供。①



上述三个理论各有优劣。公共选择理论忽略[illegible]统与标准作业程序所扮演的角色，拒绝公共服务的精神。代[illegible]现窒碍难行

① 范祥伟：《政府业务委托民间办理之理论与政策》，载《人事月刊》2002年第5期。

之处，因为最终委托人和其需求均不易理清。公共服务的授权委托人来自人民，然而其利益分散，几至无法控制代理人，如缺乏监督机制，代理人难发挥其功能。交易成本理论的贡献在于将交易成本的概念引进公部门，并扩充成本的内涵，但是忽视了在经济成本外，还有政治成本和社会成本。

通过上述分析，公私合作可以达到推动行政组织改革，提高行政效率，减少政府财政支出，促进公共利益实现的目标。了解在进行中可能遇到的种种问题，将有助于了解公私合作的可行性与重要性。

# 第三节　公私合作的基本原则

公私合作的基本原则，是指公私合作过程中应遵守的法律原则，即确保公部门利用私部门执行行政任务时，能够减轻其行政任务的负担，达成相关行政行为的正当性。关于公私合作的基本原则，主要包括：民主国原则、法治国原则、效率原则、公益原则与权利保障原则等。

## 一、民主国原则

民主是国家权力中一项不可或缺的要素，并且是国家权力的来源。因此，民主国原则强调国家的权力作用，必须以国民全体意志为其正当性基础。德国《基本法》第20条第2款规定，所有国家权力皆源自人民。我国《宪法》第2条："中华人民共和国的一切权力属于人民。人民行使国家权力的机关是全国人民代表大会和地方各级人民代表大会。人民依照法律规定，通过各种途径和形式，管理国家事务，管理经济和文化事业，管理社会事务。"根据该条规定可以导出民主国原则在我国宪法上的效力，推演出民主国原则是国家最高层级统治机关的秩序原则，并且国家权力的组织建制或运作必须源自人民的意愿。因此，以民主作为一种国家形式与统治形式，以一种方式组织，使国家权力由人民行使，借由人民加以建构、正当化及控制，并在此表现出人民自我决定及自我统治的形式，其中所有的人民都有平等参与的权利。要实现民主国原则，就必须确保以下两个内容可以实现。

## (一)民主正当性

民主是国家权力行使与遵守的组织原则,但其具体内容必须通过更多的民主结构特征的基本论述来加以确定。行政的组织形式是国家统治的权力作用表现,应受宪法秩序及民主国原则的规范。民主正当性不仅要求保护人民自由权利不受侵犯,也涉及国家权力行使的控制。[①] 但民主国原则作为行政组织正当性的来源,并非是单纯的"有"或"无"的问题,其实是种动态的平衡,随着行政任务的不同而采用不同形式的行政组织,而且有程度上的强弱,重要的是如何维持其具有一定程度的民主正当性。行政组织以传统层级式行政组织为基准,随其依托行政一体的独立程度不同,影响其固有的民主正当性水平,并有必要通过其他因素加以正当化。

民主国是由人民自我统治的一种国家形式,所有国家权力皆根源于人民,并不存在任何高于人民的权力,国家权力的行使必须有合法的来源,此项合法化的工作必须由人民本身为之,也就是国家权力的行使或国家组织的成立,必须由人民参与、影响及控制。[②] 因此,在民主国中,国家政策的最高决定权应由全体人民拥有,通过政治意见形成的程序,人民可将其意志传递至国家机关,国家权力的行使也因此获得正当性。简言之,民主国原则的内涵是基于国民主权原则,国家行为与公民之间不中断的正当化连结,且对所有的国家行为都有正当化的要求,人民通过政治意见的形成而将其意志传递至国家。[③]

民主国原则认为国家权力属于人民,政治上统治权的组织与建构必须受人民的控制,因此,国家统治权的正当性必须由人民决定,而为实现此等目标,人民必须经由直接或间接的民主机制来行使其统治权。换言之,民主国原则强调作为国家的统治形式,要求国家统治权行使的制度,必须以能够回溯到人民决定的方式来建构其正当性,这样方能表现出一种人民依据自我决定来统治的形式。由此可知,民主国原则作为国家统治权,实质上是一种使全体人民拥有并行使国家权力的组织原则。人民作为国家权力的主体,国家权力的占有与行使皆须回溯到人民本身,因此,公私合作必须能回溯到民主国原则本身

---

① 詹镇荣:《公经济法之概念、体系与新趋势》,载《月旦法学教室》2008年第75期。

② 萧文生:《国家法Ⅰ——国家组织篇》,台湾元照出版社2008年版,第35～36页。

③ 程明修:《国家法讲义(一)——宪法基础理论与国家组织》,台湾新学林出版股份有限公司2006年版,第122页。

而获得民主正当性。然而，此种正当性的过程并非自动发生，而是必须借由建构特定制度，使国家权力回归人民的意志，并对人民负责，国家行为的正当性才能获得实现。另外，国家必须建构相关法制以担保民主正当性的最终实现。就正当性的具体内涵而言，传统方式是通过上下隶属关系建构，但是此种层级制的行政组织对于不同的行政决定形态、分歧的行政组织结构已不能全面掌握。[①] 对于民主正当性的要求，必须具有相当的弹性，应该综合考虑所有构成事实与法律因素，判断是否具有足够正当性，并且重要的不是正当性的形式，而是正当性的实质。

综合所述，民主国原则的核心内涵在于要求所有行使国家权力的行为皆应具备民主正当性。就此，公部门原则上是以科层式行政组织的直接行政的方式来达成其民主正当性的要求，其以具有直接或间接民主正当性的职务担当人来主持机关的运作并作成决定，借此确保其组织与个人的民主正当性。此外，借由上令下从的行政科层体制的建构，对法律拘束的要求作严格的推论，使公部门的行为能够符合法律的要求，以实现其"事物与内容"的民主正当性。然而，当公私合作时，其牵涉以私部门行使执行权的问题，只要涉及行政组织多元化而造成偏离"行政一体性原则"的情形，就必须具备特殊的民主正当性基础。

### （二）政府信息公开

政府信息公开，是指行政活动的每个阶段都应以行政当事人和社会大众可以看得见的方式进行。除非法律有不得公开的禁止性规定，行政主体或依职权主动公开，或依行政相对人的申请公开相关的政府信息，主要包括行政法律、法规、规章，公部门作出影响行政相对人权利、义务行为的标准、条件等。政府信息公开是西方国家法治发展的成果，也成为西方国家行政法治的最重要特点和发展趋势。政府信息公开是落实民主国原则的方式之一。在行政过程中，除涉及国家机密、商业秘密或者个人隐私依法应予保密的之外，行政主体必须将行政行为作出的过程及其相关信息应该主动向行政相对人与利害关系人公开，并以合适的方式向社会大众公开。政府信息公开原则是私部门参与行政任务的前提，对于私部门维护自己的合法权益、监督行政主体依法行使行政权力极富意义。其主要内容包括：行政活动的依据公开、过程公开、结果

---

① 陈爱娥：《国家任务取向的行政组织法——重新建构行政组织法的考虑观点》，载《月旦法学教室》2003 年第 5 期。

公开、信息数据公开等。美国1946年《联邦行政程序法》与其作为补充的《阳光下的政府法》《情报自由法》，1990年意大利《行政程序法》，1993年日本《行政程序法》与2005年我国台湾地区《政府信息公开法》都把政府信息公开原则置于突出地位。

2007年1月17日，国务院第165次常务会议通过《政府信息公开条例》，并自2008年5月1日起施行。政府信息公开是现代民主政治发展的必然要求，是民主政治的具体表现，也是社会历史发展的必然现象。深入发展社会主义的一个重要内容就是发展社会主义民主，而发展社会主义民主就必须坚持政府信息公开原则。公开原则主要体现在行政活动的依据公开、行政过程公开、行政决定公开、政府信息公开等方面。行政活动的依据公开要求行政主体必须事先向社会公布所实施的行政法律、法规和规章等。行政过程与结果公开要求行政主体在作出影响行政相对人的合法权益的决定时，必须向行政相对人公开，使行政相对人不服决定时能及时行使行政救济权。

首先，我国行政体系及其运作方式在传统上呈现封闭的状态，但随着改革开放的深入，私部门民主参与意识和参与能力的不断增强，政府信息公开开始受到关注，相关的法制建设与完善也在逐渐进行中，如《行政处罚法》《行政复议法》《行政许可法》《人民警察法》等都有关于政府信息公开的规定。《行政处罚法》第4条："行政处罚遵循公开的原则。对违法行为给予行政处罚的规定必须公开；未经公布的，不得作为行政处罚的依据。"《行政处罚法》第31条："行政机关在作出行政处罚决定之前，应当告知当事人做出行政处罚决定的事实、理由及依据，并告知当事人依法享有的权利。"《行政许可法》也确立了行政许可实施的公开原则与相应的一整套制约机制，如法律要求行政许可的事项、条件、程序必须公开；除涉及国家秘密、商业秘密或个人隐私以外，行政许可的实施和结果应当公开，并接受行政相对人和社会公众的普遍监督。这种公开原则和制约机制对于防止公部门及其工作人员滥用权力，促进廉洁政府的建设是有积极意义的。但从世界范围来看，我国在这方面的法制建设还有待加强，如政府信息公开制度方面比较薄弱，在诸如人民的申请而公开的方式、期限、责任等方面的规定过于粗疏，实践中不易操作，上述种种不足还需要日后立法和执法予以完善。

其次，政府信息公开要以载体作为媒介，因为信息是无形的，必须通过一定的载体予以表现。例如，通过政府公开刊物刊载出来，通过设立阅览室展现出来等，这些表现形式均离不开一定的载体，离开载体，政府信息将无法传递。至于载体的范围是多种多样的，可以是纸张书面形式或电子形式。载体形式

影响信息的传递，甚至也直接影响政府信息公开收费标准的确定。不过，随着科技的发展，通过网络形式获得信息的方式更为普及，公部门将其执行特定事项的权限授权私部门时，应该将授权事项及法规依据公告之，并刊登政府公报或报纸。[①] 该条规定旨在使社会大众可以清楚知道公部门授权私部门执行行政任务的内容和依据，尤其是当行政任务攸关人民的权益，为使其行使公权力时，能够避免社会大众因为私部门的外观引起不必要的误解，并减少可能产生的纠纷，因此授权的机关自应将授权的内容和依据公告，并登载于政府公报或当地的报纸，以昭告社会大众。但是公部门若未将授权事项及法规依据公告，其法律效果如何，授限是否移转？本书认为，公部门的授权行为若非基于法律的直接规定，而是以行政合同或授权行为的方式为之，该等行为应具备的要件已达到时，即生权限移转效果；若有违反，仅属于程序上的瑕疵，并不影响权限移转的效力。

## 二、法治国原则

法治国原则概念的产生，本是为了促成一种客观的、以法律为标准的统治，是一种不再基于决定者无从探知的主观意志决定，而是要求借助于客观规范的方式，使公权力的行使能够以客观的、以事理为依据的方式来完成。[②] 换言之，法治国原则是借由“法”来防止统治者的恣意，因为“法”是由人民代表所组成的国会并经过充分的讨论，以及平衡多方的利益之后所制定的，国家权力的行使若能以其为标准，即可确保其为一种理性的行为，而不是恣意的行为。然而，法治概念的内涵并不清晰，有时无法通过单纯的定义来确定，因其是由不同层次结构的决定所构成。就此而言，法律条文虽然很重要，但并非唯一的来源。特别是在演变中的国家，都会在其宪法和法律中融入法治国的概念。因此，实现法治国原则，必须要达到以下三个要求。

### （一）依法行政

法治国原则在公私合作的适用，其基本精神就是依法行政（Rule of Law）原则，这是支配法治国家行政权与立法权的首要原则，也就是一切行

---

① 参照我国台湾地区“行政程序法”第 16 条第 2 款的规定。

② 陈爱娥：《法治国原则的开放性及其意义核心——法治国内涵的矛盾与其解决的尝试》，载《当代基础法学理论》，台湾学林出版社 2001 年版。

政行为应该遵守的必要原则。法治国原则又可以分为法律优位原则与法律保留原则。

所谓法律优位原则，简单地讲，就是指一切行政行为均不得与法律抵触，公部门不能采取与法律相抵触的任何措施，法律与任何行政行为相比都处于最高位阶。由于法律优位原则并不要求所有行政行为都必须有明确的法律依据，只要在不违反现有法律规定即可，所以又称为消极依法行政原则。法律优位原则的目的在于防止公部门实施行政行为时违背法律。要达到这一目的，首先，必须严格确立法规范之间的等级，即法规范之间的位阶；其次，法律规范本身必须具体明确，切忌内容的空洞。由于法律优位原则的根本目的是禁止违法的行政行为，所以无论就其行为不得违法的内容，还是其无条件地适用于所有行政行为的要求，都容易为人们所理解。[①]

所谓法律保留原则，是指特定领域的行政任务应该保留给立法机关以法律规定，公部门唯有依法律规定方能执行，即"法无明文不能行为"。[②] 简单地讲，就是指行政行为必须有法律的依据，公部门只有在法律有明确规定的情况下才能作出积极的行政行为，否则其行为就构成违法。法律保留原则依其适用范围，具体又可分为"侵害保留说""全面保留说""重要事项保留说""机关功能说""权力行政保留说"等。

所谓侵害保留说，简单地讲，就是指公部门在作出"侵害"相对人权利或者赋予相对人义务等不利行政行为的情形下，必须要有法律的依据。而对相对人的"给付行政"则不需要法律的依据，属于行政自由裁量的范围。但公部门在作出"给付行政行为"时，还是要受法律优位原则的支配。所谓全面保留说，简单地讲，就是指所有行政行为都必须有法律的依据，无论行政行为是"侵害行政"，还是给付行政（或称授益行政），都必须以法律为依据。

所谓重要事项保留说，又称本质性保留说或者本质事项保留说，是指不仅干涉人民自由权利的行政领域应适用法律保留原则，而且在给付行政领域中凡涉及人民基本权利的实现与行使，以及涉及公共利益尤其是影响共同生活的"重要基本决定"，应当有法律的明确规定。

机关功能说认为，所谓重要事项，有时显得空洞而无内容，因此在具体情形中还必须有具体的标准，进一步说明这个具体的标准就是"符合功能之

---

① 黄学贤：《行政法中的法律保留原则研究》，载《中国法学》2004年第5期。

② Jan Ziekow：《从德国宪法与行政法观点论公私协力》，詹镇荣译，载《月旦法学》2010年第180期。

机关结构”。对机关功能说的最好解释是德国联邦法院曾指出的：对国家的决定而言，不仅以民主合法性为依据，尤其要求尽可能正确，也就是说，依照机关的组织、编制、功能与程序方式等考虑，由具备最优条件的机关来作出国家决定。[①]

所谓权力行政保留说，简单地讲，指无论是给付行政或干预行政，凡是权力行政都需要法律依据。[②]

依法行政是法治条件下对行政行为的最基本要求，而法律优位和法律保留原则又是依法行政原则的两个最重要的支柱性原则，这一点已经为许多国家和地区所确认。[③] 私部门之所以可以参与行政任务，是因为有法律规定或授权，但是否应该完全都要有法律依据，即是否应该严格遵守法律保留原则？若无法律具体明确规定允许时，公部门是否能移转给私部门？学说上有不同看法。采肯定见解的学者认为，行政任务一般都涉及公权力的行使，公私合作涉及公权力与高权的移转，就法治国原则要求下的法律保留原则的观点，必须有法律规定或法律的授权始得为之。[④] 采否定见解的学者认为，对于非属法律保留的事项，纵使法律未规定，公部门可以依裁量自行决定是否执行。[⑤] 无论公私合作的模式为何，基于私部门基本权利保障的要求和公权力运行预见的可行性，都要受到法律保留原则规范，只是受拘束程度和重点程度不同而已。就授权模式来说，由于涉及公权力行使主体的移转，需要严格适用法律保留原则；就行政助手或专家参与而言，因其在任务执行中所起的作用有限，因而不必严格遵循法律保留原则。

### （二）行政明确性

法治国原则在公私合作的适用，要求行政可预测性，是指行政行为的内容应该明确，即明确性原则，包括授权的依据和行政行为的内容、效果、要件必须明确。行政行为因对行政相对人设定权利和义务，而权利和义务的内容本身应当明确具体，一方面可以使行政相对人切实行使权利、履行义务，另一方面

---

① 陈清秀：《依法行政与法律的适用》，载《行政法》（上册），台湾翰芦出版社2000年版，第153～155页。

② 杨海坤、黄学贤：《行政指导比较研究新探》，载《中国法学》1999年第3期。

③ 黄学贤：《行政法的发展趋势探寻》，台湾元照出版社2012年版，第10页。

④ 陈敏：《行政法总论》，台湾三民书局1999年版，第873页。

⑤ 蔡茂寅：《行政委托与法律保留原则》，载《月旦法学》2002年第83期。

也可使行政相对人适时、适当地提出司法救济。明确性原则可以进一步分为法律明确性与授权明确性。法律明确性原则，依其侵害人民权益的轻重程度不同而有不同的差别，若涉及严重拘束人民身体自由而与刑罚无异的法律规定，其法律明确性的法定要件必须符合较严格的标准。授权明确性原则，是指授权法律本身必须明确表明授权的"内容、目的与范围"，以防止公部门借由概括授权的方便，僭越立法机关的权限，而以行政命令代替法律或法规，导致立法机关的功能名存实亡。依德国《基本法》第 80 条的规定，因为法治国家的行政行为应该具备预见可能性、衡量可能性及审查可能性，对于涉人民权益的行为须有法律规定或授权。我国有相当多法律都有授权的规定，例如《行政处罚法》第 17 条："法律、法规授权的具有管理公共事务职能的组织可以在法定授权范围内实施行政处罚。"《行政许可法》第 23 条："法律、法规授权的具有管理公共事务职能的组织，在法定授权范围内，以自己的名义实施行政许可。"王万华教授主持的《行政程序法(试拟稿)》第 30 条第 1 款："行政职能由行政机关之外的组织行使更为适当的，法律、法规应当授权公部门之外的组织行使。法律、法规应当明确授予的权力和期限。"

不过，从上述法律规定及专家建议稿来看，并没有达到授权明确性的要求。在内容方面，授权法律必须表明，哪一个特定问题应由公部门以命令规范之；在范围方面，授权法律必须表明，公部门仅得在何种界限内自主决定命令的内容；在目的方面，授权法律必须表明，法规命令所要追求的目的为何，而此目的为立法者所赋予公部门追求的目的者而言，而非授权法本身目的。明确性原则应该具备三个要素：一是可了解性。法律的构成要件及法律效果，授权命令的目的、内容、范围及行政行为的方式与内容，必须使行政相对人能了解其意义。二是可预见性。法律的构成要件及法律效果，授权命令目的、内容、范围及行政行为的方式，内容如果具体明确，则公部门会采取何种措施，行政相对人即可预见，且得以预见其行为的后果，而对自己的行为负责。三是可审查性。具体明确的要求，必须有从事司法审查的可能，如此才能对行政相对人的权益加以保障。

另外，明确性原则的判断标准，必须将"特定授权"和"概括授权"分别看待。在特定授权方面，涉及限制私部门的自由权利，其授权目的、范围及内容需符合具体明确的要件；不过，是否具体明确，应就该项授权法律整体所表现之关联意义为断，而非拘泥于特定法条文字。在概括授权方面，若法律仅为授权公部门签订施行细则，其要件必须符合立法意旨且为逾越母法规定之限度，以及只能就执行母法有关之细节性、技术性事项加以规定。

## （三）信赖保护

诚实信用原则主要是指行政主体应本着诚实信用的精神，以诚实信用的方法作出行政行为，并对行政相对人的正当合理信赖利益以适当的方式给予保护。但同一法律原则在不同的部门法领域应有其特殊性。由于行政法的特殊性，故诚实信用原则在行政法上的具体运用有别于该原则在民法等私法领域的运用。在行政法上，由于这一原则即是对行政相对人的正当合理信赖给予保护，故称之为信赖保护原则更为恰当。行政相对人的信赖保护，指人民对公部门的行为已产生信赖，且该信赖值得保护，则公部门不可以变更其行为，致人民遭受不可预见的额外的负担或利益的损失，但若有基于保护或增进公共利益的必要时，必须变更其行为者，则必须对于额外的负担或利益的损失给予补偿。行政法中的信赖保护原则包括以下四个方面：第一，行政主体之间相互信任和忠诚，同时必须本着诚实信用原则的精神，以诚实信用的方法作出行政行为。这是行政法对行政主体的首要要求，也是现代国家在人民之中公信力提高的必然要求。第二，相对人信赖的对象既表现为对具体行政行为的信赖，也表现为对抽象行政行为的信赖。这是现代行政法信赖保护的范围。第三，对行政相对人来说，要有值得保护的信赖，也即对行政相对人来说，已产生了正当的信赖利益。这是信赖保护的实质内容，也是信赖保护的基础。第四，对行政相对人的正当信赖利益应以适当的方式给予保护。①

信赖保护原则在公私合作的适用极为重要，因为行使公权力的对象与行政相对人处于同等的地位，私部门有无参与权限，或是权限已经收回，行政相对人难以判断。所以，应该采取“外观特征原则”的处理方式，以行政相对人的立场从外观上相信私部门是有参与的权限，尽管该权限已经收回、撤销，公部门仍应该就先前的授权或委托行为负责。不过，行政相对人主张信赖保护原则，仍应受到信赖保护原则要件的拘束，符合信赖保护原则要件包括两个。

1.须有信赖的事实

须有信赖事实者，学理上又称之为具备信赖构成要件，此种信赖事实可从具体行政行为相对人的行为表现中得知。最明显者，例如受领行政行为的给

---

① 黄学贤：《行政法中的信赖保护原则研究》，载《行政法的发展趋势探寻》，台湾元照出版社2012年版。

付，若相对人根本不知具体行政行为的存在，或无意接受其有利的效果，则自无予以保护的必要。

2.须无信赖不值得保护的情形

例如必须非具体行政行为相对人使用诈术、胁迫、贿赂方法、提供不正确信息或为不完全陈述者；或是须非具体行政行为相对人明知或因重大过失而不知者。[①]

## 三、效率原则

近年来兴起公私合作的风潮，是指政府为增进效率，提升效能，维持人民满意度，以便巩固其合法性的做法。公私合作的主要目标在于解决公部门所面临的重大困难，包括：①为处理因过多行政任务所造成的执行赤字，引进私部门的人力与专业知识，有效实现法规范所设定的目标；②有鉴于行政组织体质上的无效率化，利用私部门富有弹性的特性，增进执行行政任务的效率；③对于国家财政拮据的冲击，以利用私部门的资源来执行行政任务的方式，节省公部门就此所投入的财政支出。然而，此种效率的要求并不是绝对的，而是必须考虑与其相冲突的目标及权衡其他同等重要的利益后，才能将之具体化。因此，效率原则的内涵必须经进一步具体化，才能作为一种最佳化的要求。然而，其实现方式无法抽象地加以确定，而是应该在该法律规范的脉络中加以决定。于此，决定性的因素是该法规范所设定的框架条件，特别是规范目标的设定与达成目标所得选择的手段，以及其他相冲突的法律原则之间的协调。

公私合作成为政府组织改造、重整的手段，其主要目的是在解决因行政任务剧增所造成的公部门财政危机与经济问题。国家的财政作用在外观上虽然似是价值中立，不带任何色彩，但实质上可决定公共行政的质与量，并成为决定国民享受因行政活动所保障基本人权水平的最重要因素。[②] 此时，就有必要考虑“手段—目的”最佳化的一种要求，即纳入经济性原则的考虑。从手段观点出发，呈现一种“最少原则”，即尽可能以最少资源投入达成预期目标；从

① 吴庚：《行政法之理论与实用》，台湾三民书局2001年版，第351～352页。

② 蔡茂寅：《财政法》，载《月旦法学教室》2008年第70期。

目的观点出发，呈现一种“最大原则”，即借由固定资源投入创造出最大使用效益。[①]

近年来，学术界将效率原则作为一种法律原则，尽可能使其以最佳化的方式加以实践。[②] 但是效率原则作为法律原则以求尽可能最佳化地达成行政任务的观点，也包含对于财政因素的考虑。从国家财政的角度而言，财政法的基本原则包括财政民主主义、财政法治主义、健全财政主义与适正管理营运主义，其要求国家应该在符合国民主权之拘束与实质法治主义的监督下，妥善运作国家财政，适正管理营运，平衡收支，以求财政健全的永续经营。[③]

由此可知，为求国家财政收入可以妥善运用，在组织形式的选择上，国家有必要因应各项行政目的需求的不同，选择最合适达成收支平衡与永续经营的组织形式。行政组织本身并不具有自主性的目标，其仅是为了达成管制目标的一个手段，故手段的选择必须贴近目标或任务达成，以符合最高效率的要求。换言之，公部门为能在最佳状态下达成行政目的，完成行政任务，可以自由选择组织形式，但是效率仍是选择组织形式时的指导原则。[④]

实现公益并不是公私合作的唯一法律价值，从国家行政的本质来看，它还要求公私合作时，能够体现效率的法律价值。[⑤] 换言之，行政任务执行与效率原则的密切关系，反映到行政程序上，不能没有效率的烙印。[⑥] 必须注意的是，纵使将效率原则视为选择组织形式时的指导原则，相对于其他法律原则而言，也不特别具有优越性，因为效率原则并非国家追求的唯一价值。国家在选择组织形式时，必须就个案与各种影响组织选择的因素加以综合考虑。

公部门将行政任务移转私部门，其主要目的乃为解决政府财政赤字并引

---

① 詹镇荣：《变迁中之行政组织法——从组织形式选择自由到组织最适诫命》，载《中研院法学期刊》2010 年 6 期。

② 詹镇荣：《德国法中社会自我管制机制初探》，载《于民营化法与管制革新》，台湾元照出版社 2005 年版，第 165～166 页。

③ 蔡茂寅：《财政法》，载《月旦法学教室》2008 年 70 期。

④ 林明锵：《中央政府再造与组织法制变革，法律哲理与制度(公法理论)》，载《马汉宝教授八秩华诞祝寿论文集》，台湾元照出版社 2006 年版，第 186 页。

⑤ 马怀德：《行政程序立法研究——行政程序法草案建议稿及理由说明书》，法律出版社 2005 年版，第 3 页。

⑥ 应松年、刘莘主编：《行政处罚法理论与实务》，中国社会出版社 1996 年版，第 144 页。

进私部门的人力或专业知识，改善公部门的无效率。因为效率原则在概念理解上，涉及"目的—手段"之间的相对关系。简言之，效率原则在探讨如何利用最少、最经济性的资源投入以达成实现特定目标最佳化问题。[①] 我国相关的行政法律、法规并未明文规定效率原则。不过，在姜明安教授主持的《行政程序法(试拟稿)》第12条有类似的规定："行政行为应在遵循法定程序的前提下，尽量减少不必要的环节，缩短时限，提高效率，为行政相对人提供方便、迅速、快捷的服务。"然而，除了社会政策立法，效率原则在其他法律领域是否也具有一般性的拘束力？在法律并未有一般性的明确规定之下，权利应该受可以处分资源的限制，以及尽可能有效率地运用资源。

有学者认为，在选择最能有效率达成目标的手段时，应该考虑下列三个因素：第一，决定本身的效率。涉及为执行决定所需投入资源的效率。此外，也牵涉作成的决定本身是否能有效达成规范目标，抑或仍须其他附带的措施才能达成。第二，决定遂行的效率。与决定本身的效率息息相关，其关心的重点在于，对于决定的遂行公部门所需投入的监督成本的效率。就此而言，如能利用私部门的自我规整能力加强决定本身的遂行，即会比借由公部门的监督措施来遂行决定更有效率。第三，后果的效率。作成决定后是否产生作成决定时未预期的后果，若产生此等后果，其决定则较无效率。[②]

由此可知，为达成公私合作的目标，效率原则的要求实为塑造相关法律关系时必须考虑的观点。公部门在决定是否与私合作时，除了必须考虑行政任务的内容、执行方式，以决定该任务是否合适、应该以何种方式移转私部门执行外，该任务于移转私部门之后是否能提升行政效率，也是应该考虑的重点。[③] 效率原则适用在公私合作的领域时，应该探讨公私合作之后是否确能有效提升效率的评估，而且无论国家选择以何种公私合作的模式，均适用于此项原则。因此，在公部门追求效率原则的最佳化时，所应考虑的不能仅是其经济成本的降低，该手段是否能够实现规范目标也是应该考虑的重点。

---

① 詹镇荣：《德国法中社会自我管制机制初探》，载《政大法学评论》2004年第78期。

② W. Hoffmann-Riem, Effizienz als Herausforderung an das Verwaltungsrecht-Einleitend Problemskizze, in: E. Schmidt-Aßmann/ W. Hoffmann-Riem (Hg.), Effizienz als Herausforderung an das Verwaltungsrecht, 1998, S.27—33.

③ 陈爱娥：《政府业务委托民间办理的法律规制——公私部门合作法制的建构》，载《月旦法学教室》2000年第8期。

# 四、公益原则

在法学理论之中，只要关于国家权力的行使行为而探讨其正当性时，便无可避免地必须探讨公益原则的概念，但是公益原则的内涵有极度的不确定性，会随着社会、政治及意识形态的变动而变动。① 即使无法确定公益原则的所有内涵，其作为所有国家行为最广泛与最抽象的理念，应被理解成生活共同体的完善与同共体成员繁荣发展的状态。为达到完善生活共同体的目标，必须致力于谋求公益，而非生活共同体成员之个人或个别团体的利益。就此而言，公益不应被理解为生活共同体中个别利益的堆砌，因为将生活共同体理解为一个整体时，公众的利益应具有特殊的质量，也就是必须超越个别利益，而取向于整个生活共同体的一般性利益。在行政实务上最有争议的问题在于：在具体的情况下，公益的要求为何？公益是否优先于与其相抵触的个别利益？或者两者应该相互调和？就此而言，公益与私益并非是完全互斥的两个概念，因为公众的利益应包含个别的利益，私部门的利益也有可能变成公益，公益与私益经常是可以相互转换的。

## (一)确保公共利益的实现

行政组织的建构应取向于结构性地确保公共利益要求的实现，正当性的要求可说是结构性公益要求的代号，其要求执行行政任务的公部门应具备一定的质量，使其行为可以满足社会大众的需求。因此，公益原则几乎可以代表所有建构行政组织的根本考虑，具体包含三个要素：一是民主国原则要求行政应受公益标准的控制；二是法治国原则对于责任分明的行政组织的要求；三是效率原则要求合理有效地执行行政任务。有学者认为，若国家与社会的关系因行政组织的转变而相对化，则必须相应于此种发展趋势落实行政正当性的要求，因此，传统上倾向于以国会为中心的管制模式，必须借由其他正当性的形式来补强。只有通过不同正当性要求的相互合作，才能在行政任务日益多

① 陈新民：《公共利益的概念》，载《宪法基本权利之基本理论(上)》，三民书局1996年版，第136页。

元化的情形下，确保公益的实现。[①]

公部门为实现法律上所规定的目标而与私部门合作，并与其共同实现公益的责任时，主要在于利用私部门的行为理性及其自我规整能力，达成与私部门合作的目的。利用社会的自我规整能力不仅能够有效减轻国家实现行政任务的负担，而且使其得以充分运用私部门的创新能力与弹性特质。但是，社会自我规整之内同时也包含私部门的自我调控能力及其追求获利的考虑，而在公私部门合作共同执行行政任务时，通常会造成公部门控制能力的下降。因此，基于实现公益的必要性，公部门必须寻觅能够在功能上弥补其控制能力减损的制度。

### （二）适当的监督机制

在公私合作进行中，由于可能涉及私部门行使公权力，因此必须设计监督机制来适时监督私部门的行为，以符合公益原则要求。有学者认为，监督手段至少包括以下三个：一是制度上的监督。其通常区分为合法性监督与合目的性监督。前者仅及于合法性监督，后者的监督范围则及于执行任务行为的合法性与合目的性。二是规范上的监督。其是指以法律明确规定行政任务的目标与执行方式，并针对符合不同要件的各类生活事实，明确以法规范规定其法律效果，借以监督执行国家权力的行为。三是财务上的监督其是指运用财政上的手段来影响私部门执行任务行为。关于公部门的监督，必须依据公私合作的模式，行政任务的重要性等标准，在相关的法律、法规或公私合作的协议中设计适当的监督机制，使公部门可以适时监督私部门。[②]

至于监督责任具体又可以分为担保责任和介入责任。所谓担保责任，是指在公私合作时，私部门作为公共任务的执行者，公部门则位居担保者角色，对于私部门的执行情形必须进行适当的监督。公部门对于其行政任务的实现由直接执行责任转变到担保责任时，传统上确保民主正当性的监督手段可能会不复使用，因此必须创设其他监督方式以适应公部门责任的转变。例如，法律、法规经常借赋予私部门自我监督义务的方式以达成公部门的监督目的，称

---

① H.-H. Trute, Funktionen der Organisation und ihre Abbildung im Recht, in: E. Schmidt-Aßmann/ W. Hoffmann-Reim (Hg.), E. Schmidt-Aßmann/ W. Hoffmann-Riem (Hg.), Organisationsrecht als Steuerungsressource, 1997, S. 269—272.

② 陈爱娥：《行政组织》，载《行政法入门》，台湾元照出版社2000年版，第202～204页。

为"担保监督"。[①] 所谓介入责任,以政府特许经营为例,是当私部门经营不善或其他重大情事发生时,于情况紧急下,主办机关的公部门强制接管私部门所占有的营运资产,并对其人事作必要的指挥监督,以保持公共建设营运服务不间断所为的一种必要处置措施。

## 五、权利保障原则

在魏玛宪法时代,德国主流的宪法学说认为基本权利并不拘束立法者,也就是基本权利的规定只是一种方针条款,立法者可以通过立法手段任意限制人民的基本权利,此即制度性保障理论。制度性保障,是指在制宪者借宪法规定予以保障前,特定法律制度的组织内涵已或多或少确定,并因此可以联系成一个可以合理安排的统一的规范脉络。因制宪者将此等法律制度纳入宪法规定,此脉络的核心部分(构成该制度的核心原则)即受宪法保障,不容立法者废弃,就该特定制度的个别、细节部分,立法者则保有变更、重新塑造的权限。该理论主张国家必须建立某些制度或法律,确保基本权利的存在,必可以加以实现。若欠缺一个可以实现基本权利的环境或制度,纵使人民空有基本权利也不具意义。依现代意义的制度性保障理论,即在督促国家必须建构各种足以实现人民基本权利的制度或法律。例如:人民拥有财产权,国家必须建立完善的私有财产制度来实现人民的财产权;人民拥有自由权,国家必须建立完善的制度与正当法律程序以确保免受干预的自由;人民拥有诉讼权,国家必须建立完善的法院体系和诉讼制度来实现人民的诉讼权利。

### (一)基本权功能

德国实务与学术界以基本权利的客观法规范性质为基础推演出来的基本权功能,有下列四种:

第一,原始基本权的给付请求权的目标旨在直接由基本权的规定,推导出

---

① 例如《大气污染防治法》第35条规定:"省、自治区、直辖市人民政府环境保护行政主管部门可以委托已取得公安机关资质认定的承担机动车年检的单位,按照规范对机动车排气污染进行年度检测。交通、渔政等有监督管理权的部门可以委托已取得有关主管部门资质认定的承担机动船舶年检的单位,按照规范对机动船舶排气污染进行年度检测。县级以上地方人民政府环境保护行政主管部门可以在机动车停放地对在用机动车的污染物排放状况进行监督抽测。"此种赋予公民自我监督的义务即为"担保监督"的适例。

一种有宪法位阶的给付请求权。在此所称的给付，指的是为使个人实际上能运用自由权利，由国家提供财务性(社会扶助、优惠贷款)、实物性(房屋、工作场所)或劳务性(社会保险)的资源。

第二，基本权的扩散作用。鉴于对个人基本权的侵害，有可能来自强大的社会势力，为落实基本权的保障，乃要求基本权规定也应适用于私法关系，因此称为基本权对第三人的效力。然而，基本权的扩散作用的名称似乎有取代前者的趋势，因为作为客观价值决定的基本权规定，其不仅是解释、适用私法的准则，甚至对整体法秩序均有其效力(其作用扩散及于整体法秩序)，其为解释、适用所有普通法规范的标准，称之为基本权的扩散作用。

第三，国家对基本权的保护义务。因为基本权的侵害可能来自私部门，为落实基本权利的保障，进一步要求国家采取积极的措施，以保护个人免于受到来自政府部门的侵害。

第四，基本权规定的组织与程序保障功能。在重要生活资源短缺、人际关系日趋复杂的社会，国家必须承担分配与给付的任务。于此，有必要借助一定的组织与程序，划定人与人之间的自由范围，决定给付的分配方式。换言之，为落实基本权的保障，国家应该提供适宜落实基本权的组织与程序。[①]

## (二)保护功能

关于基本权利，大体上包括防御权、受益权(或称给付请求权、分享权)、客观价值决定与国家保护义务、制度性保障、组织与程序保障等功能。在公私合作的议题上，基本权利保障可作为对行政组织的设计与执行程序的控制。一般而言，在合乎法律保留原则、比例原则及平等原则的情况下，立法机关具有相当的裁量权。基本权利在此即提供一个控制密度的判准，凡是在对重要的基本权利造成干预或高度限制的领域，立法机关基于基本权利可以针对相关行政机关与行政程序妥适规定，以确保基本权利能够获得最大保障。

基本权利具有一种资源配置有效性的功能，通过公、私部门责任分工或合作，以不同的行政模式有效利用国家资源，以达成现代国家对社会大众的照顾义务。若公部门借由其内部结构调整以及任务执行方式的改变，能使基本权利获得实现或更佳保障者，也可被视为最具适宜性的行政组织。当公部门将

---

① 陈爱娥:《基本权作为客观法规范，以组织与程序保障功能为例，检讨其衍生的问题》，载《宪法解释之理论与实务》(第二辑)，中山人文社会科学研究所，2000年版，第243～253页。

行政任务私部门化时，基于福利国理念，公部门必须提供私部门符合最低生活条件的要求，以及应该积极保障基本权利免于受到侵犯的诫命，可以推演出“国家保障责任”的要求。国家保障责任，是指国家以担保人的地位，担保公私合作所欲追求的目标能够实现，并担保因公私合作而造成行政相对人的损失而予以赔偿。这意味着在公私合作的模式中，各有其所应负责的部分，公部门经由大致的条件设定以及相关结构性的要求而进行公私合作，促使与公益有关的目标能够受到应有落实。但是，公部门并非完全退出行政任务的执行，也就是在公私合作下，基于基本权利的保护义务功能，公部门不可能将行政任务完全由私部门操控，而必须维持适度的管制措施。

### （三）防卫功能

基本权利的主观功能所侧重的是主观的权利性质，即探讨在何种范围内属于“行政客体”的权利，而于其遭受侵害时可以直接诉诸其基本权利来请求救济而加以排除。就此而言，学理上一般认为其属于基本权利的防卫功能。所谓防卫功能，是指基本权利赋予“行政客体”一种法的地位，当国家违法侵害其受基本权保护的法益时，可以直接依据基本权利，通过法院或其他机关的救济途径，请求国家停止其侵害。[①] 其防卫的对象则包含各种形式的行政行为，此等防卫功能是以国家的不作为为主要的诉求目标，借此创设一个不受国家干预的自由空间，一种免于国家干涉的自由。[②]

然而，国家只要在合宪的范围内，仍然可以对基本权利为一定的限制或干预，至于该限制或干预的行为是否已不法侵害行政相对人的基本权利，则必须以比例原则加以检视，并依一定的审查程序来判断。例如，限制或干预基本权的行为必须是为达成合宪的公益目的而作成；限制或干预之行为必须有法律上的基础，也就是对于基本权利的限制必须符合法律保留原则的要求；为达成公益目的而限制或干预基本权的行为，只能在必不可免的范围内为之。若该限制基本权利的行为未能通过上述审查程序，其行政行为就没有正当性，属于违法侵害基本权的行政行为，行政相对人对此请求救济，经由司法途径来排除之。

---

① 许宗力：《基本权的功能与司法审查》，载《宪法与法治国行政》，台湾元照出版社1999年版，第156页。

② 李建良：《基本权理论体系之构成及其思考层次》，载《宪法理论与实践（一）》，台湾元照出版社1999年版，第62～63页。

## (四)救济功能

有权利必有救济,该权利乃是诉讼权的核心内容,不容剥夺,因为可以在法律程序,尤其是司法程序中实现的权利,才是真正的权利。正因如此,现代法治国家在保障人民基本权利的同时,无不提供一套完整、无漏洞的权利保护制度,使人民在基本权利遭受公权力侵害时,有能有效除去侵害的法律救济途径。因此,宪法或法律赋予国家义务,要求国家必须建置能及时、充分回复并实现人民实体上权利的权利救济制度。

在公私合作这个议题上一个非常重要问题是公私合作的过程中造成行政相对人损害时,应该如何寻求救济。广义的行政救济是指凡是公法上的案件,就必须给予可以行政救济的机会。行政救济是指行政相对人因公部门违法或不当的公权力措施,使其权益直接遭受侵害,而向国家请求予以纠正、排除或填补损害的方法或制度。关于行政救济的制度,又可分为行政内部救济与行政外部救济,分别是以行政复议及行政诉讼制度为主。行政复议是指行政相对人因为中央或地方机关违法或不当的行政行为,或对行政相对人的申请案件逾法定期限未作处理,致其权利或利益损害时,请求该机关或其上级机关审查该具体行政行为是否合法,并另为更合适的决定。行政诉讼是指行政相对人请求行政法院撤销违法之具体行政行为(即撤销诉讼),或命令公部门为特定的具体行政行为(即课予义务诉讼),或确认具体行政行为为无效或已消灭的具体行政行为为违法,或确认特定法律关系的存在或不存在(即确认诉讼),或命被告为或不为特定行为(即给付行政)。

救济阶段属于后阶段,依据《行政复议法》第 15 条第 1 款的规定,“对法律、法规授权的组织的具体行政行为不服的,分别向直接管理该组织的地方人民政府、地方人民政府工作部门或者国务院部门申请行政复议”。另外,旧版《行政诉讼法》第 25 条第 4 款:“由法律、法规授权的组织所作的具体行政行为,该组织是被告。由行政机关委托的组织所作的具体行政行为,委托的行政机关是被告。”因此,公私合作的过程中造成行政相对人受到损害时,受害的相对人可以依法提起行政复议和行政诉讼以获得救济。另外,姜明安教授主持的《行政程序法(试拟稿)》也有类似的规定。①

① 《行政程序法(试拟稿)》第 13 条规定:“行政相对人对行政行为不服,认为侵犯其合法权益,有权依法声明异议,申请行政复议,提起行政诉讼或向有关国家机关提出申诉、控告,请求行政赔偿或行政补偿。”

# 第四节　公私合作的类型

关于公私合作的类型，学术界整理出的相关类型日渐增多。[①] 事实上，公私合作的各种类型未必能清楚地划分，本书认为可以大致分为以下六种类型：

## 一、组织私部门化

组织私部门化是指公部门不解除原本承担的任务，而是以私法形式执行行政任务，这仅涉及行政组织设计利用法律形式的转变。由于任务本身并未移转到私部门，只是不以公法形式，而是改以私法形式，使公部门执行行政任务时能够有较大的行动空间。组织私部门化的目的在于利用本质上较有弹性与效率的私法形式，使公部门在执行行政任务时能够有更大的空间，并且解除其在财政与人事上的限制，期使公部门有更大的行动空间，其目的在于摆脱公部门所受的各种监督与拘束，故也称为"非真正的私部门化"。[②]

若非行政任务本身性质的要求必须采取公法的形式，公部门可以公法或私法来达成行政任务的选择自由。然而，组织私法化涉及回避公法拘束而有

① 例如黄锦堂教授所引入的公私合伙关系，参见黄锦堂：《行政契约法主要适用问题之研究》，载台湾"行政法学会"主编：《行政契约与新行政法》，台湾元照出版社 2002 年版，第 45 页。詹镇荣教授采取 Peter J.Tettinger 的意见，将公、私部门合作的模式分成经营管理模式、经营者模式、经营委托模式、短期经营模式、经理模式、咨询模式、发展模式以及合作模式。参见詹镇荣：《论民营化类型中之公私协力》，载《月旦法学》2003 年第 102 期。德国学者 G.F.Schuppert 的六种分类方式，分别是：财务私部门化、组织私部门化、任务部门化、功能部门化、财产部门化和程序私部门化。参见陈爱娥：《国家角色变迁下的行政任务》，载《月旦法学教室》2002 年第 3 期。章志远教授与黄学贤教授依据不同的标准，将私部门化作不同的分类，其中最重要的划分是将私部门化分为实质私部门化和形式私部门化两种基本模式。在形式私部门化的过程中，公部门与私部门之间存在委托关系，即公部门仍然承担公共服务的全部责任，只不过把实际生产活动委托给私部门而已。在实质私部门化的过程中，公部门与私部门之间并不存在委托关系，私部门是以自己的名义独立完成行政任务。参见黄学贤：《中国行政法学专题研究述评(2000—2010)》，苏州大学出版社 2010 年版，第 61 页。

② 周志宏：《教育事务民营化的法律问题》，载《月旦法学》2003 年第 102 期。

遁入私法的疑虑，有学者认为，前述选择自由仍应受到下述四种限制：一是假使法律对组织形态已有所规定，当然不可以抵触法律规定；二是基于法律优越原则，公部门不得违背法律对特定组织形态的规定；三是主导国家大政方针的任务不得移转于私部门；四是不能因组织私法化的结果，而完全消灭国家与社会的界限。[①]

此外，在不违反上述要求的前提下，容许公部门选择私法组织来执行其行政任务时，为确保此等行政任务的顺利执行，对这些私法组织必须采取必要的控制手段，而非放任其依私法自治原则运作，例如对于人员或事务的监督，原则上必须在《公司法》的框架内进行。然而，其既为政府为执行行政任务所组成的公司，组织上仍被认定是行政组织的一部分，因此，在有关《公司法》的规定之上，仍可附加额外的公法规定，以加强对企业的控制。

## 二、任务私部门化

任务私部门化是指特定行政任务真正私部门化，公部门不再负责执行，通过任务的解除，以减轻公部门人事和业务的负担。公部门仍然对私部门所提供的公共服务负有公法上的监督责任，但是已经改变该行政任务的性质，又称为"实质私部门化"。任务私部门化是公部门将所承担的行政任务完全一次性移转给私部门，公部门从此退到幕后，而私部门则是以自己的名义，独立执行行政任务。在任务私部门化之后，公部门既已解除原所承担的任务，其对该任务的实现即丧失直接控制的可能性，私部门必须以自我负责的方式完成以往由公部门所承担的任务。公部门从任务的履行责任解放，转而承担所谓的担保责任。[②] 其中，履行责任是指公部门不仅对特定任务的执行负责，还应通过其固有的工作人员自为执行，而不得交由私部门为之。

于此，担保责任是指公部门虽不承担自行执行该当任务的责任，然而其仍应确保该任务以符合公益，就此，其可以借由建构框架性的法秩序、提供经济上诱因等方式，促使私部门以符合公益的方式执行原本由公部门所承担的任务。任务私部门化所引发的最大争议在于，所有的行政任务是否都可以移转私部门。换言之，是否存在保留国家承担，不可以移转私部门的行

① 陈爱娥：《行政组织》，载《行政法入门》，台湾元照出版社2000年版，第198～200页。

② 张桐锐：《合作国家》，载《当代公法新论（中）》，台湾元照出版社2002年版，第576页。

政任务。[①]

有学者认为,传统上具有权力独占性质的任务。所谓权力独占,是指国家独占运用物理上强制力的可能性。在法律史上,权力独占的发展可以说是君主专制主义下的产物,其特别可以追溯到 Jean Bodin 的想法。在其国家主权理论,所有公权力集中于君主是其理论的重要特征。在此种主权理论之下,必然排除非国家以外的团体可以独立发布命令并使用强制力的权力。此种国家权力独占的想法其后为 Thomas Hobbes 所继受。Hobbes 认为人民只有在臣服于国家权力之下时,才有和平的生活可言。如果国家无法落实其确保和平的任务,也就无法命令人民服从,在此种情形之下,人民即可行使其自我防卫的权利。

必须注意的是,Hobbes 的权力独占想法已经与国家承担保障安全、形成和平生活的责任相连结。[②] 例如:司法、国防、租税高权、警察等,应该属于核心权力的行政任务,而不可以移转私部门来执行,又称核心权力界限理论。[③] 有学者认为,在今日的社会条件必须作统一决定的事务,例如货币、公证等事项也属不容许私部门化的行政任务。[④] 针对存在绝对行政任务的想法,有学者认为,公部门在执行行政任务时,通常仅就部分事项自为执行,其完全不排除私部门化的空间,甚至只要更精确地观察就可以发现,在现代社会几乎没有任何任务可以称得上是国家独占的领域。例如,在民事权利争议领域有仲裁制度,可以由私部门组成仲裁法庭对争议作出判断,并取得与法院判决同一的效力。在国防事项上,虽然德国在 20 世纪完全禁止私部门化,近来通过所谓一般性的防卫义务,而使得此完全禁止私部门化的领域变得即使不在法律上,也会在事实上有逐渐相对化的趋势。[⑤] 在社会治安方面,原本属于国家核心任务的警察行政任务,在我国也可以通过治安服务承包的方式而私部门化。

---

① 陈爱娥:《国家角色变迁下的行政任务》,载《月旦法学教室》2002 年第 3 期。

② Martin chulte,Gefarenabwehr durch private Sicherheitskräfte im Licht des staatslichen Gewaltmonopols,VBl.1995,S.131－132.

③ 陈铭聪:《私人参与社会管理的法律问题》,载《东吴法学》2012 年春季版。

④ 陈爱娥:《国家角色变迁下的行政任务》,载《月旦法学教室》2002 年第 3 期。

⑤ R. Herzog, Vorbehalt und Grenzen der Staatstätigkeit, in: J. Isensee/Paul Kirchhof(Hg.),Handbuch des Staatsrechts,Band Ⅲ,1998, § 58 Rn.32－35.

## 三、财产私部门化

财产私部门化是指国家将其所拥有的财产移转给民间持有，国家可以移转的财产不只是动产或不动产，也包含国有企业中的持股。财产私部门化经常是公部门用来解除其所承担的任务的手段，借由出售股份、标售资产等方式转让公部门财产于私部门，进而达成解除公营事业原所承担任务的目标。有关公营事业的定义，指下列各款的事业：(1)各级政府独资或合营者；(2)政府与人民合资经营，且政府资本超过百分之五十者；(3)政府与前二款公营事业或前二款公营事业投资于其他事业，其投资之资本合计超过该投资事业资本百分之五十者。[①] 公营事业移转民营，可以采取下列方式办理：(1)出售股份；(2)标售资产；(3)以资产作价与人民合资成立民营公司；(4)公司合并，且存续事业属民营公司；(5)办理现金增资。[②]

此外，财产私部门化的目的还在于借由出卖公部门的财产来增加国库的收入。然而，通常借由此种私部门化方式所带来的收益并不是最受关注的，公部门借由财产私部门化来解除其必须负担的庞大费用的行政任务，这才是其最感兴趣的。关于财产私有化所产生的问题，除了存在贱卖国家公产及图利特定人士的疑虑外，[③]并未产生重大的法律争议。

## 四、功能私部门化

功能私部门化是指行政任务属性维持不变，公部门仍然承担行政任务的全部责任，只不过实际上通过私部门来执行，又称之为“形式私部门化”。此时，公、私部门之间通常存在合同关系(公法或私法)，主要的类型有行政助手、专家参与和合同承包等形式，其中以公共服务的合同承包最为典型。[④] 功能私部门化从初期多见于干预行政领域内行政任务的私部门化，逐渐开始扩展到提供公共服务的给付行政领域内。

---

① 参见我国台湾地区“公营事业移转民营条例”第3条的规定。

② 参见我国台湾地区“公营事业移转民营条例”第6条的规定。

③ 陈樱琴：《现行法制中公营事业之民营化争议》，载《月旦法学》1998年第36期。

④ 黄学贤：《中国行政法学专题研究述评(2000—2010)》，苏州大学出版社2010年版，第61页。

在功能私部门化的情形中，任务的管辖权限、责任仍归属于公部门，只是将特定的执行权限委由私部门承担，行政实务上常出现的授权模式或委托模式即属此类。国家运用功能私部门化措施的目的，一方面是借委托私部门执行特定任务，以补充国家人力的不足，减少执行赤字的发生；另一方面在高度科技性的法律，公部门因欠缺专业知识而难以执行时，利用民间专门人员协助执行，将有助于实现法律的规定。由于在功能私部门化的情形中，任务的管辖权仍存在于公部门，国家仍有实现该任务的责任，因此不得任由私部门恣意执行，国家应担保该任务的执行仍有一定的质量。然而，此种通过私部门来执行行政任务的方式，究竟会产生什么问题？对私部门将产生怎样影响？公部门又如何确保私部门执行任务的品质？

有学者认为，行政任务的执行与国家权力的行使相当，而国家权力的行使必须符合正当性的要求，将行政任务委托予私部门行使将导致民主控制的弱化，因此将行政任务移转私部门行使时，必须受到民主国原则的检验。此外，在将行政任务移转私部门时，涉及的是国家以特殊的机关行使执行权，于此，一方面受委托之私部门负有执行行政任务的义务，另一方面受托之私部门在执行行政任务时有可能影响私部门的权利，是以私部门的权利即有可能因此种国家机关结构的转变而遭受损害。虽然私部门无权要求公部门以特定的组织形态来行使国家权力，但是不能因此推导出公部门可以随意形成任何行政模式的结论。于此，宪法上的法治国原则以及基本权保障的要求对于行政任务私部门化一事，应该发挥范限与指引的功能。换言之，其应该禁止国家因组织形态的选择造成执行任务的私部门与相关私部门权利的损害。①

有学者认为，公部门在将行政任务移转私部门时，私部门是处于一种“行政中介者”的地位，行使由公部门取得的间接权限。此种通过“行政中介者”来执行行政任务的情形，将产生以下三个现象：

第一，行政中介者作为一私部门，取代直接受基本权利拘束的公部门，在未被授予特殊公法上权限，因此未取得公法上地位时，将影响基本权利的有效性，因为若行政中介者的行为影响了公民的权利，那么一般用以对抗违法国家行为的手段，于此就不能适用。此种公部门委托私部门执行其任务的做法，将对私部门的基本权利产生持续的负面影响。

---

① 李东颖：《行政任务委托民间的宪法界限——以警察机关危害防止任务作为观察对象》，台北大学法学系2003年硕士论文。

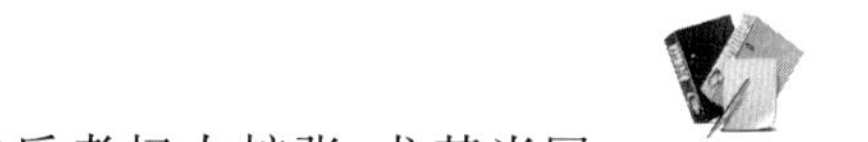



第二，将行政任务委由行政中介者行使，将造成后者权力扩张，尤其当国家赋予行政中介者特定的公权力手段及财政资源以执行行政任务时，特别会加强其权力与影响力，就此，其可能强烈地影响一般私部门的权利。

第三，在公部门将行政任务委托行政中介者行使时，必须付出控制可能性削减的代价。因为行政中介者也是基本权主体，其可诉诸此一地位对抗公部门。此外，对相关信息、评估的欠缺，后果将由社会承担，执行的过程若发生错误，公部门也不能未得行政中介者的同意，径为修正。

以上三种现象对社会而言具有相当的危险性，因其通常是长时间处于隐微不显的状态。[①]

## 五、程序私部门化

程序私部门化是私部门化类型中最新的分支，特别是在环保法或建筑法中有较多开展，其包含将原本由公部门负责的部分程序移转私部门负责、由公部门委托私部门作整体程序的规划，以及将原本由机关负责的审查与计划流程移转私部门的专家负责等。此外，在作成行政决定的过程中引进专家参与，也属此种类型。[②] 此种将部分程序移转私部门执行的措施，除了能将民间的专业知识引进公部门，借以提升行政决定的质量外，也可避免适用公部门复杂的程序规定，达到程序经济功能。[③]

程序私部门化将私部门引入行政决定的过程中，私部门可以影响公部门决定的内容。不过，必须考虑的是，私部门提供的给付是否已经实质形成行政决定的内容，或是仅为公部门作成决定的参考，因为这牵涉到公部门就行政决定的作成应该负担何种责任的问题。就此问题而言，有学者认为，从民主国原则出发而强调，行政权民主正当性的要求赋予公部门依据法律负责任地作成决定的义务，这意味公部门被委托必须作成最后的决定，并且必须对程序加以控制。[④]

---

① Hans-Ullrich Gallwas, Die Erfüllung von Verwalt ungsaufgaben durch Private, VVDStRL 29(1971), S. 216－220.

② 王毓正：《论国家环境保护义务之私化》，载《月旦法学》2004 年第 104 期。

③ Friedrich Schoch, Privatisierung von Verwaltungsaufgaben, DVBl.1994, S.968.

④ Matthias Schmidt- Preuß, Verwaltung und Ve rwaltungsrecht zwischen gesellschaftlicher Selbstregulierung und staatlicher Steuerung, VVDStRL 56(1997), S.175.

明确地说，民主国原则要求行政权应具备组织的民主正当性，因此，行政任务的执行应该由具备民主正当性的职务担当人来负责执行。在程序私部门化的情形中，行政决定的准备工作虽得引进私部门加以协助，然而在最后作成决定的阶段，仍须由公部门负责作成。因此，即使公私合作作成决定的准备程序，公部门仍必须以其固有的人员对于私部门所提供的给付加以审查，不能只是盲目地接受，如此才能确保公部门作成最后决定的责任的履行。

## 六、财务私部门化

财务私部门化是指实现公共任务的财政负担移转私部门，而不是由租税负担，其常运用于公共设施的兴建与经营。[①] 其发生的原因在于国家财务不足以支应大量行政任务的兴建，是以引进民间的资金，使私部门就此部分参与行政任务的执行。[②] 财务私部门化在德国著名的例子是道路建设。依据德国法律的规定，必须缴纳使用规费，联邦高速公路的建造、维护、营运与财务可以移转由私部门办理。就我国台湾地区而言，依“促进民间参与公共建设法”第8条第1项第1款规定，民间机构可以投资兴建并为营运；营运期间届满后，移转所有权予政府的方式，此种公私合作的模式又称为政府特许经营模式。此类公共建设的兴建与经营所需金额庞大，政府假使投入过多资金将造成排挤其他社会福利支出的后果，因此通过引进民间资金的方式来缓减政府的财政压力。

依福利国原则，国家对其人民负有生存照顾义务，依学界多数见解，执行生存照顾义务并不一定要由公部门亲自提供，私部门也可以提供。[③] 如果由在私部门时造成行政相对人的损害时，公部门是否也要承担责任？如何承担责任？有学者认为，公部门于此虽然解除直接执行的责任，但是并未使公部门完全退出，而只是造成其功能的转变，也就是从“执行责任”转换到“担保责任”。为满足此种“担保责任”，公部门必须建构出足以实现此种责任的规范结

---

① 张桐锐：《合作国家》，载《当代公法新论（中）》，台湾元照出版社2002年版，第576～577页。

② 徐晓菁：《民营化之法律概念》，载《公营事业评论》1999年第1卷第4期。

③ 陈爱娥：《国家角色变迁下的行政任务》，载《月旦法学教室》2002年第3期；詹镇荣：《民营化后国家影响与管制义务之理论与实践——以组织私法化与任务私人化之基本型为中心》，载《东吴大学法律学报》2003年第15卷第1期。

构，其一方面要求确保私部门能够带来全面并符合品质的服务，以符合公益要求，另一方面也必须顾及私部门的利益。

财务私部门化所引发的另一问题为偏离租税国家理念的疑虑。依租税国家的理念，国家收入的主要来源为税收，是以私部门也应有纳税的义务，公部门的支出主要也应该以税收支应。[①] 在财务私部门化的情形，公部门对行政任务执行所需资金的来源必须仰赖私部门资金的投入，并容许私部门对利用该设施者收取使用适当的规费，将公部门执行成本转嫁于私部门。私部门除纳税外，也必须负担大量的资金投入，随后以收取规费来弥补亏损与创造利润，如此一来即与租税国家的本质渐行渐远，公部门所面临的是“租税国家”或者“规费国家”的选择。[②]

## 第五节　相关名词分析

本书中的公私合作，涉及三个主体，即公部门、私部门和行政相对人。公部门，一般是指行政机关。所谓公私合作，是指在执行行政任务时，由于组织上的原因，例如编制不足，或者因为事务的性质，不便由行政机关亲自执行，或为求精简组织(公务员)人力，或由于其他缘故(例如私部门具有执行行政任务所需的更佳专业知识、技术或管理方法)，而由法律、法规规定、授权行为或委托协议等方式，将特定行政任务的执行权限(一般指公权力的行使)移转给私部门。

私部门，一般是指个人、私法人、民间团体或非法人团体，从广义来说，是所有参与行政法律事务，包括公权力行政与私经济行政，所有私法主体的总称。如果行政机关为达成法律上的目的，以私法主体地位从事私法行为者也属之。从狭义来说，行政任务的执行涉及公权力的行使，属于公法行为，行政机关不应也不能以私法组织从事之。因此，私部门主要是指非属于行政机关的个人、私法人、民间团体或非法人团体。但是，若公部门的工作人员所执行的行政任务与其身份、职权和所属机关无关者，也有可能构成私部门地位，例如公务员于休假时间加入民间志愿者行列。

---

① 葛克昌：《租税国家》，载《月旦法学教室》2003 年第 5 期。

② 陈爱娥：《从法律观点谈行政改革的困难》，载《竞争政策通讯》2003 年第 2 期。

公私合作第三个主体为行政相对人，一般也是公私合作最直接的影响者，一般具有以下四个特征：一是行政相对人具有广泛性和法定性。任何组织或个人在一定条件下都可以成为行政相对人。二是行政相对人在行政管理法律关系中，也是行政法律关系主体。如同行政主体在行政法律关系中，既享有权利，又承担义务。三是行政相对人在行政管理关系中具有相对性，也即任何组织或个人只有在行政管理法律关系中，才具有行政相对人的地位。如果不是处于行政管理法律关系中，而是处于其他法律关系中，就不具有行政相对人的地位。四是行政相对人在行政救济中具有主动性。行政相对人认为自己的合法权益受到行政主体的侵害，可以依照法律规定向行政复议机关提出复议申请，或向人民法院提起行政诉讼。

在我国，公私合作模式，一般使用公私合作伙伴关系这个名词(Public-private Partnership，简称 PPP)，即是公共基础设施中的一种项目融资模式。在该模式下，鼓励私营企业、民营资本与政府进行合作，参与公共基础设施的建设。

PPP 具体指在公共服务领域，政府采取竞争性方式选择具有投资、运营管理能力的社会资本，双方按照平等协商原则订立合同，由社会资本提供公共服务，政府依据公共服务绩效评价结果向社会资本支付对价。PPP 以市场竞争的方式提供服务，主要集中在纯公共领域、准公共领域。PPP 不仅是一种融资手段，而且是一次体制机制变革，涉及行政体制改革、财政体制改革、投融资体制改革。

按照这个广义概念，PPP 是指政府公共部门在与私营部门合作过程中，让非公共部门所掌握的资源参与提供公共产品和服务，从而实现合作各方达到比预期单独行动更为有利的结果。狭义 PPP 的主要特点是，政府对项目中后期建设管理运营过程参与更深，企业对项目前期科研、立项等阶段参与更深；政府和企业都是全程参与，双方合作的时间更长，信息也更对称。

另外，与公私合作概念相当接近的，还有日本学者丸恒所提出的“私人行政”。他在 2010 年出版了《私人行政》一书，此书论题十分新颖，其背景是席卷全球的规制改革。对于如何摆正国家规制的地位，如何扩大私部门的参与，如何利用民间的活力，各国的行政改革正在积极探索和实践。对私人行政这一论题，行政法缺乏相应的统制制度，行政法学家也缺乏充分的讨论研究。关于“私人行政”一词，正如同作者在书中序所言：日本在讨论行政改革问题时，开始一般性地使用民间委托、私人化这样的用语，本书所研究的公私合作现象本身，便与民间委托、私人化的行动活动关联密切。不过，这一现象是指被委托

的事务本身虽然保持行政任务不变，实际实施事务的却是私人。也就是说，委托给民间的功能自身虽然属于行政，属于公共性极高的活动，却是通过私人开展的。因此，私人行政既然仍是行政，就应该适用为行政所预设的各种各样统治手段。只有充分确保这种法的统制，才能允许私人实施这种活动。①

另外，我国台湾地区则使用“公私协力”一词来表达公、私部门之间合作执行行政任务的所有现象。关于公私协力的概念，有学者采最广义者，将公私协力理解为一个集合概念，泛指公、私部门合作执行行政任务的所有现象。凡是行政任务的执行并非公部门所独揽，而是通过私部门的参与或协助的，就可以涵盖在公私协力概念之中。至于公私协力是否必须目标一致或至少具有互补性、动机上是否出于双方自愿、合作关系的形塑与维护有无法拘束力、合作的内容是否限于公权力行政、合作过程中公部门是否居于主导地位等因素，并非在考虑之列。不过，此等广义公私协力概念的理解，对于凸显现代国家行政任务执行方式变革的现象与发展，固属适切且充分。

然而，若从现代行政法制探究因公私协力所带来的挑战及相关应用问题者，则此等广义公私协力概念将由于欠缺具体可掌握的内涵而过于笼统，且难以据此作为行政法制上的讨论基础，以及建构法律框架的规范标的。因此，有学者认为，公私协力概念应该采取压缩概念，也就是双方以在自愿与责任分担的基础上所形成的合作关系为限，并将公私协力定义为国家高权主体与私经济主体之间本于自由意愿，通过正式的公法或私法性质的双方法律行为，或是非正式的行政行为形塑合作关系，并且彼此为风险与责任分担的行政任务执行模式。②

在一定意义上来说，公私合作、公私协力、政府购买服务、合作行政、特许经营、私部门化、民营化、私人化等已经成为描述现代行政管理与行政法制不可或缺的词语。在近年来有关新公共管理、公共行政改革运动、管制革新的探讨之中，上述词语更是居于核心位置。

不过，关于公私合作、公私协力、合作行政、民营化、私部门化、特许经营、政府购买服务等相互之间是何种关系，学术界似乎还欠缺详尽的梳理。尤其是两岸在解释这一现象使用不同的名词，中国大陆使用公私合作，台湾地区使

---

① ［日］米丸恒治：《私人行政——法的统制的比较研究》，洪英、王丹红、凌维慈译，中国人民大学出版社2010年版，第9页。

② 程明修、詹镇荣：《公私协力理论、法制及实务动向》，载《行政法学会研讨会论文集(2012)》，台湾元照出版社2012年版，第366～367页。

用公私协力，两者的区别为何，并未有合理的说明。本书认为，公私协力与公私合作两者在概念上并无实质上的区别，若要深究两者的差异，则公私协力强调私部门的协助的性质，偏向于“从属”的地位，而公私合作则强调私部门的合作性质，偏向于“对等”的地位。

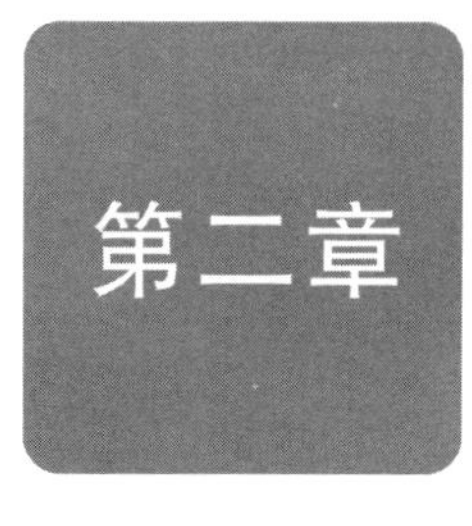

# 第二章 公私合作的基本模式

公私合作的模式与私部门如何参与行政任务息息相关,换言之,私部门如何参与行政任务是原因关系,公私合作的模式则是事实结果。本书将公私合作的模式分为法定模式、授权模式、委托模式、私法模式、特许模式等,这五种公私合作模式,公、私部门之间的法律关系和私部门的自主性各有不同。法律关系又可以分为法律规定和合同约定等,而法律规定又可以区分为法律直接规定和法律、法规授权,合同约定又可以分为行政合同和私法合同等等。而每种模式,私部门的自主性又各有不同,分述如下:①法定模式是由法律直接规定的合作模式,私部门完全没有拒绝空间,对私部门的基本权利侵害甚巨,此时必须基于公共利益的需要,并且必须符合严格的法律保留。②在授权模式下,虽然也是基于法律、法规的规定,但并不是直接由法律、法规直接规定当事人之间的义务,而是通过法律、法规的规定,授权公部门决定是否与私部门合作,并且协商合作的内容,共同完成行政任务。③在委托模式下,不需要法律的明确规定,公部门是通过合同的形式与私部门合作。不过此时的合同是行政合同,当事人之间的法律关系适用公法关系。④在私法模式下,公部门为了回避公法的适用,以居于私法主体的地位,与当事人签订私法合同,以私法形式来完成行政任务。⑤在特许模式下,即在公私合作模式中最后兴起的模式下,主要是公共设施的建设或公共服务的投入,公部门因为预算的短缺或能力的不足,引进民间的资金或技术来共同完成公共工程的建设或公共服务的推动。特许模式虽然也是基于法律、法规的规定,但是与授权模式不同的是,其

更强调私部门的资格。换言之,私部门的资金或技术是公部门考虑的重点,而公益性的需求远比授权模式来得高。

上述五种模式各有优缺点,公部门可以依据行政任务的内容,选择最适合的公私合作模式。不过应该注意的是,私部门的自主性越弱,法律保留的强度就越强,公共利益的需求也就越高;私部门的自主性越高,甚至完全有选择的空间时,公部门的透明性与私部门之间平等参与的要求则更为重要。当然,所有公私合作的模式,最终目的不外乎还是追求公共利益的实现,保障私部门和行政相对人的权益不被侵害,并且拥有合适的救济管道。

# 第一节 法定模式

## 一、含义

法定模式是指依据法律、法规的相关规定赋予公私合作的义务,此时私部门是通过法律、法规强制规定来参与行政任务的执行。此时的这种公私合作是一种法定义务的承担。公部门为完成特定的行政任务或达到特定的法律目的,直接通过法律的构成要件规定私部门公法上的义务,因此,形式上义务人虽在执行其法律上的义务,实质上却是代公部门执行行政任务。[①] 一般而言,法定模式都有紧急性、特殊性或公益性。例如,为了维护社会秩序,《集会游行示威法》赋予集会、游行、示威的负责人必须负责维持集会、游行、示威的秩序的义务;为维护公共环境的整洁,《行政强制法》规定公部门可以代执行,或者委托没有利害关系的第三人代执行;为了公共利益的需要,公部门依照法律规定对私部门的私有财产实行征收或者征用等。

由于公私合作的义务是通过法律的强制规定来履行的,因此这种公私合作的制度其实是一种法定的义务参与。法定模式是为了完成公共任务而对私部门个人或物资加以利用的制度。它是通过法律规定直接加以形成,而不需要另外一个具体行政行为。不同于一般的提供勤务或提供事物的义务,这类

① 詹镇荣:《无偿性通讯监察设备设置义务之合宪性疑义》,载《月旦法学》2000年第64期。

义务为法律所明定，由私部门依法承担特定的行为或者给付义务，例如地方政府规定，紧邻街道的居民负有清扫道路的义务。

## 二、相关实践分析

公部门直接通过法律的规定，赋予私部门执行或协助执行行政任务的义务，以达到将行政任务的执行责任移转于私部门的目的，称为义务参与或法定义务承担。因此，形式上义务人虽在执行其法律上的义务，实质上却是代为实践公部门的行政任务。

以集会游行为例，为维护社会秩序，《集会游行示威法》第7条规定："举行集会、游行、示威，必须依照本法规定向主管机关提出申请并获得许可。"该法第18条规定："对于依法举行的集会、游行、示威，主管机关应当派出人民警察维持交通秩序和社会秩序，保障集会、游行、示威的顺利进行。"该法第25条第2款、第3款规定："集会、游行、示威的负责人必须负责维持集会、游行、示威的秩序，并严格防止其他人加入。集会、游行、示威的负责人在必要时，应当指定专人协助人民警察维持秩序。负责维持秩序的人员应当佩戴标志。"可见，集会、游行、示威的负责人依该条规定即负有协助人民警察执行行政任务的义务。

以行政强制为例，《行政强制法》第50条规定："公部门依法作出要求当事人执行排除妨碍、恢复原状等义务的行政决定，当事人逾期不执行，经催告仍不执行，其后果已经或者将危害交通安全、造成环境污染或者破坏自然资源的，公部门可以代执行，或者委托没有利害关系的第三人代执行。"第52条规定："需要立即清除道路、河道、航道或者公共场所的遗洒物、障碍物或者污染物，当事人不能清除的，公部门可以决定立即实施代执行；当事人不在场的，公部门应当在事后立即通知当事人，并依法作出处理。"

再以行政征收为例，行政征收在各国有不同的称谓，德国行政法称之为公益征收，法国行政法称之为公用征收，日本立法中采用行政征用或公用征用的概念。而在美国，从《宪法》第5条修正案"人民私有财产，如无合理补偿，不得被征用为公用"可知，行政征收被称为行政征用。从各国对行政征用的界定来看，一般认为，行政征用是行政主体为了公共利益目的，按照法定的形式和事先公平补偿原则，以强制方式取得私人不动产的所有权或其他物权的程序。我国《宪法》已经对私有财产的征用作出相应规定。《宪法》第13条第3款规定："国家为了公共利益的需要，可以依照法律规定对公民的私有财产实行征

收或者征用并给予补偿。”《中华人民共和国专利法》《中华人民共和国国防法》《中华人民共和国戒严法》等多部法律也作了不同情况下对土地以外多种权利征收的补偿性规定。

## 第二节 授权模式

### 一、含义

现在的政府属于服务型政府，公部门所要处理的行政任务是大量的并且复杂的，公部门要及时有效地处理这些事务，就必须调动公部门中所有机构和所有人员的力量，仅凭公部门中某一个机构或某一些人的能力是无法完成繁重复杂的行政管理任务的。尤其是在当代社会，公部门职能不断扩张，管理事务不断增加，公部门领导人更不可能包揽一切。于是为有效地执行职责，公部门必须进行分权或授权，利用分权或授权把大量的行政工作安排给下级行政机构或公务人员去做。行政授权既可以减少上级公部门的负担，使之有时间处理重大问题，又可以提高下级的工作能力，充分发挥其专长，还可以对下级产生巨大的激励和推动作用，因此，行政授权的意义是非常重大的。

不过，关于授权的定义，学者间却存在一些分歧，例如有学者认为，授权是指单项法律、法规、规章直接规定，或通过其明确的授权性规定由公部门间接决定，将某方面或某项行政职权授予公部门以外的组织行使并独立承担相应责任的行政职权配置方式。[①] 有学者认为，行政授权是指公部门依据法律、法规的规定，将自己职权范围内特定的行政职能间接授予非公部门组织，例如社会团体、事业组织、企业组织、基层群众性自治组织和有关技术检验机构或鉴定机构，被授权组织以自己的名义行使特定的行政职能，并就行使所授职能的行为对外承担法律责任。[②] 有学者认为，授权是指一个行政主体依法将自己

---

① 莫于川：《行政职权的行政法解析与建构》，载《重庆社会科学》2004 年第 1 期。

② 黄学贤主编：《中国行政程序法的理论与实践》，中国政法大学出版社 2007 年版，第 436 页。

行政职权的部分或者全部赋予另一组织，后者因此以自己名义行使该职权，并承受该职权行为效果的法律制度。[①] 有学者认为，授权以行政主体为授权人，以行政权力为授权客体，以下属部门和私部门为授权物件人，以创设行政主体或新的行政主体为授权结果。[②]

公部门通过授权模式将行政任务移转给私部门，在我国许多法律、法规中都有具体明文规定。例如《行政许可法》第23条规定："法律、法规授权的具有管理公共事务职能的组织，在法定授权范围内，以自己的名义实施行政许可。被授权的组织适用本法有关行政机关的规定。"第24条规定："行政机关在其法定职权范围内，依照法律、法规、规章的规定，可以委托其他行政机关实施行政许可。委托机关应当将受委托行政机关和受委托实施行政许可的内容予以公告。委托行政机关对受委托行政机关实施行政许可的行为应当负责监督，并对该行为的后果承担法律责任。受委托行政机关在委托范围内，以委托公部门名义实施行政许可；不得再委托其他组织或者个人实施行政许可。"《行政处罚法》第17条规定："法律、法规授权的具有管理公共事务职能的组织可以在法定授权范围内实施行政处罚。"第18条规定："行政机关依照法律、法规或者规章的规定，可以在其法定权限内委托符合本法第19条规定条件的组织实施行政处罚。行政机关不得委托其他组织或者个人实施行政处罚。委托行政机关对受委托的组织实施行政处罚的行为应当负责监督，并对该行为的后果承担法律责任。受委托组织在委托范围内，以委托公部门名义实施行政处罚；不得再委托其他任何组织或者个人实施行政处罚。"另外，在《国家赔偿法》中关于赔偿义务机关有法律、法规授权组织，《行政复议法》和《行政诉讼法》中关于复议被申请人和诉讼被告有法律、法规授权组织。目前几个行政程序法专家意见稿和地方性行政程序规定对授权都有规定。[③]

所谓授权模式，是指公部门将其权限的全部或部分移转给私部门，私部门以自己名义独立对外执行特定行政任务。授权模式与法定模式的相同之处在

---

① 马乐、田园：《行政协助的法律定位与控制》，载《行政与法》2005年第5期。

② 李韩、徐东平：《行政授权及相关问题探讨》，载《四川省干部函授学院学报》2003年第2期。

③ 例如，姜明安教授主持的《行政程序法（试拟稿）》第15条规定、应松年教授主持的《行政程序法（试拟稿）》第24条第1款规定、马怀德教授主持的《行政程序法（建议稿）》第26条规定、王万华教授主持的《行政程序法（试拟稿）》第19条规定、《湖南省行政程序规定》第19条规定、《山东省行政程序规定》第14条规定。

于,两者都是必须基于法律、法规的规定。不同之处在于,法定模式属于一种义务,私部门必须接受,不能拒绝,并且不具有独立性质;而授权模式则属于一种权利,私部门可以视情况决定是否同意参与,并且具有独立性质。在授权模式中,私部门在其权限范围内可以独立完成行政任务并采取公权力措施,因此,授权模式并不只是让私部门独立地执行行政任务,还包括授予私部门可以作成对行政相对人发生法律效果的权限。所以,私部门可以利用各种公法上的行为形式来完成行政任务。

关于授权,在我国法律、法规中已经普遍出现,例如,《行政处罚法》第 17 条规定[①]与《行政许可法》第 23 条[②]。我国目前几个行政程序法专家意见稿[③]和《山东省行政程序规定》都有类似的规定。[④]

## 二、相关实践分析

关于授权模式的实例,以保安服务为例,依据《保安服务管理条例》的相关规定,保安从业单位、保安培训单位和保安员应当接受公安机关的监督检查。

---

① 《行政处罚法》第 17 条规定:"法律、法规授权的具有管理公共事务职能的组织可以在法定授权范围内实施行政处罚。"

② 《行政许可法》第 23 条规定:"法律、法规授权的具有管理公共事务职能的组织,在法定授权范围内,以自己的名义实施行政许可。"

③ 例如,应松年教授主持的《行政程序法(试拟稿)》第 24 条第 1 款:"依据法律、法规特别授权的组织应当以自己的名义对外作出决定,承担相应的法律后果。"姜明安教授主持的《行政程序法(试拟稿)》第 15 条:"授权是指上级公部门的职权可以授权下级公部门行使,公部门的职权可以授权社会组织行使,但依法或依职权性质不能授权而只能由本机关行使的除外。被授权的机关、组织以自己的名义行使职权,并承担由此产生的法律责任。"马怀德教授主持的《行政程序法(建议稿)》第 26 条:"可授予的管理公共事务权力的组织应当以自己的名义对外作出决定,并承担相应的法律后果。"王万华教授主持的《行政程序法(试拟稿)》第 19 条:"本法所称的其他行使行政权力的主体是指:(一)依据法律、法规的特别授权行使行政权力的组织……"《湖南省行政程序规定》第 19 条第 2 款:"其他行使行政职权的组织包括法律、法规授权的组织和依法受委托的组织。"

④ 《山东省行政程序规定》第 14 条:"法律、法规授权的具有管理公共事务职能的组织,在法定授权范围内,以自己的名义行使行政职权并承担相应的法律责任。"

可以得知，保安公司和公安机关处于授权模式的关系。① 再以特种押运为例，保安押运公司就是在《保安押运公司管理暂行规定》规定授权之下，从事武装守护、押运服务工作。② 另外，台湾地区“道路交通安全规则”第 47 条规定：“汽车之检验得委托公、民营汽车制造厂、修理厂、加油站代办，其办法另定之。”台湾地区“废弃物清理法”第 9 条规定：“主管机关得自行或委托执行机关派员携带证明档，进入公私场所或拦检废弃物、剩余土石方清除机具，检查、采样废弃物贮存、清除、处理或再利用情形，并命其提供有关资料；废弃物、剩余土石方清除机具应随车持有载明废弃物、剩余土石方产生源及处理地点的证明文件，以供检查。主管机关或其委托之执行机关依前项规定为行政检查时，有下列情形之一者，得扣留清除机具、处理设施或设备，并得命该清除机具、处理设施或设备之所有人或使用人限期清除处理。必要时，并得使用或限制使用其动产、不动产或断绝其营业所必须之自来水、电力或其他能源之处分：1.公私场所之废弃物、剩余土石方或其清除机具、处理设施或设备有严重

① 依据《保安服务管理条例》第 1 条规定：“为了规范保安服务活动，加强对从事保安服务的单位和保安员的管理，保护人身安全和财产安全，维护社会治安，制定本条例。”第 2 条规定：“保安服务是指：(一)保安服务公司依据保安服务合同，派出保安员为客户单位提供的门卫、巡逻、守护、押运、随身护卫、安全检查以及安全技术防范、安全风险评估等服务；(二)机关、团体、企业、事业单位招用人员从事的本单位门卫、巡逻、守护等安全防范工作；(三)物业服务企业招用人员在物业管理区域内开展的门卫、巡逻、秩序维护等服务。”第 29 条规定：“在保安服务中，为执行保安服务职责，保安员可以采取下列措施：(一)查验出入服务区域的人员的证件，登记出入的车辆和物品；(二)在服务区域内进行巡逻、守护、安全检查、报警监控；(三)在机场、车站、码头等公共场所对人员及其所携带的物品进行安全检查，维护公共秩序；(四)执行武装守护押运任务，可以依据任务需要设立临时隔离区，但应当尽可能减少对私部门正常活动的妨碍。保安员应当及时制止发生在服务区域内的违法犯罪行为，对制止无效的违法犯罪行为应当立即报警，同时采取措施保护现场。从事武装守护押运服务的保安员执行武装守护押运任务使用枪支，依照《专职守护押运人员枪支使用管理条例》的规定执行。”第 36 条规定：“公安机关应当指导保安从业单位建立健全保安服务管理制度、岗位责任制度、保安员管理制度和紧急情况应急预案，督促保安从业单位落实相关管理制度。”

② 依据《保安押运公司管理暂行规定》第 3 条规定：“保安押运公司依法配备公务用枪，依照本规定提供武装守护押运服务。保安押运公司为军工、金融、国家重要仓储系统和大型水利、电力、通讯工程、机要交通系统等依法配备公务用枪单位，提供《公务用枪配备办法》规定岗位的武装守护、押运服务。经省、自治区、直辖市人民政府公安机关批准，保安押运公司可以为奉条第二款规定以外企事业单位或者个人提供二十万元以上武装押款服务，或者提供武装押运重要文物、艺术品、有价证券、金银珠宝、枪支等服务。”

污染之虞。2.除机具装载之废弃物、剩余土石方有严重污染之虞。"这也都是授权模式的具体例证。

## 第三节　委托模式

### 一、含义

委托模式是指公部门通过委托协议方式，将行政任务移转私部门。公部门缔结委托协议的目的是使行政作用的方式更为灵活，有助于行政任务的实现。在委托模式的情形下，公、私部门之间通常存在的委托协议，从初期多见于干预行政领域内，近年来也开始扩展到提供公共服务的给付行政领域内。① 以机动船舶排气污染进行年度检测为例，《大气污染防治法》第 35 条规定："省、自治区、直辖市人民政府环境保护行政主管部门可以委托已取得公安机关资质认定的承担机动车年检的单位，依照规范对机动车排气污染进行年度检测。交通、渔政等有监督管理权的部门可以委托已取得有关主管部门资质认定的承担机动船舶年检的单位，依照规范对机动船舶排气污染进行年度检测。县级以上地方人民政府环境保护行政主管部门可以在机动车停放地对在用机动车的污染物排放状况进行监督抽测。"

在委托模式下的私部门一般称为行政助手，性质为辅助人员，具有补充行政机关人员编制不足的功能，其地位犹如公部门的"延长之手"。当私部门以行政助手的地位参与行政任务的执行时，行政任务的权限、执行结果与相关责任仍归属于公部门，只是将特定任务的执行工作交由私部门承担。公部门运用行政助手的目的是借委托私部门执行特定行政任务，以补充公部门人力的不足，并减少财政的支出。不过，公部门仍有实现该任务的责任，因此不得任由私部门恣意执行，而应担保该任务的完成并具有一定的质量。在行政助手的情形下，是指行政任务属性维持不变，公部门仍然承担行政任务的全部责任，只不过实际上通过私部门力量来执行，又称为"形式私部门化"。换言之，

① 黄学贤:《中国行政法学专题研究述评(2000—2010)》，苏州大学出版社 2010 年版，第 61 页。

行政助手对于公部门而言，属于单纯辅助的功能，对于是否行使公权力并不能自主决定，而完全取决于公部门的指示。行政助手的行为直接归属于该指示的公部门，其本身并无行使公权力的权限，也无自行决定活动空间，并非独立作成活动，也不直接与行政相对人发生公法上的法律关系，该公法上的法律关系仅存在于公部门与行政相对人之间，所以与授权模式行使公权力的私部门有别。例如，在发生交通事故时，附近的民众因交通警察委托，协助指挥交通。

公部门是不是限于法律、法规有明文规定的情形，才可以委托私部门呢？学者之间有不同的意见。有学者认为，行政委托法定原则是指行政主体在没有法律、法规和规章的规定下，不得将行政职权委托给他人。[①] 有学者认为，行政必须依法进行，行政委托属于一种行政行为，而大多数行政行为适用的行为规则是“没有法律规范就没有行政”，因此，行政委托必须以法律、法规和规章的规定为前提。[②] 有学者认为，就委托关系内容而言，行政委托关系就是公法性质的合同关系，应该适用公法领域的“法无明文规定即禁止”的基本行为准则，必须严格依照有法律、法规或规章的规定以实施行政管理，执行一定行政职责为内容。[③] 有学者认为，无论是一般事项的委托，还是重要事项的委托，都应由法律、法规或规章作为委托的依据。[④]

不过，依据 2000 年 3 月 8 日发布的《最高人民法院关于执行〈中华人民共和国行政诉讼法〉若干问题的解释》第 21 条，“行政机关在没有法律、法规或者规章规定的情况下，授权其内设机构、派出机构或者其他组织行使行政职权的，应当视为委托”。这表明，没有法律、法规或者规章规定的情况下的授权，就应当视为委托。另外，《行政处罚法》第 18 条规定：“行政机关依照法律、法规或者规章的规定，可以在其法定权限内委托符合本法第 19 条规定条件的组织实施行政处罚。行政机关不得委托其他组织或者个人实施行政处罚。”《行政许可法》第 24 条第 1 款规定：“公部门在其法定职权范围内，依照法律、法

---

① 曾勇：《论行政委托》，载《法制与社会》2008 年第 32 期。

② 马怀德：《行政法与行政诉讼法》，中国法制出版社 2000 年版，第 125 页。方世荣、石佑启主编：《行政法与行政诉讼法》，北京大学出版社 2005 年版，第 79 页；周佑勇：《行政法原论》，中国方正出版社 2000 年修订版，第 118～119 页；奚庆：《试论受委托组织在行政关系中的主体地位》，载《南京社会科学》1999 年第 9 期。

③ 单士军：《争议行政执行法过程中行政委托行为的几个问题》，载《中国食品药品监管》2010 年第 6 期。

④ 王晨：《行政委托内涵之重构》，载《行政与法》2008 年第 11 期。

规、规章的规定，可以委托其他公部门实施行政许可。”2004 年国务院《全面推进依法行政实施纲要》第 22 点明确要求各级政府建立健全行政执法主体资格制度。行政执法由行政机关在其法定职权范围内实施，非行政机关的组织未经法律、法规授权或者行政机关的合法委托，不得行使行政执法权；要清理、确认并向社会公告行政执法主体；实行行政执法人员资格制度，没有取得执法资格的不得从事行政执法工作。[①]

## 二、相关实践分析

### (一)警务辅助人员

各地方公安机关所招聘的警务辅助人员，就是典型的行政助手。《苏州市警务辅助人员管理办法》第 10 条明确规定警务辅助人员是人民警察的助手，在人民警察的指挥和监督下辅助人民警察执行本办法规定的警务活动。警务辅助人员依法辅助执行警务活动的法律责任由公安机关承担。第 11 条规定，警务辅助人员在人民警察的指挥和监督下，依照相应岗位执行下列警务活动：(1)辅助人民警察执行治安巡逻检查、卡口值守、接处警、维持大型公共活动及突发案(事)件现场秩序、现行违法犯罪嫌疑人的扭送、纠纷调解、治安宣传教育等警务活动；(2)辅助人民警察疏导交通，制止、查纠交通违法行为，维护交通现场秩序，开展交通安全宣传教育等警务活动；(3)辅助人民警察执行小区管理、特种行业管理、养犬管理等公安行政管理活动；(4)辅助人民警察从事信息采集、数据统计、文字记录等警务活动；(5)辅助人民警察从事专业技术、后勤等警务保障活动；(6)其他辅助性警务活动。

由于警务辅助人员只是公安机关执行行政任务的辅助人，并非独立活动的个体，其不能独立执行行政任务，对于是否行使公权力也不能独立判断，必须取决于公安机关的决定。公安机关也必须随时监督其执行任务的行为，提供如何执行行政任务的指示，如此，才能落实在警务辅助人员违法执行任务或执行不力时采取立即介入的措施。因此，依法治国原则要求，必须在相关法规范中明定其任务与权限，以避免混淆公、私部门间的责任分配，并使私部门所得采取的行为具可预见性。然而，此项要求在过去警务辅助人员的相关法制

---

① 《国务院关于印发全面推进依法行政实施纲要的通知》(国发〔2004〕10 号)，http://www.gov.cn/ztzl/yfxz/content_374160.htm，最后浏览日期：2016 年 4 月 1 日。

中并未贯彻。因此，我国首部警务辅助人员管理办法，即《苏州市警务辅助人员管理办法》的立法目的之一，就是为了明确和规范警务辅助人员作为公安机关的助手和社会治安的辅助力量的性质，明确其辅助人民警察执行本办法规定的警务活动，特别是要区别于保安公司、群防群治、治安承包制等形式的半职业化性质的治安辅助群体。第 10 条分别从不同角度明确揭示警务辅助人员应有的法律地位：第一，警务辅助人员是人民警察的助手，其本身并不是人民警察，同时也不是一般的志愿者；第二，警务辅助人员辅助的是警务工作，而不是辅助具有人民警察身份的个人；第三，警务辅助人员辅助人民警察执行警务活动的行为是公安机关职能活动的组成部分；第四，警务辅助人员辅助人民警察执行警务活动的法律效果，应该由公安机关承担。

### （二）专家参与

专家参与是公私合作模式中新兴起的模式之一，特别是在商品检验法、环境法、建筑法、诉讼法等涉及较具专业性质的任务中有相关规定，由公部门委托私部门作整体程序的规划，以及将原本由公部门负责的审查与计划流程移转给私部门的专家负责等。在作成行政决定的流程中引进顾问或专家参与，也属于此种模式。[①] 以建筑工程图样及说明书的审查或鉴定为例，可以指定具有该项学识及经验的专家参与。一方面，因该工程图样及说明书仅为起造人申请建造时应具备的文件之一，即使被委托之个人或团体负责该档的签证，但是否核发建筑执照仍由主管机关决定，是以该被委托的个人或团体并无对外为行政行为的权力，而与授权模式不同。另一方面，被委托的私部门在执行检查业务时，是依其专业独立判断，并不受委托机关的指挥监督，因此不能认为是公部门执行职务时的行政助手。一般而言，专家参与仅为技术层面的建议，随后公部门再依据专家的建议进行判断，最后以公部门名义作出决定。通常是公部门作成决定前的内部准备程序，最终还是以公部门的名义作成，所以专业参与并不具备“名义上”的独立性。然而，专家参与所涉及的决定都具专业性与技术性，公部门对于专家所作成的决定极少推翻，与一般的行政助手有别，具有“实质上”的独立性。因此，有学者将专家参与称为“独立的行政助手”。[②]

---

① 王毓正：《论国家环境保护义务之私化》，载《月旦法学》2004 年第 104 期。

② 林子仪：《行政检查业务委托民间办理法制之研究报告》，“行政院研究发展考核委员会”委托，1998 年，第 82～83 页。

由于行政任务日益复杂，牵涉的专业知识愈来愈广，公部门本身的人力与物力有时并无法解决个案中所涉及的专业或技术的事实问题，但是公部门不得以无法解决事实问题作为其不作决定的借口，反而应该利用各种可能性确认事实。因此，行政实务上常常需要借助专业人士的专业知识进行调查并收集相关证据，在行政事务的执行中，专家参与扮演着越来越重要的角色。在专家参与的情况下，公部门作成行政决定的权限虽未移转于专家，行政决定的内容却几乎已经由专家建议，即行政决定权限的重要部分已移转于私部门。此种将部分程序移转私部门的措施，能将私部门专业知识引进公部门的决策过程中，除了提升行政决定的质量外，也可以避免适用复杂的行政程序规定，而达到程序经济功能。

《进出口商品检验法》第 6 条规定："必须实施的进出口商品检验，是指确定列入目录的进出口商品是否符合国家技术规范的强制性要求的合格评定活动。"第 22 条规定："国家商检部门可以依照国家有关规定，通过考核，许可符合条件的国内外检验机构承担委托的进出口商品检验鉴定业务。"第 23 条规定："国家商检部门和商检机构依法对经国家商检部门许可的检验机构的进出口商品检验鉴定业务活动进行监督，可以对其检验的商品抽查检验。"依据上述规定，国家商检部门可以依照国家有关规定，将确定列入目录的进出口商品是否符合国家技术规范的强制性要求的合格评定活动，委托私部门(国内外检验机构)代为实施检验，而后国家商检部门再依据该私部门的检验报告，作成最后之合格或不合格认定的行政决定。

以环境影响评价为例，《环境影响评价法》第 5 条规定："国家鼓励有关单位、专家和公众以适当方式参与环境影响评价"。第 11 条第 1 款规定："专项规划的编制机关对可能造成不良环境影响并直接涉及公众环境权益的规划，应当在该规划草案报送审批前，举行论证会、听证会，或者采取其他形式，征求有关单位、专家和公众对环境影响报告书草案的意见。但是，国家规定需要保密的情形除外。"我国台湾地区"环境影响评估法"第 3 条规定："各级主管机关为审查环境影响评估报告有关事项，应设环境影响评估审查委员会(以下简称委员会)。前项委员会任期二年，其中专家学者不得少于委员会总人数三分之二。目的事业主管机关为开发单位时，目的事业主管机关委员应回避表决。"把专家学者在环境影响评估审查委员会的人数比例直接规定在法条中，值得我们学习借鉴。

以建筑施工、勘察、设计和工程监理为例，《建筑法》第 12 条规定："从事建筑活动的，应当具备下列条件：……(二)有与其从事的建筑活动相适应的具有

法定执业资格的专业技术人员。"第 13 条规定:"从事建筑活动的建筑施工企业、勘察单位、设计单位和工程监理单位,依照其拥有的注册资本、专业技术人员、技术装备和已完成的建筑工程业绩等资质条件,划分为不同的资质等级,经资质审查合格,取得相应等级的资质证书后,方可在其资质等级许可的范围内从事建筑活动。"第 14 条:"从事建筑活动的专业技术人员,应当依法取得相应的执业资格证书,并在执业资格证书许可的范围内从事建筑活动。"①

另外,在诉讼法领域也引进专家参与制度,新《刑事诉讼法》将原法第 159 条调整为第 192 条,并新增第 2 款和第 4 款内容,增加规定公诉人、当事人和辩护人、诉讼代理人可以申请法庭通知有专门知识的人出庭,就鉴定人作出的鉴定意见提出意见,有专门知识的人出庭,适用鉴定人的有关规定。这里"有专门知识的人出庭"通常被理解为某一领域的专家(鉴定人以外)参与诉讼。有专门知识的人出庭发表的意见不具有证据属性,其主要功用在于帮助法官心证的形成和排除合理的怀疑,提供逻辑链接和路径支持。

## 第四节 私法模式

### 一、含义

行政任务的执行应该依照法律、法规来进行,但这不代表只可以适用公法,有时也可以适用私法来执行。当适用私法来执行行政任务时,公部门具有私法主体的地位。不过,即使公部门采取私法形式完成行政任务,也不表示公部门就享有私法自治的自由,公部门还是要遵守公法的拘束。因此,在纯粹的私法与严格的公法之间,似乎另存有第三类的法律领域,一般称之为"行政私法"。不过,行政私法并非公法与私法之外的第三种法领域,而是在执行行政任务时公法与私法的共同适用。因此,私法关系的产生是试图在行为主体与行为形式上结合公法与私法的法律概念,以达成公法规定所指示的行政任务。

---

① 我国台湾地区"建筑法"也有类似规定。该法第 34 条第 1 项后段的规定,关于特殊结构或设备之建筑物,其建筑工程图样及说明书的审查或鉴定,得委托或指定具有该项学识及经验之专家或机关、团体为之。

一般而言，基于私法关系的公私合作仅限于给付行政的情况，干预行政必须严格依照公法关系来处理，并严格禁止公部门以私法模式来完成。

私法模式，是指公、私部门之间是以私法关系进行合作，如以《合同法》的相关规定（如委托或承揽），至于是用何种私法关系，则必须视行政任务的内容而定。如果行政任务重在私部门本身的资格，则应该选择委托合同；如果重在事件本身的完成，则应该选择适用承揽合同。在私法模式的情形下，公部门不解除原本承担的任务，只是利用本质上较有弹性与效率的私部门来进行，使公部门执行行政任务时能够有较大的行动空间。私法模式的目的是在执行行政任务时能够有更大的空间，摆脱公法活动过程中所必须接受的各种程序拘束与监督，有学者称之为“非真正的私部门化”。①

公部门尽管适用私法，但并不会因此变成私部门主体，其依然还是公部门，不可能与其他私部门主体的地位相等；其法律关系也不可能完全适用私法，特别是不享有私法自治的自由，任何活动仍然必须通过一般法律原则（如法律保留原则、正当法律程序原则与比例原则）的检验；其所追求的行政目的仍然必须加以公益化或正当化。以警务辅助人员使用模式为例，目前各地方政府使用的警务辅助人员，即合同制警务辅助人员，是指公安机关直接与警务辅助人员签订劳动合同，以劳动合同来约定双方权利、义务的一种警务辅助人员使用模式。若按私法行为模式，警务辅助人员与公安机关之间属于私法关系，并不具有授权行为的公法性质；而该警务辅助人员应该是自己独立执行任务，其活动不受公部门详细的指令拘束，故也与委托模式有别。因此，基于私法关系模式而执行任务的警务辅助人员，并非在公安机关指示下逐步进行施作，而是本其专业独立执行任务，执行其私法合同义务。

## 二、相关实践分析

政府购买服务是一种新型政府提供公共服务方式，其主要方式是“市场运作、政府承担、定项委托、合同管理、评估兑现”。政府购买公共服务是指政府将由自身承担的为社会发展和人民日常生活提供的公共服务事项交给有资质的社会组织来完成，并定期依照市场标准相互建立提供服务产品的合同，由该社会组织提供公共服务产品，政府依照一定的标准评估履约情况以支付服务费用。目前在地方法规、政府档案和领导讲话中经常倡导政府购买服务，但作

---

① 周志宏：《教育事务民营化的法律问题》，载《月旦法学》2003 年第 102 期。

为公共财政的一种开支模式，其目的、性质、范围和方式等，仍缺乏一套十分严明的规定。时任总理温家宝在 2010 年 2 月 4 日的省部级主要领导干部专题研讨班上的讲话指出："由政府保障的基本公共服务提供上，应该更多地利用社会资源，建立购买服务的机制。要逐步做到凡适合面向市场购买的基本公共服务，都采取购买服务的方式；不适合或不具备条件购买服务的，再由政府直接提供。要鼓励社会资本投资建立非营利性公益服务机构。"①

政府购买服务起源于西方，随着我国由计划经济体制向市场经济体制的转变和行政管理体制的不断改革，这一理论和方式逐渐被接受并在相关领域得以开展。其目的是适应"小政府、大社会"的服务型管理模式，建立社会公益服务多元供给的机制，从而改变政府包办一切的运转机制，增加公共服务数量，提高政府工作效率和公共服务质量，降低服务成本。换言之，政府亲自购买服务时，服务本身要易于列出详细的质量要求和标准。在一般情况下，政府需要与服务的提供者签订正式合同，因此双方必须在合同中对服务的质量、标准、规格、费用、违约责任等进行相对明确的约定，才能保证后期的顺利执行，这往往是政府购买服务的重点和难点。政府间接购买服务时，受益主体应当十分明确。某些公共服务（如各类老年服务项目、医疗看护等）依赖于接受者的主观感受，因此政府要通过制订条文确定合适明确的受益主体。另外，政府有能力对政策和管理进行全过程控制，从而进行正确监督与评价，合同监督成本可接受，不存在相关的法律阻碍。

我国政府购买服务经历了从无到有、从经济发达地区向中西部地区逐渐拓展的趋势。最初政府购买服务从社会福利领域开展，从集中在居家养老服务、农民工培训、青少年事务等，逐渐向小区建设、社会福利与救助、社会矫正、禁毒、残障康复、人口计生、外来务工人员服务、婚姻家庭等领域扩展。如宁波推出新型养老模式的政府购买服务；广州市推出毕业生招聘会的政府购买服务；北京市推出医改模式的政府购买服务；上海市等地在交通协管、河道保洁、绿化维护等方面进行的政府购买服务；还有的地方将机关事业单位的后勤服务纳入政府购买服务范围。虽然我国目前很多地方对政府购买服务进行了不同程度、不同方式的探索和实践，但是由于尚处于社会转型期，政府职能转变尚需一定时间，以及社会组织不健全等原因造成了政府购买服务仍存在一定的问题。

---

① 蔡达峰：《规范政府购买服务》，http://www.mj.org.cn/lxzn/czyz/czyzjyxc_1/201106/t20110627_126081.htm，最后浏览日期：2016 年 4 月 1 日。

# 第五节 特许模式

## 一、含义

自改革开放以来，随着我国经济的不断发展，经济建设越来越依赖基础设施，尤其对于道路交通的依赖越来越强烈。近年来，大型基础设施建设无论从质量和数量上都实现了重大突破，但这也为政府财政增加了负担。为了缓减政府的财政压力，实现社会效益和经济效益，此时各种各样的基础设施投融资方式大量涌入我国。目前传统的基础设施建设管理模式已经越来越不能满足社会的需要，政府财政投入在基础设施建设中也存在浪费严重与效率低下的现象，成为我国经济发展急需解决的难题。为了解决这个困难，我国引入了政府特许经营模式。

特许经营(Franchise)是指特许经营权拥有者以合同约定的形式，允许被特许经营者有偿使用其名称、商标、专有技术、产品及运作管理经验等从事经营活动的商业经营模式。被特许人获准使用由特许权人所有的或者控制的共同的商标、商号、企业形象、工作程序等，但由被特许人自己拥有或自行投资相当部分的企业。特许经营最早起源于美国，1851 年 Singer 缝纫机公司为了推展业务，开始授予缝纫机的经销权，在美国各地设置加盟店，其撰写了第一份标准的特许经营合同书，在业界被公认为是现代意义上的商业特许经营起源。

关于政府特许经营的定义有很多种，在国际上广泛通用的是国际特许经营协会(International Franchise Association，简称 IFA)的定义。该定义如下：特许经营是特许人和受许人之间的契约关系，对受许人经营中的如下领域，经营诀窍和培训，特许人有义务提供或保持持续的兴趣；受许人经营是在由特许人所有和控制下的一个共同标记、经营模式和过程之下进行的，并且受许人从自己的资源中对其业务进行投资。中国特许经营协会把特许经营定义如下：特许人将自己拥有的商标、商号、产品、专利和专有技术、经营模式等以特许经营合同的形式授予受许人使用，受许人按合同规定，在特许人统一的业务模式下从事经营活动，并向特许人支付相应的费用。

联合国国际贸易法委员会所编《私部门融资基础项目法律指南》(以下简

称 PFIP 指南)对政府特许经营权作了如下解释:“在许多国家,公共服务由政府垄断,或必须接受政府控管,凡属于这种情况,如由公共当局以外的某一实体提供某种公共服务,通常都需要由政府主管机构授予的某种授权文书。对于依据国家法律作出的此种授权,常用词语有特许经营权、专营权、许可证、租赁。”根据我国商务部的界定,特许经营是指通过签订合同,特许人将有权授予他人使用的商标、商号、经营模式等经营资源,授予被特许人使用,被特许人按照合同约定在统一经营体系下从事经营活动,并向特许人支付特许经营费。可见,政府特许经营是指在公共服务由政府垄断或者政府特别控管,私部门实体投资者依据政府主管部门依法授予而获得的建设、经营基础设施或提供某种公共服务的专营权。政府特许经营模式适用于投资额大、建设周期长、回收见效慢的项目,主要集中于铁路、公路、桥梁、隧道等交通部门,电力、煤气等能源部门以及电信网络等通讯事业。应用特许经营项目融资模式对改善我国基础设施建设中的瓶颈状况有着重要的作用。

简言之,政府特许经营是由公部门与私部门特许经营协议的方式,授予特许权,而从事该项目的公共建设的兴建与营运,一般称之为 BOT(Build-Operate-Transfer)。但无论以法规或合同的方式授予特许权,均应对于相关条款作详细规定,例如特许权之内容必须明白定义,土地使用权的授予必须清楚,金融财务条款必须载明,以便日后处理相关债务问题、费率签订与调整方式、赋税优惠办法、违约时之处理办法、撤销或废止特许权之程序及因撤销或废止时所产生之赔偿事宜,须作规定以有助于政府特许经营推行。政府特许经营的目的是加快推进市政公用事业市场化,规范市政公用事业特许经营活动,加强市场监管,保障社会公共利益和公共安全,促进市政公用事业健康发展。[①] 政府特许经营主要适用市政公用事业特许经营,是指政府依照有关法律、法规规定,通过市场竞争机制选择市政公用事业投资者或者经营者,明确其在一定期限和范围内经营某项市政公用事业产品或者提供某项服务的制度。市政公用行业实行特许经营的范围包括城市供水、供气、供热、污水处理、垃圾处理及公共交通等直接关系社会公共利益和涉及有限公共资源配置的行业。[②]

政府为促进经济发展不断充实基础建设,并以促进私部门投资、增进整体经济效率、促进社会经济发展、提升国民生活质量、提高公共服务水平及增进人民福祉为目的。由于国家的社会福利支出及其经常性财政支出日渐扩大,以致

① 建设部令第 126 号《市政公用事业特许经营管理办法》第 1 条规定。

② 建设部令第 126 号《市政公用事业特许经营管理办法》第 2 条规定。

影响国家的财政计划，而使公共建设的经费相对缩减，造成重大公共建设在缺乏资金的情形下不易推展，于是政府引进特许经营模式，希望借由公私合作的模式减轻政府的财政负担。政府特许经营的模式就是公部门利用私部门资金、营运能力来提升公共建设，以私部门承担兴建、营运与财务等各项风险，公私合作缔造各项的经济效益。政府通过特许权的授予，在一定期间给予私部门经营公共建设，期满后归还给政府，或政府给予优先承租权继续经营该公共建设。在公私合作的行政模式中，"政府特许、民间经营"已经是一种很重要的合作形式。[①]

## 二、相关实践分析

### (一)我国的实践

自从改革开放以来，我国也在部分基础设施、公共建设和公益性项目上采用特许经营模式，但是总体来讲，由于对私部门投资领域和范围的政策性限制，该模式适用的范围不广，并且部分是用于管理较为规范和成熟的外资项目。私部门采取特许经营进行建设，政府采取控制态度，只在高速公路、城市供水、供热等国有投资外的少数非主要投资项目上采用。但是，随着"科学发展观"理念的逐步深入，我国近年来低碳环保产业的迅速发展，在地方政府推行垃圾无害化处理，节能环保，风能、光能及生物能源发电等方面，特许经营模式也逐渐被大量采用。虽然国家在不断鼓励私部门投资的发展，但是由于我国目前的政治制度和以公有制为主的经济体系，国家依然要确保自己对关系国计民生行业的控制，私部门投资的私有化性质与国有经济仿佛存在一定的矛盾。而特许经营制度却很好地调和了二者的矛盾，该制度最大特点就是实现了项目所有权和经营权的分离。若站在投资人的角度，"但求所用，不为所有"，其可以用较长的特许经营期限实现前期投资回收和较高收益的稳定回报；而站在国家的角度，项目的所有权始终为国家所有，国家在享有使用权的同时避免了大量资金投入这些建设领域的经济压力，实现经济效益和社会效益的双丰收。

### (二)相关规定

我国在授予私部门主体特许经营权进行基础设施等公共领域服务方面的

---

① 王克稳：《政府特许经营的基本理论与制度设计》，载《行政法学会研讨会论文集》，台湾元照出版社2012年版，第314页。

立法体现在《行政许可法》第12条第2款规定："有限自然资源开发利用、公共资源配置以及直接关系公共利益的特定行业的市场准入等，需要赋予特定权利的事项。"关于行政许可法对于政府特许经营的规定，有学者认为，直接关系公共利益的特定行业的市场准入，需要赋予特定权利的事项。但哪些行业和事项为直接关系到公共利益的特定行业，需要设定准入限制并赋予特许经营权方可从事经营活动，行政许可法并未作出规定。[①] 2004年5月1日起实施的《市政公用事业特许经营管理办法》(建设部令126号)，是我国调整特许经营权模式的最完整的行政规章。

近年来，针对经济下行压力加大、传统增长引擎动力下降的情况，国家积极采取有力措施，充分发挥投资对稳增长的关键作用，促进经济平稳健康发展。特别是2014年以来，报经国务院批准，国家发改委牵头实施了7大类投资工程包、6大领域消费工程，并推出了80个鼓励社会资本特别是民间投资参与建设营运的示范项目。有关地方也广泛吸引社会投资，推出了一批政府与社会资本合作项目，取得了积极成效。但在实践中，有关方面特别是市场主体也反映了一些亟待解决的问题，主要是：国家层面缺乏统一的制度规范、民间投资权益保障机制不完善、行政审批程序烦琐等。这些问题影响了社会资本参与的积极性，制约特许经营的健康发展。

对此，党中央、国务院高度重视。党的十八届三中全会明确要求"制定非公有制企业进入特许经营领域具体办法"。国务院领导同志多次作出重要批示、指示，要求推广项目融资、特许经营等模式，吸引更多社会资本参与建设运营，积极推动相关立法，为鼓励民间资本进入相关领域提供法治保障。为贯彻落实好党中央、国务院要求，根据中央全面深化改革领导小组2015年改革工作要点、第十二届全国人大五年立法规划和国务院立法计划部署，国家发展改革委正在会同有关部门起草《基础设施和公用事业特许经营法》。同时，考虑到当前促进民间投资、稳定经济增长需求任务紧迫，按照急用先行原则，发改委会同财政部、住房城乡建设部、交通运输部、水利部、人民银行联合起草了《基础设施和公用事业特许经营管理办法》，报经第89次国务院常务会议审议通过，自2015年6月1日起施行。[②]

---

① 王克稳：《政府特许经营的基本理论与制度设计》，载《行政法学会研讨会论文集》，台湾元照出版社2012年版，第319页。

② 《发改委新闻发布会：解读基础设施和公用事业特许经营管理办法》，载每经网，最后浏览日期：2016年12月15日。

在地方政府方面，有关特许经营项目的规定参阅表 2-1 的整理。

**表 2-1　我国特许经营项目的相关规定**

| 规范性档 | 特许经营范围 |
| --- | --- |
| 建设部《市政公用事业特许经营管理办法》第 2 条第 2 款 | 城市供水、供气、供热、公共交通、污水处理、垃圾处理等行业，依法实施特许经营的，适用本办法 |
| 《北京市城市基础设施特许经营管理办法》第 3 条 | (一)供水、供气、供热；<br>(二)污水和固体废物处理；<br>(三)城市轨道交通和其他公共交通；<br>(四)市人民政府确定的其他城市基础设施。 |
| 《上海市城市基础设施特许经营管理办法》第 3 条 | (一)供水、供气、污水处理、垃圾处理、城市道路、公路、城市轨道交通和其他公共交通项目；<br>(二)市人民政府认为有必要实施特许经营的其他城市基础设施项目。 |
| 《广东省市政公用事业特许经营管理办法》第 2 条 | 城市供水、供电、供气、污水处理及管道、排水防涝、垃圾清运及处理、轨道交通及其他公共交通、城市道路、共同管沟、路灯、园林绿化和养护及生活垃圾清扫保洁等行业，依法实施特许经营的，适用本办法。 |
| 《湖南省市政公用事业特许经营条例》第 3 条 | (一)城市自来水供应、管道燃气供应、集中供热；<br>(二)城市污水处理、垃圾处理；<br>(三)城市公共客运；<br>(四)法律、法规规定的其他行业。 |
| 《青海省市政公用事业特许经营管理条例》第 3 条 | (一)供水、供气、集中供热；<br>(二)污水、垃圾处理；<br>(三)道路、桥涵、广场、路灯、管线共享通道、园林等公用设施的养护；<br>(四)其他由省人民政府建设公部门负责指导和监督的特许经营项目。 |
| 《山西省市政公用事业特许经营管理条例》第 11 条 | (一)供水、供气、供热；<br>(二)公共交通；<br>(三)生活垃圾清扫、清运，路面保洁；<br>(四)城市道路、桥涵、路灯、园林绿化等市政公用设施的养护；<br>(五)污水、垃圾处理；<br>(六)城市人民政府确定的其他市政公用事业项目。 |

续表

| 规范性档 | 特许经营范围 |
|---|---|
| 《贵州省市政公用事业特许经营管理条例》第 2 条 | (一)城市供水、供气、集中供热;<br>(二)城市污水处理、垃圾处理;<br>(三)城市道路、桥梁隧道、路灯、园林绿化、广场的养护;<br>(四)城市生活垃圾清扫、清运和道路保洁;<br>(五)县级以上人民政府确定的其他市政公用事业项目。 |
| 《新疆维吾尔自治区市政公用事业特许经营条例》第 2 条 | 在自治区行政区域内从事城市供水、供气、供热、污水处理、垃圾处理、城市公共客运交通等涉及有限公共资源配置和直接关系公共利益的市政公用事业特许经营活动及其管理,适用本条例。 |
| 《广西壮族自治区基础设施和公用事业特许经营管理办法》第 3 条 | (一)煤炭、石油、天然气、电力、新能源等能源项目;<br>(二)铁路、公路、水运、港口码头、民用机场、通用航空设施、城市轨道交通等交通运输项目;<br>(三)电信枢纽、通信、信息网络、信息服务、信息系统等项目;<br>(四)农田水利、水资源综合利用、水土保持等水利项目;<br>(五)生态环境治理与修复、自然灾害防治、土地整治、矿山地质环境恢复治理等生态环境保护项目;<br>(六)供水、供气、供热、污水和垃圾处理、公共交通、停车场(楼)、电动汽车充电设施、城市园林绿化等市政公用事业项目以及工业园区内公用设施项目;<br>(七)廉租住房、公共租赁住房、经济适用住房等政策性住房项目;<br>(八)法律、法规、规章规定的其他项目。 |
| 《杭州市市政公用事业特许经营条例》第 4 条 | (一)城市供水、管道燃气、集中供热、公共汽(电)车、城市轨道交通;<br>(二)城市污水处理、城市地下共同管沟;<br>(三)生活垃圾处理;<br>(四)法律、法规规定的其他市政公用项目。 |
| 《深圳市公用事业特许经营条例》第 3 条 | (一)供水、供气、供热;<br>(二)污水处理、垃圾处理;<br>(三)公共交通;<br>(四)法律、法规规定的其他行业。 |
| 《淮南市公用事业特许经营条例》第 4 条 | (一)供水、供气、供热;<br>(二)污水处理;<br>(三)公共交通;<br>(四)法律、法规规定的其他公用事业行业。 |

续表

| 规范性档 | 特许经营范围 |
| --- | --- |
| 《成都市人民政府特许经营权管理办法》第3条 | (一)城市供水、供气、供热；<br>(二)污水处理、垃圾处理；<br>(三)城市轨道交通和其他公共交通；<br>(四)法律、法规、规章规定的其他项目。 |
| 《青岛市市政公用基础设施特许经营管理暂行规定》第2条 | 城市供水、供气、供热、污水处理、垃圾处理等市政公用基础设施，依法实施特许经营的，应当按照有关法律法规关于市场准入行政许可的规定和本规定，通过市场竞争机制选择投资者或经营者，确定其在一定期限和范围内经营，提供市政公用产品和服务。 |
| 《宁波市城市基础设施特许经营管理办法》第3条 | (一)城市供水、供气、供热、排水、雨水处理、污水处理、垃圾处理、污泥处置、城市公园和绿地项目；<br>(二)城市有机更新、地下综合管廊(共同管沟)及地下空间开发项目；<br>(三)城市道路(含桥梁及高架道路、隧道)、轨道交通、公共停车场(库)、道路占道停车、公共汽车场站设施等其他公共交通项目；<br>(四)市和县(市)区人民政府所属国有企业承建本条前三项项目产生的债权；<br>(五)城市规划区内面积超过 $0.5km^2$ 以上土地一级开发项目；<br>(六)本条第(一)、(二)、(三)款项目与经营性开发项目捆绑的组合开发项目；<br>(七)市和县(市)区人民政府批准实施特许经营的其他城市基础设施项目。 |
| 《银川市市政公用事业特许经营管理条例》第5条 | (一)城市供水、供气、供热；<br>(二)城市污水、垃圾处理；<br>(三)城市道路、桥涵、路灯、广场、园林绿化等市政公用设施的养护；<br>(四)法律、法规确定的其他行业。 |
| 《南京市雨花台风景名胜区特许经营管理暂行办法》第8条 | (一)雨花台风景名胜区景区景点及基础设施建设的引资、合资及独资项目(外资、民资、社会资金等)。<br>(二)雨花台风景名胜区范围内的园林建设，景观养护，林木、花卉、茶叶的生产经营，道路修建，文物及建筑物的维修，景区交通，旅游，广告，餐饮，商业网点经营，游乐游艺，展览展销，定向运动及户外培训，物业管理，环卫保洁，水、电、气及通信设施的维护管理及经上级批准的特种行业经营等。<br>(三)雨花台风景名胜区烈士陵园区、烈士纪念馆等不宜实行特许经营的资源和项目不得实行特许经营。 |

从上述立法设定的特许经营事项来看，我国目前适用特许经营的事项主要集中在城市供水、供电、供热、污水处理、城市地下共同管沟、公共交通等市政公用事业领域，对于电信、邮政、铁路、水路和民航运输、油气、电力输送等跨区域的公用事业目前仍主要由国有企业垄断经营，政策上虽然鼓励民间资本进入，但主要限于国有企业合作经营，不支持独立的特许经营，有关这些领域的特许经营立法也处于空白状态，在这些领域实施特许经营目前还是无法可依。这也同时表明，我国公用事业领域的市场开放程度还是比较低的。

### （三）分析

总结上述，我国目前关于特许经营权模式的法律框架所产生的主要问题是缺乏专门针对特许经营协议本身的法律规范，现行部委规章和地方性规范，有以下三个缺陷：

一是法律位阶较低。专门调整特许经营模式的仅有部门规章文件和地方性的法规和规章，法律地位较低，使得各地特许经营权模式的应用缺乏统一适用的法律。

二是条文的内容相当简陋，尚存许多立法空白。例如《市政公用事业特许经营管理办法》仅 31 条，对政府保证、项目运作过程中的风险分摊与管理等诸多问题未作明确具体的规定。而特许经营权模式的运作是一项复杂的工程，涉及面广，参与部门多，需要系统的法律规范加以规范。

三是各规章之间的条文规定相互矛盾，不相一致。例如对政府机构的担保和承诺的规定。

总之，一方面，法律的空白造成具体适用法律的困难和迷茫；另一方面，对现行法律没有规定的，当事人完全可以意思自治，在合同中自行约定，这无疑给当事人提供了较大的操作空间，在一定程度上有利于在具有特点的特许项目中实现政府和投资人二者的双赢。

第三章

# 公私合作的问题考虑

公私合作涉及行政法律关系的变动与公权力行使问题,必须从制度上考虑。至少包括以下几个重要的相关问题:权利保障问题、私部门的参与问题、公部门的选择权问题、公私合作的范围问题,以及救济问题。

## 第一节 权利保障问题

### 一、基本权利的保障

在公私合作时,必须考虑的是,私部门作为一个基本权主体,在公部门将行政任务移转私部门时,其基本权利的保障问题。公部门将行政任务的执行责任移转私部门时,赋予执行义务行为本身对私部门而言,本质上就是对基本权利的一种干预,须有正当性的基础。[①]。在法定模式情况下,借由法律明文

① 李震山:《以法律课予私人完成行政任务之法理思考》,载《月旦法学》2000 年第 63 期;詹镇荣:《无偿性通讯监察设备设置义务之合宪性疑义》,载《月旦法学》2000 年第 64 期。

规定赋予私部门义务，但仍不能因为公部门将其执行责任移转于私部门，忽视本质上会干预基本权利这一事实。在法律上赋予私部门执行任务的责任既然属于基本权利的干预，其必须符合正当法律程序，并应接受比例原则的检验，才能具有正当性。就此而言，即使私部门在进行相关活动之际创造了特定的风险，在公部门将消除风险的责任完全转嫁私部门承担时，其正当性的理由不能只是公部门负担的减轻，还应该具备一定的公益目的，且其与私部门的自我责任在事务本质上必须具有关联，足以将公部门赋予特定私部门的特别负担的行为正当化。然而，各该赋予私部门的特别负担的干预基本权的行为能否被正当化，必须在个案中加以检视，无法一概而论。在委托模式情形下，其通常是以与委托机关缔结协议的方式而承担行政任务的执行，并为了获得特定利益，本着对公部门为承诺，并接受一些限制，这并非基本权的抛弃，而是其基本权的运用。[①] 关于基本权利的保障，必须考虑以下两个问题。

## (一)财产权的保障

财产权是我国宪法所规定公民享有的一项重要的基本人权，这也是2004年宪法修正案的一项重要内容。财产权是指公民对其合法财产的享有、占有、使用、收益和处分，不受政府或他人非法干涉或侵犯的权利，其包括公民的生活数据和生产数据。我国宪法对保障公民财产权方面是逐步更新、与时俱进的，在第四次宪法修正案中将公民财产权的保护正式纳入宪法，具有十分重大的现实意义和历史意义。

公私合作对于私部门财产权的侵害，主要为行政征收，是公部门为了公共利益和公共目的，依法强制获得私部门财产的使用权或所有权，并给予其合理补偿的一种行政法律制度。该制度主要具有三个特点：①公益性。公益性是行政征收的核心，如果是为了个人或组织的私益，则其只能租用或购买。②强制性。强制性是行政征收的保证，行政征收权是一种社会公共权力，可以无须相对方同意而强制征用其财产。③补偿性。补偿性是行政征收的重要法律属性，私部门合法财产神圣不可侵犯是现代社会的普遍原则，如果政府为了公共利益而强制征用私部门财产，则必须给予合理补偿。

我国宪法与相关法律都对行政征收作了相关规定。例如，《宪法》第10条对土地征用作了规定："国家为了公共利益的需要，可以依照法律规定对土地实行征收或者征用并给予补偿。"第13条对私有财产作了规定："国家为了公

① 詹镇荣：《论民营化类型中之公私协力》，载《月旦法学》2003年第102期。

共利益的需要,可以依照法律规定对私部门的私有财产实行征收或者征用并给予补偿。"《土地管理法》及其实施条例因此进一步作了具体规定。除土地征用外,我国法律对行政征收还有一些规定。如《物权法》第44条规定:"因抢险、救灾等紧急需要,依照法律规定的权限和程序可以征用单位、个人的不动产或者动产。被征用的不动产或者动产使用后,应当返还被征用人。单位、个人的不动产或者动产被征用或者征用后毁损、灭失的,应当给予补偿。"《人民警察法》第13条第2款规定:"公安机关因侦查犯罪的需要,必要时,依照国家有关规定,可以优先使用机关、团体、企业事业组织和个人的交通工具、通信工具、场地和建筑物,用后应当及时归还,并支付适当费用;造成损失的,应当赔偿。"其他类似规定的还有《国家安全法》①《戒严法》②《水法》③等。

### (二)平等参与的保障

私部门能够平等参与行政活动,意味着私部门作为独立和主动的权利义务主体,有权按自己的意愿影响行政结果,而不是仅仅作为客体被动地任由别人强行决定结果;还意味着私部门与公部门双方的法律地位必须是平等的,法律地位若不平等,居于强者的一方(通常为公部门)会借助其强势地位将自己的意志强加于另一方当事人,而在此情形下,平等参与的保障是不可能实现的。

在公私合作中,法律上所确认的是公部门与私部门的地位平等,他们平等地适用法律,享有平等参与的机会,并应受到公部门平等对待。平等参与原则

---

① 《国家安全法》第9条第2款规定:"国家安全机关为维护国家安全的需要,必要时,按照国家有关规定,可以优先使用机关、团体、企业事业组织和个人的交通工具、通信工具、场地建筑物,用后应当及时归还,并支付适当费用;造成损失的,应当赔偿。"

② 《戒严法》第17条规定:"根据执行戒严任务的需要,戒严地区的县级以上人民政府可以临时征用国家机关、企业事业组织、社会团体以及公民个人的房屋、场所、设施、运输工具、工程机械等。在非常紧急的情况下,执行戒严任务的人民警察、人民武装警察、人民解放军的现场指挥员可以直接决定临时征用,地方人民政府应当给予协助。实施征用应当开具征用单据。前款规定的临时征用物,在使用完毕或者戒严解除后应当及时归还;因征用造成损坏的,由县级以上人民政府按照国家有关规定给予相应补偿。"

③ 《水法》第31条规定:"从事水资源开发、利用、节约、保护和防治水害等水事活动,应当遵守经批准的规划;因违反规划造成江河和湖泊水域使用功能降低、地下水超采、地面沉降、水体污染的,应当承担治理责任。开采矿藏或者建设地下工程,因疏干排水导致地下水水位下降、水源枯竭或者地面塌陷,采矿单位或者建设单位应当采取补救措施;对他人生活和生产造成损失的,依法给予补偿。"

是法律上的平等原则在公私合作中的具体展现，确保公私合作过程和结果可以为社会所认同和接受。平等参与在公私合作中的确立有着非同寻常的意义，它有助于实现行政活动的公正与公平，强化政府与人民之间的合作关系以及提升公私合作效率。

在公、私部门主体地位不平等的情形下，平等参与原则很难得以实现，因为平等参与原则要求行政主体对每个行政相对人都负有给予平等对待的义务和同等的参与机会，不能厚此薄彼。在制定法律、法规时，应当对同等条件的行政相对人平等地分配利益、规定义务，不能有歧视性的规定。行政主体在依法实施具体行政行为时，应当平等地对待同等条件的行政相对人，不得滥用自由裁量权而作出不公正的处理决定。行政主体尤其需要做到：听取当事人意见，确保相对人向行政主体提交相关证据支持其主张；确保相对人在合理的时间前得到通知并依据通知知悉行政主体的观点和依据；确保相对人自主、自愿参与行政程序等。

在公私合作时，其可能涉及公部门将在经济上能获利的行政任务移转私部门经营，从事该行政任务对私部门而言也属于一种"职业"。为保障其从事该职业的权利，公部门不能仅是消极地不为干预，其必须借助一定的程序，在众多有意愿参与的私部门中，平等地选择合作对象。

因此，从平等原则出发来观察，当公部门以资源分配者的姿态出现时，该原则禁止公部门对有意合作的私部门为不平等的对待，并要求公部门应保障私部门有平等机会参与公部门提供的给付。[①] 换言之，国家资源的分配通常是在特定的程序中作成的，公部门必须确保多数有相同利益的私部门都有相同的参与机会，能正确地考虑并评价私部门间的资质，作出最适当的决定。为确保公部门能够正确地选择最合适的合作对象，并落实职业选择自由与平等参与的要求，公部门必须建构适合的选择程序来达成此项任务，该程序应以公平、透明并能确保竞争的方式来设计。

上述结论，除法定模式情形之外，其他的模式都有适用的可能性，公部门必须在众多私部门中选择合适的合作对象。牵涉私部门职业选择公平的确保与国家资源的公平分配，必须设计适当的选择程序，确保以公平竞争的方式来作决定。

---

① 李东颖：《行政任务委托民间的宪法界限——以警察机关危害防止任务作为观察对象》，台北大学法学系2003年硕士论文。

## 二、行政相对人的保障

在公私合作中，必须注意行政相对人的权利保障。法治政府强调对公民权利的保障，此一义务并不因为移转私部门而免除，因此，公部门必须建立完整的监督机制，承担保护行政相对人的权利免受私部门侵害的义务，充分保障行政相对人的权利。在执行保护义务时最大的困难在于如何将保护义务此种客观价值决定转换成公部门的具体行为义务，立法机关居于关键的地位，因为其对于保护义务内容的形成具有广泛的自主决定空间。因此，只有在立法机关完全放弃为保护的预防措施，或是该措施完全不合适或全然无法达成保护目标时，才构成保护义务的违反。然而，立法机关仅仅是形成客观法秩序，以拘束所有行政机关，实现保护义务。换言之，保障公民权利不仅仅是立法机关的责任，也是行政机关无可推卸的责任。

在公私合作时，公部门有义务在相关法律、法规的规定之下，在与私部门签订的合作协议中，规划出一套预防性措施，以便监督私部门执行任务的行为，随时保护行政相对人的权益。关于此预防性措施的设计，除了必须观察与监督私部门的任务执行之外，应保留当私部门执行不善或发生紧急状态时的介入权，使公部门可以随时保障行政相对人的权利。

## 三、基本权利的限制

自有人类社会以来，个人的基本权利就受到限制。启蒙时代的让-雅克·卢梭(Jean-Jacques Rousseau)在《社会契约论》中认为，天赋人权必须通过社会契约的缔结，以限制个人自己的人权。因此人权的可限制性与人权的肯定论自始至终都是并立而生。所有的普世价值，如平等权、自由权、生命权、工作权、财产权、隐私权、言论自由、行动自由、合同自由等，都是有争议的，没有任何权利和自由可以免于社会利益的考虑，特别是当权利之间发生冲突时。再者，没有权利和自由是绝对的，必须考虑社会利益。因此，从基本权利的面向来看，所有基本权利并非单独而互不影响的状态，权利之间必然存有潜在性的冲突时。此外，在进行基本权利的解释时，不可忽略基本权利的整体判断，如与公共利益的关联。在现代社会，人与社会具有关联性，人并非全然是自我支配的个体，而是生活于社会之中并应为社会负担多方义务的人格。换言之，基本权利与公共利益隐藏着潜在的冲突，由此冲突即可得知，基本权利不是无限

制地保障个人自由,基本权利并非受到绝对的保障而必须有所限制。[①] 基于上述理由,各国对基本人权的保障,都做了某种程度的限制,而其限制与否,就涉及利益衡量的问题。

按基本权利保障的目的,并非在于使任何权益免于受到任何影响,因为任何权利保障都有其界限,若毫无界限,基本权利主体之间将相互影响,形成竞争的态势,成为有实力者才能享有权利的局面,这样反而造成不公平的现象,违背基本权利保障的目的。为了预防此种现象发生,使各种权利有所分际,各得其所,达到和谐的境界,国家自得对基本权利的行使设定某种程度的界限,是为基本权利的限制。因此,在确立基本权利保障的范围时,应该要同时认识其界限的所在。所谓权利保障的界限,表示各个基本权利的保护范围并非绝对不可侵犯,假如其行使的方式侵犯第三者的权益,或是违反社会公益,即违背权利保障的目的,可以予以适当的限制。[②]

从基本权利的防御功能来看,此种限制无异是对基本权利的一种干预或侵害,基于宪法保障基本权利的意旨,国家自然不可以恣意为之,否则即可能构成对基本权利的违法侵害。[③] 具体言之,干预措施必须是公权力目的上意欲的措施,而非因其他目的而产生非所意欲效果的国家行为。同时它不仅仅是产生间接效果的国家行为,而且该效果也非必须是法律上的效果,仅单纯事实上的效果仍不足以当之。最近的基本权理论,只要是公权力措施,并且可以将它视为影响基本权利所保护法益的原因时,即使是事实行为或者对基本权利之事实上影响,也可能被视为是基本权利的一种干预。[④] 如果国家可以采取影响性、信息性等事实行为来取代具有强制性的侵害行为,并因此可以受到较低度的法律要件拘束,以回避法律对于侵害行为的严格要求,则基本权利的保障将被减损。

值得注意的是,近年来在德国学说或法院判决中出现将"基本权利侵害的可能性"视同为侵害的案例,是指基本权利在某一具体状态中面临即将受侵害的危险,如果让现状继续发展,该基本权利将有很大的可能性会受到侵害。有

---

① 高金桂:《利益衡量与刑法的犯罪判断》,台湾元照出版社 2003 年版,第 180 页。

② KarlAugustBettermann:《基本人权之界限》,蔡震荣译,载《新知译粹》1992 年第 5 期。

③ 李建良:《基本权利之构成及思考层次》,载《宪法之理论与实践(二)》,台湾学林出版社 2000 年版,第 83 页。

④ 程明修:《国家透过公共场所的监视器对人民基本权利的干预》,载《法学讲座》2002 年第 3 期。

学者认为，并非所有基本权利的可能危害都会被视为对基本权利的侵害，而是要看在具体个案中，涉及何种基本权利与可能危害情状为何来定，越是与个人有关的生命、身体等重要基本权利，或一旦损害将无法弥补的基本权利，且所面临的危害可能性越高时，被认为侵害的机会越大。[①]

如前所述，基本权利的保障其实并不是一种绝对保障，国家在合法的情形下可以限制人民的基本权利，而一般论及基本权的合宪性体系思考，有以下三个检验步骤：一是具体案件是否为基本权利的保障范围；二是国家行为是否构成基本权利的侵害；三是侵害的合宪性。[②] 有学者认为，于此关注的重点不在于侵害，应在于侵害的合宪性或合法性。[③] 因此，基本权利的限制必须符合以下三个基本原则。

## （一）法律保留原则

依据依法行政的要求，公私合作应该受法律保留原则的拘束。不过，现代行政任务因为轻重不一且态样繁杂，立法机关实在难以全面立法规范，因此对于依法行政原则的要求，事实上无法做到全面法律保留。[④] 行政上具重要性质的行政任务固然应该受法律保留原则的拘束，其他非重要事项，如私经济行政的行为及订立公法契约，法律保留的要求密度较低。[⑤] 换言之，并非一定要严格适用法律保留原则，于法律保留的范围外，应该承认公部门仍保有自由行动的空间。

法律保留原则是指特定领域的行政任务应该保留给立法机关以法律规定，公部门唯有依法律规定方能执行，即“法无明文不能行为”。在讨论公私合作时，关键点将取决于是否涉及一项重要，尤其是基本权重要性的决定，若属肯定，则应有法律规范的依据。[⑥]《宪法》第 62 条第 15 项规定：“应当由最高国家权力机关行使的其他职权。”该条款作为全国人大行使职权的“兜底条

---

① 林三钦：《论基本权利之侵害》，载《宪法解释之理论与实践（二）》，台湾学林出版社 2000 年版，第 444～459 页。

② 李建良：《基本权利之构成及思考层次》，载《宪法解释之理论与实践（二）》，台湾学林出版社 2000 年版，第 72 页。

③ 吴信华：《基本权利的体系思考》，载《月旦法学教室》2003 年第 9 期。

④ 张文郁：《行政委托》，载《台湾地区本土法学》2002 年第 41 期。

⑤ 吴庚：《行政法之理论与实用》，台湾三民书局 2002 年版，第 90 页。

⑥ Jan Ziekow：《从德国宪法与行政法观点论公私协力》，詹镇荣译，载《月旦法学》2010 年第 180 期。

款”，同时也成为判断哪些职权应由全国人大行使的标准，通过对“应当”一词进行功能结构的解释，不难推导出法律保留原则在《宪法》上的依据。《立法法》第8条明文规定十种事项必须制订法律的规定。[①] 1996年第八届全国人民代表大会第四次会议通过的《行政处罚法》，第一次把法律保留原则引入行政处罚领域，明确规定处罚法定，并详细规定不同效力法律规范的处罚设定权。《行政强制法》也在许多条文中规定法律保留原则。例如，第4条规定：“行政强制的设定和实施，应当依照法定的权限、范围、条件和程序。”第10条规定：“行政强制措施由法律设定。尚未制定法律，且属于国务院行政管理职权事项的，行政法规可以设定除本法第九条第一项、第四项和应当由法律规定的行政强制措施以外的其他行政强制措施。尚未制定法律、行政法规，且属于地方性事务的，地方性法规可以设定本法第九条第二项、第三项的行政强制措施。”第16条第1款规定：“行政机关履行行政管理职责，依照法律、法规的规定，实施行政强制措施。”《山东省行政程序规定》第4条规定：“没有法律、法规、规章依据，行政机关不得作出影响公民、法人和其他组织合法权益或者增加其义务的决定。”

## （二）正当法律程序原则

行政机关作出影响行政相对人权益的行政行为，必须遵循正当法律程序，包括实现告知相对人，向相对人说明行为的依据、理由，听取相对人的陈述、申辩，事后为相对人提供相应的救济途径等。正当法律程序原则有广义和狭义之分，广义的正当法律程序原则指整个行政法程序性基本原则，包括公开、公平、公正原则，也包括行政程序具体原则；狭义的正当程序原则仅指相当于英国行政法中自然正义和美国行政法中正当法律程序的原则。私部门利用各种公法上的行为形式来完成行政任务在我国法律、法规中已经普遍出现，例如《行政处罚法》《行政许可法》《行政强制法》的相关规定可以得知。

---

① 《立法法》第8条规定：“（一）国家主权的事项；（二）各级人民代表大会、人民政府、人民法院和人民检察院的产生、组织和职权；（三）民族区域自治制度、特别行政区制度、基层群众自治制度；（四）犯罪和刑罚；（五）对私人政治权利的剥夺、限制人身自由的强制措施和处罚；（六）对非国有财产的征收；（七）民事基本制度；（八）基本经济制度以及财政、税收、海关、金融和外贸的基本制度；（九）诉讼和仲裁制度；（十）必须由全国人民代表大会及其常务委员会制定法律的其他事项。”

根据正当法律程序原则，行政机关作出影响行政相对人权益的行政行为，如行政处罚或行政强制措施，都必须符合正当法律程序，包括事前向相对人说明行为的依据、理由，听取相对人的陈述、申辩，事后为相对人提供相应的救济途径等。[①] 过去，我国在执行土地征收或房屋拆迁的行政强制执行时，并没有完全依照正当法律程序进行，造成违法征收或强拆事件层出不穷，引发不少民怨或群体性抗争事件。[②] 因此，在制定《行政强制法》之时，便在许多条文将正当法律程序纳入其中，并详细规定应当遵守的正当法律程序要件。[③] 同样，在公私合作时，也应当严格遵守正当法律程序原则。目前，我国几个《行政程序法》专家意见稿和地方性行政程序规定对于正当法律程序都有明确规定。[④]

### (三)比例原则

限制基本权利是否有真正必要性，手段与目的之间是否合乎正当性，都涉及比例原则的考虑问题。比例原则的考虑主要是用以拘束立法行为。若立法当时，比例原则不能发挥作用，则有赖于司法事后审查，仅对于事后审查立法者限制人民权利是否有其必要。此乃基于权力分立原则下，司法机关除了不宜太早介入之外，并自限于审查当时的法律是否与宪法保障基本权利精神有违，以决定该项法律是否因违反比例原则而无效，至少可收亡羊补牢之效，以免基本权利保障落空。比例原则有三大派生子原则：

一是适当性原则。国家所采取者必须是有助于达成目的的措施，又称合

---

① 《行政处罚法》第 30 条规定："公民、法人或者其他组织违反行政管理秩序的行为，依法应当给予行政处罚的，行政机关必须查明事实；违法事实不清的，不得给予行政处罚。"第 31 条规定："行政机关在作出行政处罚决定之前，应当告知当事人作出行政处罚决定的事实、理由及依据，并告知当事人依法享有的权利。"第 32 条规定："当事人有权进行陈述和申辩。行政机关必须充分听取当事人的意见，对当事人提出的事实、理由和证据，应当进行复核；当事人提出的事实、理由或者证据成立的，行政机关应当采纳。行政机关不得因当事人申辩而加重处罚。"

② 有关正当法律程序在中国大陆土地征收程序是适用问题，参见黄学贤、陈铭聪：《正当法律程序在土地征收程序的适用研究》，载《甘肃行政学院学报》2011 年第 2 期。

③ 《行政强制法》在许多条文都有正当法律程序的规定，如第 18 条、第 19 条、第 20 条、第 21 条、第 35 条、第 36 条、第 37 条、第 38 条、第 43 条、第 44 条、第 51 条和第 54 条等条文，皆详细规定行政强制措施或行政强制执行应当遵守的正当法律程序要件。

④ 例如，应松年教授主持的《行政程序法(试拟稿)》第 8 条的规定、姜明安教授主持的《行政程序法(试拟稿)》第 8 条的规定、马怀德教授主持的《行政程序法(建议稿)》第 8 条的规定、《湖南省行政程序规定》第 8 条的规定、《山东省行政程序规定》第 7 条的规定。

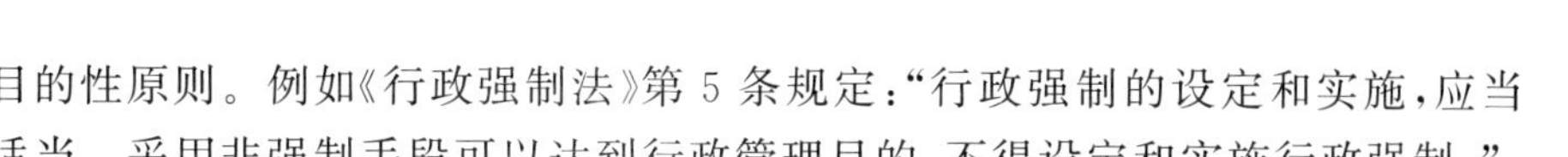

目的性原则。例如《行政强制法》第 5 条规定:“行政强制的设定和实施,应当适当。采用非强制手段可以达到行政管理目的,不得设定和实施行政强制。”

二是必要性原则。如果有多种措施均可达成目的,国家应采取对行政相对人侵害最小者,又称最小侵害原则。例如《行政强制法》第 43 条规定:“行政机关不得在夜间或者法定节假日实施行政强制执行。但是,情况紧急的除外。行政机关不得对居民生活采取停止供水、供电、供热、供燃气等方式迫使当事人履行相关行政决定。”

三是狭义比例原则。国家所采取的手段所造成行政相对人基本权利的侵害和所欲达成之目的间应该有相当的平衡,也就是不能为了达成很小的目的而使行政相对人蒙受过大的损失,又称衡量性原则。也就是说,合法的手段和合法的目的之间存在的损害比例必须相当。例如《行政强制法》第 16 条第 2 款规定:“违法行为情节显轻微或者没有明显社会危害的,可以不采取行政强制措施。”目前,我国几个行政程序法专家意见稿和地方性行政程序规定也对于正当法律程序都有规定。[①]

## 第二节　私部门的参与问题

所谓私部门的参与,就是为了落实公私合作的实现与追求公共利益,而私部门的参与行动必须建立在合法性的基础上,并且考虑参与私部门本身拥有的知识与能力、花费的成本、预期的影响力等,从而理性地选择最有效的途径与策略。首先,行政任务大多涉及公共利益,既然是将行政任务移转给公私合作,就涉及私部门资格的选择问题。其次,探讨私部门为了参与行政任务而造成彼此间的竞争关系,这涉及平等参与问题。最后,私部门参与行政任务的执行后,如果无法继续完成或无法亲自完成时,可否再移转给其他私部门为之,这涉及私部门的转换问题。

---

① 例如,应松年教授主持的《行政程序法(试拟稿)》第 10 条的规定、姜明安教授主持的《行政程序法(试拟稿)》第 11 条的规定、马怀德教授主持的《行政程序法(建议稿)》第 8 条的规定、《湖南省行政程序规定》第 4 条第 2 款的规定、《山东省行政程序规定》第 5 条第 2 款的规定。

## 一、私部门的选择

在说明私部门的平等参与问题之后，接下来就要选择合适的私部门。在公、私部门共同分担行政任务时，选择合适的合作伙伴是必须处理的课题。被选出的私部门的资格足以执行行政任务，考虑的不仅仅是经济上的因素，所有影响行政任务执行的其他因素都必须加以考虑。

因此，公私合作所关注的在于私部门的资格，同时也要对私部门资格所表现出来的公私合作的样态有所认识，才能进一步思考如何选择与私部门合作的模式。关于私部门的资格，不应仅从单一个面向来了解，在不同的场合中它所表现出的内涵均有不同。目前我国在许多法律、法规对于特殊岗位都设有资格限制，如对仲裁员资格的限制即是一例。[①] 2004 年国务院《全面推进依法行政实施纲要》第 22 点明确要求各级政府建立健全行政执法主体资格制度。实行行政执法人员资格制度，没有取得执法资格的不得从事行政执法工作。[②]

基于公益原则，对于某些公私合作的内容，私部门的资格必须加以限制，例如，行政强制是对私部门的人身自由实施暂时性限制或对财物实施暂时性控制的行为，涉及私部门的自由权或财产权的侵犯。过去在进行房屋强制拆迁时，在地方政府的保护下，经常对还有人居住的房子违法执行强制拆除，把反对拆迁的人用暴力强行拖走，造成许多反对强拆的人员受伤，甚至引发自焚或自杀事件。为了杜绝此类悲剧的发生，实施行政强制任务的人员必须具备法定职权并符合法定资格才能够实施。以《行政强制法》为例，该法第 17 条第 3 款规定："行政强制措施应当由行政机关具备资格的行政执法人员实施，其他人员不得实施。"[③]这样规定的目的有二个：第一，使执法人员的资格特定；第二，避免公部门随便委托，在行政实务中经常发生公部门随意委托，甚至委

---

① 《仲裁法》第 13 条规定："仲裁委员会应当从公道正派的人员中聘任仲裁员。仲裁员应当符合下列条件之一：（一）从事仲裁工作满 8 年的；（二）从事律师工作满 8 年的；（三）曾任审判员满 8 年的；（四）从事法律研究、教学工作并具有高级职称的；（五）具有法律知识、从事经济贸易等专业工作并具有高级职称或者具有同等专业水平的。"

② 参见《国务院关于印发全面推进依法行政实施纲要的通知（国发〔2004〕10 号）》，http://www.gov.cn/ztzl/yfxz/content_374160.htm，最后浏览日期：2016 年 4 月 1 日。

③ 以《行政强制法》为例，第 17 条第 1 款规定："行政强制措施由法律、法规规定的行政机关在法定职权范围内实施。"

托给不具备相应条件的第三人团体或私部门行使。为了杜绝此种现象，第 17 条第 1 款后段明文规定："行政强制措施权不得委托。"另外，《保安服务管理条例》第 16 条[①]、第 17 条[②]与《保安押运公司管理暂行规定》第 9 条都有类似的规定。[③]

## 二、平等参与的问题

### （一）参与权

参与权是指私部门有权依照法律的规定参与公共管理和决策。首先，参与权是民主政治的关键。私部门要能够有效地表达自己的意志，将自己的意志体现为国家公共政策，就必须通过有效的平台和途径参与公共决策，而不是空发议论。其次，参与权是实现社会自治的关键。社会自治是社会的自我管理与自我服务，这需要社会主体的参与精神与参与能力，并得到一定的锻炼与实践的机会。最后，参与权是监督国家的必要工具，通过有效的参与国家的管理与决策，能够同时监督执行权与决策权的有效行使，实现权力运行的透明化。

依据民主国原则的精神，为了让行政决定更能得到人民的认同，在影响层面广泛的行政程序，除了应该尽量提供公私合作讨论的机会之外，更应该提供公私合作执行的机会。目前我国几个《行政程序法》专家意见稿和地方性行政

---

① 《保安服务管理条例》第 16 条规定："年满十八周岁，身体健康，品行良好，具有初中以上学历的中国私部门可以申领保安员证，从事保安服务工作。申请人经设区的市级人民政府公安机关考试、审查合格并留存指纹等人体生物信息的，发给保安员证。提取、留存保安员指纹等人体生物信息的具体办法，由国务院公安部门规定。"

② 《保安服务管理条例》第 17 条规定："有下列情形之一的，不得担任保安员：（一）曾被收容教育、强制隔离戒毒、劳动教养或者三次以上行政拘留的；（二）曾因故意犯罪被刑事处罚的；（三）被吊销保安员证未满三年的；（四）曾两次被吊销保安员证的。"

③ 《保安押运公司管理暂行规定》第 9 条："保安押运公司的守护、押运人员应当符合下列条件：（一）年满二十周岁的中国公民，身体健康，品行良好，没有赌博、吸毒、酗酒等不良行为；（二）具有初中以上文化程度；（三）没有精神病等不能控制自己行为的疾病病史；（四）没有被行政拘留、收容教育、收容教养.劳动教养，强制戒毒和刑事处罚记录；（五）掌握专业保安守护、押运和枪支使用技能，熟悉有关保安守护，押运和枪支使用、管理法律、法规和规章；（六）法律、法规和规章规定的其他条件。专用护运车辆驾驶人员，除具备前款规定的条件外，还须具有 B 证以上驾驶执照并从事三年以上驾驶工作。"

程序规定对于参与权都有明确规定。[①]

不过,私部门行使参与权必须具备以下条件:第一,必须提供私部门相关行政决定的事实与法律规定的信息,假使不能提供,则赋予私部门参与机会的意义便落空。因为不管是为了提高行政决定的民主正当性还是事实正确性,都取决于参与的私部门是否能依据必要的信息,提出具体的意见。第二,必须在制度上进行建构,如果想有效地达成私部门参与的目标,必须使私部门的参与行为对行政决定可以发生实质上的影响力,否则不能期待私部门有真正的参与热忱,并保障私部门的参与权利。

## (二)自主参与

自主参与是指在公私合作中,私部门有自愿选择参与的权利,以维护自己的合法权利,避免公部门作出对己不利的行政决定。私部门具有独立人格的意志,具有一定的自由权,有权按自己的意志实施具体的行政行为,影响行政行为的结果。换言之,在法定模式下,私部门被动地参与行政任务并不能构成真正意义上的自主参与。自主参与意味着私部门是作为独立的和主动的权利义务主体实施行为,而不是仅仅作为一个客体被动地任由别人强行安排结果或命运,公部门在公私合作的过程中必须尊重私部门自愿选择参与与否。

那么,公部门有无接受私部门合作的义务?一般而言,由公部门提供给付或进行管制,都是为达成行政目的,以应社会生活的共同需求,这是公部门所以存在的理由,所以在法律规定或授权的前提下,公部门有主动从事给付或管制的义务,无须等待私部门的请求。如果私部门主动请求公部门因为其特殊需求而提供给付或进行管制时,究竟公部门有无接受的义务?其考虑因素在于私部门有无此种公法上请求权:若有,则公部门自有依法审查、接受的义务;若无,则应反向考虑该等事项是否为行政所不得或不宜介入的领域,例如公安机关对于无关治安、交通事件的民事纷争则不宜介入等。另外,应考虑该等请求所关涉的公益性,私部门对行政机关有所请求,除例外情况为纯公益需求外,通常有其特殊的私益需求,但也难说与公益毫无关系。后者的情形应考虑公益与私益的比重,以及此时对私益的响应是否违反平等原则、比例原则等公

---

① 例如,应松年教授主持的《行政程序法(试拟稿)》第 6 条的规定、姜明安教授主持的《行政程序法(试拟稿)》第 6 条的规定、马怀德教授主持的《行政程序法(建议稿)》第 6 条的规定、王万华教授主持的《行政程序法(试拟稿)》第 11 条的规定、《湖南省行政程序规定》第 6 条的规定。

法原则的问题。[①]

### (三)平等原则

平等原则是指每个私部门拥有平等参与行政任务的机会。所谓的平等,是指人与人之间在政治、经济与文化等各方面享有同等的权利,处于同等的地位。平等观念是历史的产物,具有鲜明的阶级性,不同的阶级有不同的平等观念,资产阶级的平等观念是反对封建制度的产物,资产阶级思想家宣称平等是不可剥夺的,是天赋人权。私部门之间处于一种竞争关系,因此必须要建置一个平等的机会,让每个私部门都有平等的参与机会。因此,平等原则是为保障人民在法律上地位的实质平等,但并不限制立法机关在为增进公共利益原则下,以法律授权主管机关,斟酌具体案件事实上的差异,而为合理的不同处置。换言之,公部门在作出行政行为时,对于所规制的对象,除非有正当理由,否则不可以差别对待。就行政行为而言,在有裁量余地时,对相同事件,为不同于以往的决定,即为违反平等原则(行政自我拘束)。而平等原则也为现代法治国家重要的基本原则,可知平等原则的重要性。目前,几个行政程序法专家意见稿和地方性行政程序规定对平等原则都有所规定。[②] 为了落实平等原则,国家必须主动积极处理社会中的不平等现象。因此,有关平等原则的落实与差别待遇的合法性,即成为探讨平等原则的核心问题。平等原则禁止对于本质相同的事件,在不具实质理由下任意地不同处理,以及禁止对于本质不相同的事件,任意地作相同的处理。因此,事务的本质即成为判断的基准,例如:贪污行为与杀人行为,虽然都是犯罪行为,但是在本质上,前者属于财产的侵犯,后者属于生命的剥夺,在本质上具有差异,因此在犯罪行为的处罚上应有不同,若将两者作相同的处罚,则是将本质不相同的事件作相同的处理,则属违反平等原则。同理,若将本质属于较严重的杀人行为的处罚较本质属于较轻微的贪污行为轻时,其重罪轻罚也属于违反平等原则。平等原则也可将之视为违宪审查基准,以免公、私部门行为因违反平等原则而侵犯行政相对人的基本权利。平等原则并非指绝对、形式上的平等,而是保障在法律上地位的实质

---

① 例如是否排挤正常业务,所耗人力、物力是否显不相当等问题,参见蔡茂寅:《公私协力与国家赔偿》,载《月旦法学教室》2013 年第 124 期。

② 例如,姜明安教授主持的《行政程序法(试拟稿)》第 9 条的规定、应松年教授主持的《行政程序法(试拟稿)》第 8 条第 3 款的规定、《湖南省行政程序规定》第 4 条第 1 款的规定、《山东省行政程序规定》第 5 条第 1 款的规定。

平等，立法机关基于宪法的价值体系及立法目的，自然可以斟酌规范事物性质的差异而为合理的差别对待。我国过去实行的是计划经济体制，行政机关具有无所不能的行政权力和绝对的支配地位，行政相对人从实质上讲没有独立的法律人格。在此情形下，私部门的主体意识被抹杀，主体地位也被淡化，私部门与公部门之间所存有的关系只是命令与服从、管理与被管理的关系。改革开放以后，随着行政程序制度的渐次建立，传统的公、私部门之间得到了全新的阐释，不只存在管理与被管理的关系，更存在平等的关系。

### （四）平等竞争

在公私合作时，涉及公部门将经济上能获利的行政任务移转私部门，从事于该行政任务对于有意愿参与的私部门而言，也可能是一种赖以生存的“职业”。为保障其选择该职业选择自由与公平竞争机会，国家不能仅是消极地不为干预，其必须借助一定的程序，在众多的申请人中公平选择该任务的参与对象。行政行为非有正当理由不得差别对待，这是行政自我拘束原则的明确要求。所谓不得差别对待，也就是要求执法者对于相同案件给予相同的对待，不同案件应该给予不同对待。因此，有意愿参与的私部门彼此之间形成竞争者关系。1968 年德国有一案例，该案是行政法院就有关葡萄酒生产贩卖公司，请求公部门撤销对葡萄果农合作社的经济辅助。自从该案之后，公私合作的竞争关系开始受到重视，该案中葡萄酒生产贩卖公司认为：公部门核准对葡萄果农合作社关于自行产销葡萄酒的补助金决定，将对其竞争力产生影响，故诉请法院撤销该补助金核准行为。[1] 然而，所谓的“竞争者”具有多义性，不易清楚掌握其概念，涵盖经济法和行政法领域，实难对竞争者作一个清楚明确的定义，因此，竞争者的概念必须从竞争关系来理解。所谓竞争关系，是指两个或两个以上之自然人或法人，其间存有某种特定的竞争关系时，该自然人或法人于此特定关系上便处于竞争者地位，也必然存在特定“竞争状况”。换言之，竞争关系即是于特定的时空下，特定的范围内，于该范围内的各个私法主体相互间存在彼消我长的互动关系，并且产生代替效果的事实状态。因此，竞争关系的判断应该着力于个案事实的状态，借由该事实状态的改变而与法律规范要素连结起来观察，视其是否具有竞争关系。如有竞争关系，才可以确立其竞争者的地位，进而考虑竞争者诉讼中是否存在公法上权利受侵害的情形。

---

[1] 洪咏智：《经济辅助竞争者诉讼之研究》，台湾辅仁大学法律学研究所 1996 年硕士论文。

## 三、转换问题

私部门参与行政任务的执行后，如果无法继续完成或无法亲自完成时，可否再移转给其他私部门为之？这必须视公部门与私部门的法律关系而定。

### （一）在法定模式方面

在法定模式，公私合作是法律直接规定的，属于法定义务的一种。能否移转给其他私部门来参与，必须视具体情况而定。以《集会游行示威法》为例，第25条第2款、第3款中规定的集会、示威、游行的负责人必须负责维持集会、游行、示威的秩序，并严格防止其他人加入。集会、游行、示威的负责人在必要时，应当指定专人协助人民警察维持秩序。负责维持秩序的人员应当佩戴标志。因为集会是言论自由的延伸，言论自由通常由个人行使，故其性质为个人权；若以集体权的形态出现，则为集会自由。但是集会是定点活动，为使集会所诉求的重点发挥更大的影响，则令集会群众进行游行，进而产生示威的效果。依据经验显示，游行所展现群众的力量的确不可忽视。由于集会游行涉及人民表达意见的自由的保障，同时也容易扰乱社会秩序、阻碍交通、扰乱社会安宁，因此具有极大的公益性质。此时的私部门具有极强的人格性特征，因此，除非法律有明文规定，否则不允许再移转于其他私部门。

不过，在公益性质不高、人格性质较弱的情况下，虽然没有法律、法规的明确规定，但在相关当事人的同意之下，原则上可允许移转第三人参与。例如，《行政强制法》第50条规定："公部门依法作出要求当事人执行排除妨碍、恢复原状等义务的行政决定，当事人逾期不执行，经催告仍不执行，其后果已经或者将危害交通安全、造成环境污染或者破坏自然资源的，公部门可以代执行，或者委托没有利害关系的第三人代执行。"第52条规定："需要立即清除道路、河道、航道或者公共场所的遗洒物、障碍物或者污染物，当事人不能清除的，行政机关可以决定立即实施代执行；当事人不在场的，行政机关应当在事后立即通知当事人，并依法作出处理。"依据上述两条规定的情形，原则上可以移转其他第三人来参与，但是应当在事后立即通知当事人。

### （二）在授权模式方面

私部门在公部门的授权参与行政任务之后，是否可以在法律、法规未明文

的许可规定下或公部门未明示允许下再移转其他私部门？依照依法行政的要求，行政权的行使必须有合法的依据，如果没有合法的依据，该组织行使行政权的行为即属于违法。在法律法规授权方面，由于必须要有合法的依据，所以不存在自行授权问题。至于行政授权方面，只有在法律、法规或规章明确作出授权性规定的情况下，公部门方可羁束性地基于该规定，将属于自己职权的一部分授予具备条件的特定组织行使，并独立承担相应法律责任。关于授权模式，依照《最高人民法院关于执行〈行政诉讼法〉若干问题的解释》（下称《若干解释》）第 21 条的规定，公部门在没有法律、法规或者规章规定的情况下，授权其内设机构、派出机构或者其他组织行使行政职权的，应当视为委托。依据上述《若干解释》，授权必须在有法律、法规或者规章规定的情况下，才可以为之。换言之，不可能再以授权的方式移转给其他私部门，其再授权的行为只能视为委托行为。

### （三）在委托模式方面

虽然委托模式不像授权模式涉及权限移转的问题，但有时也涉及公权力的行使，关系行政相对人的保障，也必须非常重视。那么，私部门可否再委托其他私部门？《行政处罚法》第 18 条第 3 款规定："受委托组织在委托范围内，以委托行政机关名义实施行政处罚；不得再委托其他任何组织或者个人实施行政处罚。"《行政许可法》第 24 条第 3 款规定："受委托行政机关在委托范围内，以委托行政机关名义实施行政许可；不得再委托其他组织或者个人实施行政许可。"从上述规定可以得知，委托模式的私部门不得再进行转委托，也就是"一次委托原则"。目前，几个行政程序法专家意见稿和地方性行政程序规定对于禁止转委托也都有明确规定。[①]

专家参与是否也适用转委托的规定？专家参与和委托模式都是私部门基于委托协议而参与行政任务的，但是两者有本质上的区别。委托模式重视的是参与人的人格性，而专家参与重视的是参与人的专业性。换言之，人格性极

---

① 例如，应松年教授主持的《行政程序法（试拟稿）》第 27 条第 2 款规定："受委托的组织、个人应当自行完成委托的事项，不得将委托事项再委托给其他组织、个人。"马怀德教授主持的《行政程序法（建议稿）》第 29 条第 2 款规定："受委托的组织应当自行完成委托的事项，不得再将委托事项在委托给其他组织或者个人。"王万华教授《行政程序法（试拟稿）》第 36 条规定："受委托的个人、组织应当自行完成委托任务，不得将委托事项在委托给其他个人或者组织。"《湖南省行政程序规定》第 22 条规定："受委托的组织应当自行完成受委托的事项，不得将受委托事项再委托给其他组织或者个人。"

高的委托模式，不可以随便取代；而专业性极强的专家参与，只要经过委托机关的同意，还是可以更换其他更合适的专家。

## （四）在私法模式方面

私法是调整与民事方面有关的法律，公法是调整与行政方面有关的法律，它们所遵循的基本原理并不相同，民法所遵循的基本原理叫私法自治，公法所遵循的基本原理依法行政。因此，私法自治也称意思自治，指经济生活和家庭生活中的一切民事权利和义务关系的设立、变更和消灭，均取决于当事人自己的意思，原则上国家不作干预，只有在当事人之间发生纠纷且不能通过协商解决时，国家才以仲裁者的身份出面予以裁决。私法自治的实质，就是由平等的当事人通过协商决定相互间的权利义务关系。《民法通则》第 68 条规定："委托代理人为被代理人的利益需要转托他人代理的，应当事先取得被代理人的同意。事先没有取得被代理人同意的，应当在事后及时告诉被代理人，如果被代理人不同意，则由代理人对自己所转托他人的行为负民事责任，但在紧急情况下，为了保护被代理人的利益而转托他人代理的除外。"换言之，依《民法通则》规定的精神，如果获得被代理人同意，则代理人可以再移转他人。不过，必须说明的是，私法自治并非不受限制，在现代市场经济的条件下，国家为了对市场宏观调控和维持市场秩序，保护消费者、劳动者及社会的利益，有必要制定一些特别法规对私法自治予以适度的限制。因此，若涉及的公共利益极大，则私法自治的精神必须加以压缩，不允许再移转给其他私部门。

## （五）在特许模式方面

特许经营是由公、私部门签订特许合同，并授予私部门特许权，从事该公共建设的兴建与营运。关于其法律性质为何？在理论上存有争议，有资格说与财产权说两种不同见解。资格说认为该特许权的授予，与企业法制中主管机关对于企业申请成立许可的资格相同，因该特许权之授予，私部门取得该公共建设兴建、营运的资格，而得就该公共建设的营运收入偿还贷款及获取公法上利益，然其所取得为公法上的资格，不具有交易性、可移转性，显与私法上财产权的性质有所不同。财产权说认为特许权的法律性质与专利权或商标权一样，由公部门赋予私部门，具有交易性质的财产权，其应受到法律保障，并可以自由交易与移转。

在大型特许经营投资案中，为鼓励私部门积极投资参与公共建设，经常

会有特许权规定。例如,保障独自经营无竞争者(在英法海峡隧道案例中,英、法两国政府保证在一定年限内不会兴建第二条英法海峡隧道)、[①]协助土地取得、长期优惠贷款等,特许权之内容影响民间投资者之意愿,该项特许权之授予相当于具有公法性质,为确保大众利益及社会公平,政府与私部门签订投资合同时,签订特许营运合同所取得的特许经营权不可以移转其他人。[②]

另外,政府对于特许权必须予以保障,不得任意撤销或废止特许权。但如撤销其特许权时,必须依信赖保护原则,对于私部门所造成的损失负损害赔偿责任。

关于特许经营权转让的规定,依建设部《市政公用事业特许经营管理办法》第18条的规定,获得特许经营权的企业在特许经营期间有擅自转让、出租特许经营权的行为,主管部门应当依法终止特许经营协议,取消其特许经营权,并可以实施临时接管。依该条规定,若转让特许经营权,主管部门仅是依法终止而已,而非不得转让,如此规定并非妥当。因此,可以参照我国台湾地区"奖励民间参与交通建设条例"第42条规定,私部门依本条例取得兴建、营运交通建设之权利,不得转让、出租或为民事执行的标的,其因兴建、营运所取得之资产、设备,非经主管机关同意,不得转让、出租或设定负担,违反者,其转让、出租或设定负担的行为无效。该条文中使用的是"不得转让",违反规定的转让行为,法律效果为无效,值得借鉴。

## 第三节　公部门的选择权问题

公部门的选择权包括三个方面:一是组织形式的选择,二是行为形式的选择,三是合同形式的选择。就国家权力作用的角度而言,三者所关切的面向并不相同。组织形式选择讨论的是公部门选择以公法组织或私法组织的形式来执行行政任务的问题,在公法组织形式执行行政任务的前提下,才有行政行为

---

① 黄振声:《政府部门奖励民间参与交通建设之研究:以台北市公共停车场BOT为例》,台北大学公共行政暨政策学系2002年硕士论文。

② 顾立雄、林发立:《BOT兴建营运合约之履约保证问题》,载《月旦法学》1998年第33期。

形式选择，即以单方行政行为或是以双方协议来执行的问题，因私法组织形式原则上无法行使公权力。而选择以双方协议来执行，则可以选择公法合同或私法合同的方式，并且必须考虑公法遁入私法的问题。

## 一、组织形式的选择

组织形式的选择是指行政组织权归属者为谁。可以选择公法组织或是私法组织，以达成特定的行政任务。其中包含狭义的行政组织的法律形式选择与广义的行政组织的组织形态选择，虽然在学理上仍存在国家是否享有一般性组织形式选择自由的争议。① 不过，至少在法律、法规明文规定或授权下，公部门可以自行决定以公法或私法形式组织行政组织，享有组织的形式选择自由。② 组织形式选择自由虽名为自由，但有其限制，仍不可以抵触组织形式选择自由的消极要件，包括：宪法与法律中涉及行政组织法律形式与形态的明文规定、民主国与法治国等基本原则、国家与社会分际原则、民主性控制要求的确保等。③

## 二、行为形式的选择

行为形式选择自由，除非法律有明文规定或禁止，否则公部门为了适当地执行行政任务，达成行政目的，具有选择以行政合同或具体行政行为的自由。④ 换言之，公部门为完成行政任务，最典型的方式除具体行政行为之外，也可以选择与私部门协议的方式，完成行政行为，该协议即是行政合同。承认公部门可以缔结行政合同，目的是使行政作用的方式更为灵活，以助于行政任

---

① 刘如慧：《论行政机关选择公法或私法手段之自由——以德国法为中心》，台湾大学法律研究所1995年硕士论文。

② 詹镇荣：《民营化后国家影响与管制义务之理论与实践——以组织私法化与任务私人化之基本型为中心》，载《民营化法与管制革新》，台湾元照出版社2005年版，第107页。

③ 詹镇荣：《变迁中之行政组织法——从组织形式选择自由到组织最适诫命》，载《中研院法学期刊》2010年第6期。

④ 詹镇荣：《论民营化类型中之公私协力》，载《民营化法与管制革新》，台湾元照出版社2005年版，第23页；李建良：《行政合同与私法合同区分的新思维——从青年公园设施委托经营管理维护合同定性问题谈起》，载《月旦法学》2008年157期。

务目的的实现。例如,对于特殊的行政事件,因为私部门的参与可以减少阻碍,有助于行政目的达成。此外,借由行政合同的缔结,私部门不再是单纯的统治客体,而是有可能与公部门立于对等的地位。关于行政合同,依照目前学界见解和实务实践,可以归纳出以下四个特征:一是合同主体至少有一方必须是公部门;二是行政合同的内容必须为公法上的法律关系,即合同的权利义务必须具有公法性质,始可以认定为行政合同;三是合同内容部分属公法性质,部分属私法性质,仍视为公法性质;四是行政行为虽然可以行政合同方式为之,但依其性质或法规规定不得缔结者,不在此限。[①]

行为形式选择自由是指公部门基于特殊的需求,为达行政任务的目的,除法律明确规定公部门应该采取特定形式的行为,否则公部门可以选择适当的行政行为(具体行政行为或行政合同),甚至也可以在法所容许的范围内选择不同法律属性的行为(公法行为或私法行为)。其法律性质应属公部门所拥有的一种行为形式选择的裁量,在法律所未限制下的自由裁量。原则上,立法权与行政权均具有选择的权利,但这并非一种漫无限制的原则。当立法权行使选择权时,其所受的限制较行政权少,但立法者必须受制于民主国原则、法治国原则,甚至国家保护义务的监督责任,故其对于私部门共同生活重要或者特别可能造成危险的任务领域持续性的民主控制便不得加以免除。而行政权在行使选择权时,不同的行政任务领域对其选择权的行使会有不同的影响:在干预行政内,行政的选择自由将会萎缩;在行政间接的执行任务领域中(例如政府采购),也只具有相当程度内已经受到压缩的选择裁量;而除干预行政以外,特别在所谓非紧密依存于法律的行政作用领域,对于行为形式的选择,原则上才有合义务裁量的空间。[②]

以往公部门在行政合同和具体行政行为的选择权上,有授权说和除外说两种观点。早期因为有法律保留原则的缘故,公部门签订行政合同严格要求必须有法律的明确规定或授权,没有选择自由,故采授权说。现今通说采用除外说,公部门采用行政合同或具体行政行为属于行政裁量的事项,在法律没有严格限定必须采用具体行政行为,都可以行政合同代替。换言之,依据除外说

---

① 例如,姜明安教授主持的《行政程序法(试拟稿)》第84条第2款规定:"除法律另有规定外,行政合同应采用书面形式。行政合同的内容不得违反法律、法规、行政规范的规定,不得损害国家和社会公共利益,不得违反公序良俗。"

② 程明修:《行政行为形式选择自由——以公私协力行为为例》,载《行政法之行为与法律关系理论》,台湾新学林出版股份有限公司2005年版,第289～306页。

的观点，只要不违反法令的限度，即使没有法律的明确规定或授权，公部门都有选择的自由。[①]

## 三、合同形式的选择

### （一）区分标准

在选择以合同方式为之时，同时也面临是否只能选择公法合同，或者也可以选择私法合同？两者管辖权并不相同，大陆法系国家一般采取公法与私法二元区分，私法合同争议移转民事法院审理，行政合同争议则移转行政法院审理。在实体法适用方面，例如合同自由原则、缔约对象选择自由、书面形式要件、合同强制执行等问题，皆适用不同的法律。关于行政合同与私法合同的区分标准，可以从合同主体与合同客体来加以判断。

若从合同主体判断，合同性质应该从参与合同的主体来加以观察。也就是以合同当事人的属性为判断标准，凡合同当事人之一方为公部门者，都可以视为行政合同，而无论其合同内容。采此说乃着眼者于"合同标的说"难以操作的缺失，为避免行政主体假借私法合同而遁入私法法律关系，从而规避来自公法的实体与程序限制。由缔约当事角度予以观察固然简便，但失之形式，且过于偏狭。因为此说无异全盘否定公部门在不违法的前提下，有一定空间选择以行政合同或私法合同作为行政手段的自由。

若从合同客体判断，在判断合同是否属于公法合同时，应取决于合同标的，自客观上判断合同内容之属性，而非取决于合同当事人对于合同性质之判断。此说为目前德国学界通说，依通说认为，合同标的内容涉及公法法律关系者为行政合同，合同标的涉及私法法律关系者为私法合同，若合同标的仍无法判断其法律性质时，则兼采合同目的加以衡量。换言之，应由合同标的决定，即合同标的之内容涉及公法法律关系者为行政合同，合同标的之内容涉及私法法律系者为私法合同，如依合同标的仍无法判断其法律性质时，则兼采合同目的加以衡量。换言之，若是合同标的涉及给付行为不易区分为公法或是私法性质，或是光凭合同标的仍不能决定其合同的法律性质时，则必须就合同的

① 有关具体行政行为与行政合同的替代关系探讨，参见黄学贤、陈铭聪：《行政合同与具体行政行为的替代关系和选择标准之研究》，载《江淮论坛》2011 年第 248 期。

目的及合同整体特征作判断。[①] 合同的属性应该依客观判断，即依合同标的、目的及其整体内容加以判断，而不受当事人的主观意思影响。但是，这样的判断标准，仅适用于较不具争议的合同案型。除法律明文禁止外，公部门在给付行政领域，对于以公法形式或私法形式通常有一定的选择权，对于此所缔结的合同应该可以参酌公部门的意思而予以判定其性质。因此，除非法律规定限制或禁止公部门合同形式选择的自由，否则公部门可以自行决定合同的性质。当然，若是公部门的主观意思不明，又欠缺客观标准时，折中的做法是“中疑问，推定为公法合同”原则。

## (二)区别实益

关于公、私法合同的区别实益，牵涉德国法制和法国法制的区别。若从德国法制来看，行政合同与私法合同的差别，只是标的的不同，即德国学界通说原则上以合同标的作为区分行政合同与私法合同的标准，例外时才辅以合同目的加以衡量。[②] 除了合同标的不同外，似乎在其他层面与私法合同没有什么太大的不同。[③] 因而若用德国法制来定义行政合同的范围，实在没有多大的实益，只不过是把某些合同定性为行政合同，以行政救济的方式处理。为什么德国认为行政合同和私法合同效力相同？这得从德国的国库行为理论说起。国库行为理论把国家切割成两个部分，一个是行使国家高权的行政高权，一个是负责财务收支的国库，地位与一般私部门相同。既然国库与私部门地位相同，国库与私部门签的私法合同便和一般人民之间所签的合同相同，并不因为当事人一方是国家而有所不同。这导致德国认为行政合同既然是以合同形式转换具体行政行为，那么通过合同形式就与一般私法合同效力相同。国库行为理论在德国受到多方挑战，甚至已被废弃，不过德国学者讨论的方向似乎着重于国库行为的程序部分要受到基本权的限制，却没有考虑既然国库行为也是辅助行政任务的达成，为何不能同具体行政行为一般可以因公共利益的考虑而为情事变更。合法的具体行政行为，在因情事变更而危及公益时，或为防止或除去对公益有重大危害者，可以予已废止。[④] 既然德国已认清国库行为本质还是国家行为，不应该与行政行为有差别对待，为何在效力部分却仍

---

① 陈英铃：《行政法院作为行政程序的守护神》，载《月旦法学》2006 年 5 月。

② 吴庚：《行政法之理论与实用》，台湾三民书局 2000 年版，第 397 页。

③ 张剑寒、吴庚：《行政契约之理论与实际(上)》，载《中山文化学术季刊》第 26 集。

④ 参见德国《行政程序法》第 123 条的规定。

有差别对待呢？况且，既然行政合同乃转换具体行政行为而来，合法的具体行政行为可因公益而废止，那么转换成行政合同后，为何不能因公益而予以调整或变更其内容呢？

若从法国法制来看，行政合同与私法合同的确相差甚远。由于法国法制并没有实定的行政合同法，所以其在该国的发展都是靠法院判例累积。一开始法国在区分公法合同与私法合同时，是以其管辖法院作为区分。但是后来发展出以“公共服务”作为判断标准，其内涵包括三点：一是公部门的行为，且须与公益有关；二是该公共服务应有持续性；三是该公共服务须对一切人民均属平等。[①] 在这个定义下，许多行政辅助行为可能都会被包括在内，最明显的就是承揽合同、物品买卖合同与公用事业特许，在德国法制与我国法制中是私法合同，但是在法国法制中算是行政合同。当然，并非所有的行政辅助行为在法国法制定义下都会被划为行政合同，若由上述所揭标准来看，购买、租赁办公房屋都不属于行政合同。[②] 至于在德国法制定义下的行政合同，法国法制承不承认这种行政行为，可能还是个问题，因为虽然只是转换具体行政行为，但其公益性可能尚未强烈到符合前述的定义，那么赋予公部门高于私部门的地位就可能缺乏正当性基础。法国法制的行政合同，最重要的是特许合同与采购合同两种，[③]在德国法制定义下算是行政辅助行为。

综上所述，德国法制因为国库行为理论的影响，本来就把私经济行为当作是民事合同，[④]在定义行政合同时，其背后的考虑似乎是鼓励利用合同方式代替其他国家高权的行使，因而导致德国法制只是强调公法上的法律关系可以用合同方式进行处理。至于用了合同，当然比照私法合同的法律关系，故效果上与私法合同无太大区别。而法国法制并非为了鼓励使用合同方式代替公权力的行使，而是在认知区别私法合同与行政合同的必要性之后，将一般公部门与私部门签订的合同中具公益性质的，视为行政合同。

---

① 张剑寒、吴庚：《行政契约之理论与实际（上）》，载《中山文化学术季刊》第26集。

② 胡建森：《十国行政法——比较研究》，中国政法大学出版社1992年版，第139页。

③ 陈为祥：《英国公契约制度之研究——兼论英国的公共事务外包制度》，台湾中兴大学法律研究所1995年硕士论文。

④ 许宗力：《基本权利对国库行为之限制》，载《法与国家权力》，台湾月旦出版社1992年版，第1～72页。

## 四、公法遁入私法

### (一)含义

所谓公法遁入私法,是指公部门有选择行为方式的自由,而把原来应以公法形式的作为改采私法行为为之,这是因为私法行为领域有充分的法律条文足资应用。若采取私法方式依合同自由原则,容易取得行政相对人合作,便于达成行政上的目标。[①] 依公私合作的形态,最可能发生的私法关系为委托关系和承揽关系。委托关系是基于委托人与受托人约定,由受托人处置委托人委托的事务的民事法律关系,例如公部门委托私部门进行强制拆迁任务。承揽关系是当事人一方为他方完成一定的工作,他方在验收后支付约定的报酬的民事法律行为,例如行政机关委托清洁公司负责道路的卫生清理工作。

不过应该注意,从公私合作的情况来看,为使法律关系明确,保护行政相对人的权益,原则上必须适用公法上的法律关系。但是也有一种可能性:公部门为了规避公法上的法律关系的适用,改采适用私法关系从而同样达到其所欲达成的行政任务时,这涉及公法遁入私法的问题。原则上,对于仅得以公法方式达成目标的事项,公部门不能因有选择自由而任意改用私法方式为之。一旦改采私法行为为之,则应全面适用私法,不能仅适用私法中有利的部分,其余又援引公法。虽然因为私法领域有充足的法律条文和法律原则(合同自由、诚信原则)可资运用,但是如果公部门以选择私法的方式,逃避依法行政的拘束,使公部门原本不得作为者,变相作为,则属违反法治国家原则。

### (二)公部门的选择自由

依照学界的多数见解,若非行政任务本身的特质要求必须采取公法的形式,公部门可以选择公法或私法来达成行政任务(法律形式选择自由)。然而,法律形式选择自由涉及该组织回避公法拘束的问题,存在公法遁入私法的疑虑。有学者认为,前述选择自由仍应受到下述四种限制:一是假使宪法对组织形态已有所规定,当然不可以抵触宪法的规定;二是基于法律优越原则,行政主体不得违背法律对特定组织形态的规定;三是主导国家大政方针的任务不

① 黄默夫:《基础行政法》,台湾三民书局2006年版,第43页。

得移转于私权利主体；四是不能因行政组织私法化的结果，而完全泯灭国家与社会的界限。[①]

此外，在不违反上述要求的前提下，容许公部门选择私法组织以执行其行政任务时，为确保此等行政任务的顺利执行，对这些私法组织必须采取必要的控制手段，而非放任其依私法自治原则运作，特别是民主正当性的要求仍必须确保。对于此种因行政组织私部门化后形成的企业而言，既然行政主体选择以私法的组织来组设，确保其民主正当性的方法，例如对于人员或事务的监督，原则上必须在公司法的框架内进行。然而，其既为政府执行行政任务所组成的企业，组织上仍被认定是行政组织的一部分。因此，在有关的公司法的规定之外，附加额外的公法规定，以加强对企业的控制。例如，依照经济规制的法律，赋予企业在一定程度上配合国家经济政策的义务，或者在财政规制的法律，保留政府对企业的财务检查、影响的权限。因此，为了避免公部门规避法律的严格限制而遁入私法，必须在公私合作的内容进行限制，不是任何的行政任务都可以通过私法模式来完成。

### （三）相关案例

以警察行政任务为例，作为公私合作的典型案例之一，有一个特殊名称"警务辅助人员"。[②] 警察行政任务属于"国家保留"范围，即使必须进行公私合作，也必须在法律保留原则的规范下，并且不能涉及权限移转。以《苏州市警务辅助人员管理办法》第 10 条规定为例，该条明确规定警务辅助人员是人民警察的助手，在人民警察的指挥和监督下辅助人民警察执行本办法规定的警务活动。警务辅助人员依法辅助执行警务活动的法律责任由公安机关承担，其中的"助手""协助"即明确表示警务辅助人员属于行政助手。而我国目前的普遍做法是：

首先，将原本应该属于公法关系的公安机关与警务辅助人员的关系，改以规范私企业和劳动者关系的私法性质的劳动合同取代，因此，合同制警务辅助人员是目前地方政府普遍采取的模式。但是，公安机关与警务辅助人员之间

---

① 陈爱娥：《行政组织》，载《行政法入门》，台湾三民书局 2000 年版，第 198～200 页。

② 警务辅助人员在我国各地有不同的称谓，据统计，各地出现有关的称谓，包括：辅警、协警、治安联防队员、协管员、专管员、保安员、治安员等。另外，私人单位雇用私人警卫，一般称为保安。苏州市公安局：《辅警人员准入资格及培训制度调查研究报告》，2010 年 11 月，第 3 页。

并未签署相关行政合同，并非公法上的关系，故公法关系的行政助手并不符合当前我国普遍存在的现状。

其次，警务辅助人员的日常工作并不是单纯的行政辅助工作，而是实质上原本应该属于警察亲自执行的警察行政任务。依照我国目前的实际情况，警务辅助人员制度似乎更接近于私法关系模式，但在私法关系模式中的合法性和正当性倍受质疑，不应成为未来的发展方向。立法方向是警务辅助人员必须在公安机关的指示下处理行政任务，并非以私部门名义执行，无独立判断的权限，其在性质上为公安机关的辅助人力。因此，警务辅助人员与公安机关应定性为委托模式的行政辅助手模式，两者间的权利义务关系应该以委托协议约定，以符合法治国原则。

再以政府购买服务为例，若公部门为了更好地完成行政任务的执行，与其他公部门或私部门、法人和其他组织之间，经双方意思表示一致所达成的协议；[①]或是公部门为更好地取得行政相对人的合作，更有效地实现行政管理的目标，可以与行政相对人订立协议。[②] 此时该协议应该是公法合同。但是，若公部门改以私法合同的方式与当事人达成一致，以购买服务的方式实现行政管理的目标，也属于公法遁入私法。

## 第四节　公私合作的范围问题

行政任务的范围相当广泛，至少可以区分为干预行政与给付行政等。但是并非所有的行政任务都可以公私合作，此时涉及一个核心的命题，即公私合作的界限为何。这又涉及国家保留问题，是否有一个判断标准？

### 一、公私合作的界限

公私合作涉及行政任务执行主体的转变，所引发的最大争议为所有的行政任务是否均可以移转至私部门？换言之，是否存在有权力独占、不可以移转

---

① 参见应松年教授主持的《行政程序法（试拟稿）》第 161 条的规定。

② 参见姜明安教授主持的《行政程序法（试拟稿）》第 82 条的规定。

私部门的行政任务？[①] 有学者认为，所谓的权力独占，是指国家独占运用物理上强制力的可能性。在法制史上，权力独占的发展可说是君主专制主义下的产物，特别可以追溯到 Jean Bodin 的想法。在其国家主权理论中，所有公权力集中于君主。在此种主权理论之下，必然排除非国家以外的团体独立发布命令并使用强制力的权力。此种国家权力独占的想法为其后 Thomas Hobbes 所继受。Hobbes 认为人民只有在臣服于国家权力之下时，才有和平的生活可言；如果国家无法落实其确保和平的任务，也就无法命令人民服从，在此种情形之下，人民可行使其自我防卫的权利。观察权力独占想法由 Bodin 到 Hobbes 的发展历程，Hobbes 的权力独占想法已与国家承担保障安全、形成和平生活的责任相连结。[②] 因此，传统上具有权力独占性质的任务，例如司法、国防、租税高权、警察等，应该属于核心的行政任务，而不得移转由私部门来执行者。[③] 也有认为在今日的社会条件必须做统一决定的事务，例如货币、公证等事项也属不容许私部门化的行政任务。[④] 针对存在绝对行政任务的想法，有学者认为，公部门在执行任务时，通常仅就部分事项自为执行，其完全不排除私部门有参与的空间。换言之，在现今社会几乎没有任何事务可以称得上是国家独占的事务领域。例如，在民事权利争议领域有仲裁制度，得由私部门组成仲裁法庭对争议作出判断，并取得与法院判决同一的效力；在国防事项上，虽然德国在 20 世纪完全禁止公私合作，然而，近来通过所谓一般性的防卫义务，而使得此完全禁止公私合作的领域变得即使不在法律上，也会在事实上有逐渐相对化的趋势。[⑤] 有学者认为，事实上出现过赋予雇主对其受雇人征收工资所得税的事例，因此，财政高权也非属绝对国家保留的事项。[⑥]

警察行政任务主要是以物理上的强制力来保障国家内部的安全与秩序，那么，警察行政任务领域是否属绝对国家保留事项？有学者认为，法律在一定范围内承认私部门有正当防卫、紧急避难以及自力救济的权利，因此，私部门

---

① 陈爱娥：《国家角色变迁下的行政任务》，载《月旦法学教室》2002 年第 3 期。

② Martin chulte, Gefarenabwehr durch private Sicherheitskräfte im Licht des staatslichen Gewaltmonopols, VBl. 1995, S. 131－132.

③ 陈铭聪：《私人参与社会管理的法律问题》，载《东吴法学》2012 年春季版。

④ 陈爱娥：《国家角色变迁下的行政任务》，载《月旦法学教室》2002 年第 3 期。

⑤ R. Herzog, Vorbehalt und Grenzen der Staatstätigkeit, in: J. Isensee/Paul Kirchhof(Hg.), Handbuch des Staatsrechts, Band Ⅲ, 1998, § 58 Rn. 32－35.

⑥ Johannes Hengstschläger, Privatisierung von Verwaltungsaufgaben, VVDStRL 54 (1995), S. 175.

实质上已经参与国家内部安全的维护，同时参与警察行政任务的执行，因此，警察行政任务并非属于绝对国家保留的领域。① 事实上，要判断某项公共任务是否属于公权力主体的特殊任务，必须依特定时空下的具体法秩序来决定。在宪政国家里，国家能否将特定公共任务移转私部门负责，必须解释宪法以及所有合宪法规范的规定，才能决定，②非可作一般抽象概念性的界定。对于完全让私部门来承担以往由国家所提供之给付的疑虑也来自于福利国的理念，因为福利国原则要求国家应扶助弱者、促进机会平等、确保符合人性尊严的生活方式。借由与"生存照顾给付"概念的结合，赋予公部门提供可接受生活条件的义务。因此，在福利国原则的要求下，国家必须防止经济上权力过度集中于某些私部门，并使生活必需的物质与服务维持在人民可以负担得起的状态。③

## 二、国家保留

国家公权力垄断原则是民主国原则的具体表现，但随着国家角色的变迁，行政任务的执行主体也应该适当改变。有学者认为，德国《基本法》在原则上规定行政任务禁止移转给私部门执行，这是因为民主国原则要求所有国家权力的行使必须回溯到民意正当性的基础上，但这不全然禁止若干公私合作的空间。④ 因此，该学者建构出"绝对任务"和"相对任务"。前者由国家承办和亲自执行，不得移转民间来执行；后者国家有承办义务，但如何执行，有一定的选择空间。因此，行政任务有不同的等级划分，绝对任务属于德国《基本法》的保留范围。

法治国原则基于对基本权利的保障，有"法律保留"原则的要求。在行政任务私部门化的浪潮下，也同样有"国家保留"的主张。国家保留是指因宪法或法律将特定的行政任务必须保留给公部门，不容许移转私部门。上述的绝

---

① R. Herzog, Vorbehalt und Grenzen der Staatstätigkeit, in: J.Isensee/Paul Kirchhof (Hg.), Handbuch des Staatsrechts, Band Ⅲ, 1998, § 58 Rn.35.

② 陈爱娥:《国家角色变迁下的行政任务》,载《月旦法学教室》2002 年第 3 期。

③ Jügen Grabbe, Verfassungsrechtliche Grenzen der Privatisierung ko mmunaler Aufgaben, 1979, S. 65－66.

④ Christof Gramn, Schranken der Personalprivatisierung bei der inneren Sicherheit-zugleich ein Beitrag zur Rechtsdogmatik des Art. 33 Abs.4 GG－, VerwA, 90. Bd., S.61ff (1999).

对任务正是国家保留的范围。例如，与安全与制裁有关的事项属于国家保留的范围，因为确保安全的国家目标是公权力垄断原则的正当性基础。另外，在传统理论上，警察行政任务涉及公共安全的维护，属于政府的绝对职责，往往被认为是绝对任务。然而，并非所有的行政任务都不能私部门化行使，必须视其内容是否属于国家保留的范围，即私部门化的界限（禁区）。[①] 我国台湾地区以法律明文规定国家保留的范围，其"民营公用事业监督条例"第 3 条规定："左列公营事业，应由政府经营，不得转让民营：一、直接涉及国防秘密之事业。二、专卖或有独占性之事业。三、大规模公用，或有特定目的之事业。"[②]马怀德教授主持的《行政程序法（建议稿）》第 25 条第 1 款也强调："可授予的管理公共事务的权力主要是执行法律的权力，且主要集中于专业性、技术性较强的领域。"

由于私部门化的界限模糊，何种范围内的行政任务私部门化，哪些领域属于国家保留，已经成为公私合作必须要解决的重要课题之一。行政任务的本质是确保公益原则，与公益原则最贴近的行政的某些部分是其不可移转的核心部分，这些核心部分就是"纯公共性"的领域，通常被认为是私部门化的禁区。关于纯公共性领域，主要存在于行政的两个领域：第一个是干预行政。包括：①以维持公共安全、公共秩序为目的的秩序行政，如警察行政；②通过向私部门征收税费等，以取得国家所必需的财政收入的税务行政。[③] 第二个是提供纯公共物品的给付行政。[④] 有学者认为，司法、强制执行、警察与军事等本质上必须运用物理上强制力的国家任务，不容许私部门化。[⑤] 有学者认为，必须作成统一的事务的决定，诸如货币、公证、外交和度量衡等事务，为不容许私部门化的国家任务。[⑥] 前者的观点是基于干预行政的排除，后者的观点是基于纯公共物品给付行政的排除。

---

① 关于私部门化的界限问题，参见黄学贤：《中国行政法学专题研究述评（2000—2010）》，苏州大学出版社 2010 年版，第 64～65 页。

② 该条文已经于 1991 年 6 月 4 日废除。

③ 陈敏：《行政法总论》，台湾三民书局 1999 年版，第 12～14 页。

④ 杨欣：《民营化的行政法研究》，知识产权出版社 2008 年版，第 91 页。

⑤ 许宗力：《论行政任务的民营化》，载《当代公法新论（中）》，台湾元照出版社 2002 年版，第 595 页。

⑥ 陈爱娥：《国家角色变迁下的行政任务》，载《月旦法学教室》2003 年第 3 期。

## 三、判断标准

依据上述,私部门化有其界限,关于其界限目前并没有一个权威的判断标准,本书尝试从以下四个标准来判断:[1]

### (一)国家组织界限

德国联邦法院指出:"为国家安全所规定和平与秩序的权力,与其所确保的人民安全,是宪法之上的价值,与其他宪法价值具有同样位阶,而且不容抛弃,因为国家组织的制度乃是由其取得原本而且最终的正当性。"[2]依据德国联邦法院的见解,确保国家安全是国家垄断公权力的正当性基础,而国家组织事项的制度乃是国家垄断公权力取得原本而且最终的正当性,是典型的国家保留。[3] 国家的自我组织事项是指组成国家各种行政、立法、司法等机关涉及国家核心权力的行使,不能移转私部门。例如,我国的权力机关是全国人民代表大会和地方各级人民代表大会。全国人民代表大会是国家最高权力机关,地方各级人民代表大会是地方各级国家权力机关。国家行政机关、审判机关、检察机关都由人民代表大会产生,对它负责,受它监督。换言之,涉及国家机关组织权限的行使,此时必须由行政机关亲自行使。另外,马怀德教授主持的《行政程序法(建议稿)》第25条第2款规定:"涉及国计民生的重大行政立法权和行政决策权不得授出。"这也是国家组织界限的具体规定。

### (二)武力使用界限

从民主法治国家的观点来看,为了建立和平的社会秩序,要求人民自愿放弃武力,所以才有武力使用由国家独占行使原则。由国家独占武力强制力使用,例如军事、警察、刑罚、税务、海关、检疫和强制执行等行政任务中涉及武力强制力为后盾的行政任务。以警察行政为例,警察无论在行政管理中进行治

---

① 陈铭聪:《私人参与社会管理的法律问题》,http://www.ccln.gov.cn/zizheng/zhengcefagui/fljd/112305.shtml,最后浏览日期:2016年4月1日。

② BVerfGE 49 ,24(56f).转引自许宗力:《论行政任务的民营化》,载《当代公法新论(中)》,台湾元照出版社2002年版,第595页。

③ 许宗力:《论行政任务的民营化》,载《当代公法新论(中)》,台湾元照出版社2002年版,第595页。

安行政处置、治安行政处罚、治安检查监督、治安行政强制，还是在办理刑事案件中进行立案、侦查、强制措施、刑事执行，都不可避免会使用各种武力，这是警察代表公安机关行使国家权力所必需的。《人民警察法》第 7 条规定："公安机关的人民警察对违反治安管理或者其他公安行政管理法律、法规的个人或者组织，依法可以实施行政强制措施、行政处罚。"第 8 条规定："公安机关的人民警察对严重危害社会治安秩序或者威胁公共安全的人员，可以强行带离现场、依法予以拘留或者采取法律规定的其他措施。"警察行政任务的执行或警察职权的行使，原则上就应该由公安机关与人民警察进行。再以《人民警察使用警械和武器条例》为例，第 7 条、第 8 条对何种情形下使用警械，第 9 条对何种情形下使用武器，均作了明确的规定；第 10 条对何种情形下不得使用武器，第 11 条对何种情形下应当立即停止使用武器，均作了明确的规定。第 4 条规定，人民警察使用警械和武器，应当以制止违法犯罪行为，尽量减少人员伤亡、财产损失为原则。

再以行政强制为例，《行政强制法》第 20 条规定："依照法律规定实施限制公民人身自由的行政强制措施，除应当执行本法第十八条规定的程序外，还应当遵守下列规定：(一)当场告知或者实施行政强制措施后立即通知当事人家属实施行政强制措施的行政机关、地点和期限；(二)在紧急情况下当场实施行政强制措施的，在返回行政机关后，立即向行政机关负责人报告并补办批准手续；(三)法律规定的其他程序。实施限制人身自由的行政强制措施不得超过法定期限。实施行政强制措施的目的已经达到或者条件已经消失，应当立即解除。"

### (三)高危风险界限

高危风险的公共事业是否容许私部门化，必须进一步分析是否属于高危风险事业。关于高危风险分析涉及两个方面：一是对各种生产活动执行过程中可能存在或可能产生的高危风险对机组状态的影响及其后果进行分析；另一是对生产活动过程中的设备和工作环境中存在的高危危险来源进行分析。以核能灾害为例，1986 年发生在苏联乌克兰切尔诺贝利核电站的核泄漏事故，号称"史上最严重的核事故"，这次灾难所释放出的辐射线剂量是广岛原子弹的 400 倍以上，核辐射尘污染过的云层飘往众多地区，包括苏联的部分地区、西欧、东欧、斯堪的纳维亚半岛、不列颠群岛和北美东部部分地区。此外，乌克兰、白俄罗斯及俄罗斯境内均受到严重的核污染，超过 336000 名居民被迫撤离。依据苏联政府的报告，大约 60%遭受辐射尘污染的地区位于白俄罗

斯境内。这个核灾难大约损失总计两千亿美元(在计算通货膨胀之后),成为近代历史中最严重的灾难事件之一。[①] 从核电厂的兴建与管理来看,由于存在放射性物质释放到环境中而对公众产生危害的风险,因而核电厂安全的关注程度要比对常规电厂及其他新能源发电方式高得多,但是如果公私合作可能因为过于注重营利亏损而忽略公共利益的维护,有时候容易造成重大危机。为了保障核安全,核电厂在设计、制造、安装调试、运行及其退役中均依照纵深防御原则,采取保守的预防措施,因此运行核电厂的风险管理十分重要。以日本东京电力公司为例,作为全球最大的民营核电商,曾多次被曝隐瞒、篡改报告,已经引发严重谴责。[②] 尤其是在 2011 年 3 月 11 日,日本东北部海域发生里氏 9.0 级地震并引发海啸,造成重大人员伤亡和财产损失。东京电力公司被质疑贻误救援时机, 因担心可能让斥巨资建起的核电站毁于一旦,东京电力还在犹豫是否使用海水冷却反应堆,导致控制核电站危机的关键时机被延误。有关方面担心损坏值钱的电力资产,最终造成无可收拾的地步,最后成为历史上最严重的三大核事故之一。

### (四)微利界限

微利界限是指应保持微利的公共事业,例如水、电、煤气等关系群众切身利益的公用事业、公益性服务、自然垄断经营的商品和服务价格,由政府定价或实行政府指导价。我国《价格法》第 18 条规定:“下列商品和服务价格,政府在必要时可以实行政府指导价或者政府定价:(一)与国民经济发展和私部门生活关系重大的极少数商品价格;(二)资源稀缺的少数商品价格;(三)自然垄断经营的商品价格;(四)重要的公用事业价格;(五)重要的公益性服务价格。”

微利界限说的是一种事实上的公共财的概念。一般日常生活中我们所消费的商品或服务,大都具有独占性及排他性,称为“私有财”。相对的,则为公共财,其具有共享以及无法排他这两项特性。公共财不仅数量上不可细分,其所提供之利益也不易分割由个别消费者独占享有,故它必须整体提供,由两人以上的多数人联合消费。

---

① http://www.wreckedexotics.com/articles/011.shtml?%3F,最后浏览日期:2016 年 4 月 1 日。

② http://news.sina.com.cn/w/2011-04-10/030922264672.shtml,最后浏览日期:2016 年 4 月 1 日。

## (五)小结

关于私部门化的界限问题一直存在争议,甚至连最典型的国家保留任务,例如军队、法院乃至于警察事务,在历史上都曾经出现过私部门化的例子。当前我国正处在社会转型期,政府职能的转变和公部门人力的不足,公部门为完成其任务,借助私部门来完成,在现代行政实务上也屡见不鲜。因此,某项行政任务是否确属于国家保留的任务,必须视社会的整体需求,并对宪法以及所有合宪法的规范进行解释,方能加以决定。以上述四个界限作为私部门化的判断标准,仍然有不足之处,即使属于上述四个界限事项,也有私部门化的空间。例如,司法审判权本属于国家组织界限,但也有例外。例如我国《仲裁法》第 10 条规定:“仲裁委员会可以在直辖市和省、自治区人民政府所在地的市设立,也可以依据需要在其他设区的市设立,不按行政区划层层设立。仲裁委员会由前款规定的市的人民政府组织有关部门和商会统一组建。”《公证法》第 4 条规定:“全国设立中国公证协会,省、自治区、直辖市设立地方公证协会。中国公证协会和地方公证协会是社会团体法人。中国公证协会章程由会员代表大会制定,报国务院司法公部门备案。公证协会是公证业的自律性组织,依据章程开展活动,对公证机构、公证员的执业活动进行监督。”换言之,商务仲裁和公证制度等,因非属国家核心权力事项可以私部门化。再如,本属于国家独占武力的警察行政任务,可以再加以细分为是否涉及人身自由和武力行使,如果不是,则有私部门化的空间。例如,行政强制是以物理强制力为后盾的任务,而属于武力使用界限事项;若干强制执行,例如委托保管、代执行和拍卖,则可以移转私部门。[①] 再如,原本属于微利界限事项内应该保持微利的公共

---

① 但是《行政强制法》第 26 条第 2 款规定:“对查封的场所、设施或者财物,行政机关可以委托第三人保管,第三人不得损毁或者擅自转移、处置。因第三人的原因造成的损失,行政机关先行赔付后,有权向第三人追偿。”第 50 条规定:“行政机关依法作出要求当事人履行排除妨碍、恢复原状等义务的行政决定,当事人逾期不履行,经催告仍不履行,其后果已经或者将危害交通安全、造成环境污染或者破坏自然资源的,行政机关可以代履行,或者委托没有利害关系的第三人代履行。”第 48 条规定:“依法拍卖财物,由行政机关委托拍卖机构依照《中华人民共和国拍卖法》的规定办理。”第 52 条规定:“需要立即清除道路、河道、航道或者公共场所的遗洒物、障碍物或者污染物,当事人不能清除的,行政机关可以决定立即实施代履行;当事人不在场的,行政机关应当在事后立即通知当事人,并依法作出处理。”

事业，也可能因为法律、法规明文规定而可以私部门化，[①]或是因为情势的改变而允许移转私部门。[②]

# 第五节 救济问题

## 一、行政诉讼

《行政诉讼法》第26条第5款规定："行政机关委托的组织所作的行政行为，委托的行政机关是被告。"撤销诉讼是行政诉讼种类的一种，如果想要请求行政法院撤销或变更违法的具体行政行为，就要提起撤销诉讼。而违法的具体行政行为，依《行政诉讼法》第12条的规定，总共有十二种。[③] 在公私合作时，若不慎造成行政相对人的权利或利益受到侵害，行政相对人可以提起撤销

---

① 我国台湾地区"民营公用事业监督条例"第2条规定："左列各款之公用事业，除由'中央'或地方公营者外，得许民营：一、电灯、电力，及其他电气事业。二、电车。三、市内电话。四、自来水。五、煤气。六、公共汽车及长途汽车。七、船舶运输。八、航空运输。九、其他依法得由民营之公用事业。"

② 我国台湾地区"民营公用事业监督条例"第5条规定："公营事业经事业主管机关审视情势，认已无公营之必要者，得报由行政院核定后，移转民营。"

③ 分别是：1.对行政拘留、暂扣或者吊销许可证和执照、责令停产停业、没收违法所得、没收非法财物、罚款、警告等行政处罚不服的；2.对限制人身自由或者对财产的查封、扣押、冻结等行政强制措施和行政强制执行不服的；3.申请行政许可，行政机关拒绝或者在法定期限内不予答复，或者对行政机关作出的有关行政许可的其他决定不服的；4.对行政机关作出的关于确认土地、矿藏、水流、森林、山岭、草原、荒地、滩涂、海域等自然资源的所有权或者使用权的决定不服的；5.对征收、征用决定及其补偿决定不服的；6.申请行政机关履行保护人身权、财产权等合法权益的法定职责，行政机关拒绝履行或者不予答复的；7.认为行政机关侵犯其经营自主权或者农村土地承包经营权、农村土地经营权的；8.认为行政机关滥用行政权力排除或者限制竞争的；9.认为行政机关违法集资、摊派费用或者违法要求履行其他义务的；10.认为行政机关没有依法支付抚恤金、最低生活保障待遇或者社会保险待遇的；11.认为行政机关不依法履行、未按照约定履行或者违法变更、解除政府特许经营协议、土地房屋征收补偿协议等协议的；12.认为行政机关侵犯其他人身权、财产权等合法权益的。

诉讼。若公私合作发生上述十二种情形，人民法院可以受理行政相对人对上述具体行政行为不服所提起的诉讼。不过，应该以公部门为被告还是以私部门为被告，则视法律责任的不同而有所不同。

## （一）法定模式

在法定模式时，公私合作的执行是通过法律直接规定应为行为的构成要件，附加私部门公法上的私部门义务，以达将行政任务的执行责任私部门化的目的。因此，形式上义务人虽在执行其法律上的义务，实质上却是代为实现国家的行政任务，此时的私部门的法律地位如同公部门工作人员。《行政诉讼法》第 2 条规定："公民、法人或者其他组织认为行政机关和行政机关工作人员的行政行为侵犯其合法权益，有权依照本法向人民法院提起诉讼。"当公民、法人或者其他组织认因公部门或公部门工作人员的具体行政行为侵犯其合法权益，有权依照本法向人民法院提起诉讼。至于向哪个公部门提起行政诉讼，《行政诉讼法》第 26 条第 1 款规定："公民、法人或者其他组织直接向人民法院提起诉讼的，作出行政行为的行政机关是被告。"因此，必须视义务承担的法律规定来决定主管机关。以集会游行为例，《集会游行示威法》第 25 条第 2 款、第 3 款："集会、游行、示威的负责人必须负责维持集会、游行、示威的秩序，并严格防止其他人加入。集会、游行、示威的负责人在必要时，应当指定专人协助人民警察维持秩序。负责维持秩序的人员应当佩戴标志。"由该条文可知，在集会、游行、示威的主管机关是公安机关，因此，依《行政诉讼法》第 25 条第 1 款的规定，公民、法人或者其他组织直接向人民法院提起诉讼的，作出具体行政行为的公部门是被告，受到侵害的行政相对人应该以公安机关为被告。

## （二）授权模式

在授权模式时，合私合作的执行是指公部门通过授权行为将行政任务移转给私部门。授权模式在我国许多法律、法规、规章中都有明文规定。例如，《行政许可法》第 23 条规定的授权实施行政许可，[①]《行政处罚法》第 17 条规定的授权实施行政处罚。因此，在授权模式时，受到侵害的行政相对人是否可以提起行政诉讼，在 2015 年 5 月 1 日之前，受害者可以依据《行政诉讼法》第

① 《行政许可法》第 23 条规定："法律、法规授权的具有管理公共事务职能的组织，在法定授权范围内，以自己的名义实施行政许可。被授权的组织适用本法有关行政机关的规定。"

25 条第 2 款:“由法律、法规授权的组织所作的具体行政行为,该组织是被告。”不过,2015 年 5 月 1 日施行新的《行政诉讼法》,删除该条规定,日后发生公部门通过授权行为将行政任务移转给私部门时,受害者是以授权的组织为被告,还是授权的行政机关为被告的问题,有待解决。

### (三)委托模式

在委托模式时,公私合作的执行是指在公部门的请求下,或者依据公部门的指示,私部门采取辅助性质的活动。在此情况下,私部门并未独立从事行政任务的执行,而是在公部门的委托下从事辅助行为,并依照公部门的指示执行行政任务。相较于授权模式的私部门,行政委托下的私部门并不是独立活动的个体。《行政诉讼法》第 26 条第 5 款规定:“行政机关委托的组织所作的行政行为,委托的行政机关是被告。”

不过,在专家参与时,有别于一般的行政助手,虽然作出专业上的判断具有独立性,但并未对外发生效力,仅在机关内部,至于采用专家参与的判断与否,决定权在公部门。不过,若公部门采取了专家的判断,对外发生法律效力时,视同公部门自己的行为,因此,提起诉讼的对象应该是公部门,而不是专家个人。受害的行政相对人可以依《行政诉讼法》第 2 条的规定,对私部门、法人或者其他组织认为公部门和公部门工作人员的具体行政行为侵犯其合法权益的,有权依照本法向人民法院提起诉讼。并依第 18 条第 1 款的规定:“行政案件由最初作出行政行为的行政机关所在地人民法院管辖。”

## 二、民事诉讼

在私法模式的法律责任方面,因为公部门以私法关系(如委托或承揽)与私部门合作,而私部门是依照私法(如《民法通则》或《合同法》的相关规定)来处理,此时私部门的法律地位为受委托人或承揽人。在私法模式的情形下,公部门不解除原本承担的任务,而是以私法形式执行行政任务,仅涉及组织设计上利用的法律形式转变。但是,依据私法自治的精神,若行政相对人进行救济,则必须依照民事诉讼来进行,而非行政诉讼。《民事诉讼法》第 3 条规定:“人民法院受理公民之间、法人之间、其他组织之间以及他们相互之间因财产关系和人身关系提起的民事诉讼,适用本法的规定。”

另外,关于政府购买服务的救济模式,牵涉到合同外包的法律性质。合同外包纠纷的救济模式从西方国家的法律救济模式看,对合同外包纠纷的解决

主要通过行政法上的救济方式，具体制度表现为协商、仲裁或公部门内部裁决等司法外解决方法或通过司法途径。在英国，在不区别公法和私法争议的救济管辖体制下，合同外包纠纷全部由普通法院审理，但法院在审理案件时，适用不同于民事纠纷的法律。在法国，将合同外包视为广义的公共管理行为的一种，由此而产生的争议通过行政诉讼解决。在德国，作为一般规则，如果合同外包一方当事人不执行合同义务，也是通过向行政法院提起诉讼来解决合同执行问题。在我国，有学者认为，对合同外包纠纷的解决倾向于通过行政复议和行政诉讼途径，①本书倾向于把政府购买服务定位为私法关系，而事实上主张公法关系在我国也不切实际，因为《政府采购法》第43条明文规定："政府采购合同适用合同法。采购人和供货商之间的权利和义务，应当依照平等、自愿的原则以合同方式约定。"

## 三、竞争者诉讼

### （一）意义

若是国家的授益内容因国家给付能力有限，而仅具有单一垄断性，竞争者希望自己可以取代受益者已经获得的授益地位，则可以提起排挤竞争者诉讼，理论上应该合并提起撤销诉讼请求撤销公部门对受益者的授益决定，并提起课予义务诉讼请求公部门对提供自己授益的给付。其不仅是防御的、消极的竞争者诉讼，也是攻击的、积极的竞争者诉讼，而多数见解也主张单独通过课予义务诉讼并不能全然达到救济目的，必须合并另一撤销诉讼方可。例如：甲药局欲于A地区申请经营许可（法律规定A区限五家经营），而被公部门以该地区无法再容纳另一家为由而拒绝，甲药局认为其条件较A地区乙药局为佳，此时甲药局应先请求法院撤销公部门对乙药局之营业许可，并请求

---

① 其实，从根本上说，合同外包是行政主体在公共管理过程中，为推行行政政策、实现行政目标而采用的行政手段，其具有明显的行政性，它不同于行政主体以民事法人的身份与他人就民事权益订立的私法上的合同。虽然行政主体运用非权力性的合同进行行政行为，但是作为签约人一方的行政主体，其原有公权力主体的身份并未改变，仍具有单方对合同行使公权力的强制性特征。因此，对具有明显行政性的合同外包纠纷应该通过行政法途径进行解决。参见刘剑明：《政府提供公共服务的新模式：合同外包》，http://www.china.com.cn/xxsb/txt/2006-07/03/content_6263679.htm，最后浏览日期：2016年4月1日。

法院赋予公部门发给自己营业许可,如此方可满足甲药局欲于A地区经营的目的。此等竞争关系为替换关联性利益冲突状态,以有别于行政程序中当事人间目标自始相反,一方的积极形成利益与他方消极维持现状利益间相互冲突之反向性利益冲突状态,如建筑法上起造人与相邻人间自始利益冲突的关系。

## (二)在特许关系方面

在特许经营的法律责任方面,因为行政决定而受有利益者(下简称受益者)不利益的竞争者之间处于一种竞争关系,所进行的诉讼称为竞争者诉讼。竞争者诉讼并非行政诉讼法上的一种独立诉讼模式,乃是因应竞争者在多边法律关系中的救济需求,就现有诉讼模式所可能交互应用的一种上位概念。如果竞争者提起诉讼的目的,并非要求公部门积极授予利益,而仅是针对受益者所获得的授益或许可处分不服,理论上仅需提起撤销诉讼即可达成。此时所提的诉讼即是防御型的竞争者诉讼、消极的竞争者诉讼。例如:主管机关核准甲公交车业者延长行驶路线,致与乙公交车业者行使的路线重复,乙公交车业者认为,该核准决定违反有关确保各业者有均衡营运空间规定,请求撤销该核准决定,以确保自己之营运权。又假如竞争者提起诉讼之目的,乃在于希望自己也能获得如同其受益者一般同样的授益内容时,适当的诉讼模式应是课予义务诉讼,此时即属防御型的竞争者诉讼、积极的竞争者诉讼,例如:甲、乙、丙三家银行向主管机关申请于某地区营业,主管机关核准甲银行,乙、丙两家银行则遭驳回。[①]

## (三)竞争者间的法律关系

有关特许经营中关于最优申请人的甄审决定,仅最优申请人才可以与主办机关签订投资合同,此规定将对其他申请人造成排挤效果,此为经济行政法中典型的遴选与分配决定。[②] 当申请人数量超过国家事实上或政策上所欲或所能释出利益上限额时,则行政机关仅能依据评定基准从众多申请人中选择最优者以分配利益。在前述案件中,甲药局与乙药局间其成为最优申请人与高工局订约之目标一致,但受制于资源有限性,仅能于其中择一较优者签订投

① 程明修:《行政诉讼类型之适用——有关双阶理论、行政处分是否消灭之争议》,载《台湾地区本土法学》2006年第81期。

② 詹镇荣:《竞争者无歧视程序形成请求权之保障》,载《月旦法学》2006年第138期。

资合同，因此彼此间产生了排斥效果之竞争关系。于确定其间具竞争关系后，应视其他竞争者于该行政程序上之地位，以及是否得主张政府分配决定侵害其权益。此就本案中原告选择提起课予义务诉讼合并撤销诉讼，与行政诉讼的类型适用上具有重大意义，因为其实体判决要件上皆以原告需有权利或法律上利益受损害。若原告所提起的撤销诉讼在有胜诉判决之后，即有再重行甄审的机会，即属于有法律上利益，并不因原告不能请求直接递补为本案最优申请人，而认原告无提起本件诉讼的诉讼权能。[①] 评定最优申请人的决定对其他参与竞争的申请人产生排斥的效果，也就是其他申请人将因而失去与政府签订特许投资兴建及营运合同的机会，形同未获准授予签约的权利，乃对于权利及法律上利益的消极损害，其虽非该评定最优申请人决定的行政相对人，但为该决定效力所及，自可以依《行政诉讼法》的相关规定，对之提起撤销诉讼以资救济。[②] 本案两个判决皆肯认甄审决定对原告有权利或法律上利益的侵害，而有诉讼权能，其论述上是否周延、正确？

在排挤的竞争关系下，判断其他竞争者于行政程序上的地位，在解释上有两种可能：

第一，就竞争关系而言，每一个申请人可视为一个独立的行政程序，每个申请人既为自身申请程序的当事人，又同时为其他同业竞争者所进行的行政程序的利害关系人。在此种解释模式下，公部门必须对每一个申请人作成一独立的具体行政行为。就权利救济方面来看，未获分配的申请人则必须以利害关系人的地位向法院请求撤销公部门对同业竞争者之授益处分，而于有无诉权的判断上，保护规范理论即成为关键。

第二，在排挤竞争关系下虽有多数申请人，解释上所有的申请人皆为行政程序的当事人，即可直接以当事人地位请求法院撤销分配决定，而于诉权判断上，本于相对人理论，其诉权本受肯定而毋庸再求诸保护规范理论。[③]

上述判决论述似乎是采取第一种解释方式，认为原告乃立于利害关系人的地位，但是诉权的判断上其说理是否充足呢？此则涉及保护规范理论的内涵。

---

① 台湾地区台北“高等行政法院”2005 年诉字 752 号判决。

② 台湾地区“最高行政法院”2006 年判 1239 号判决。

③ 詹镇荣：《竞争者无歧视程序形成请求权之保障》，载《月旦法学》2006 年 138 期。

## (四)保护规范理论

原告于诉讼中应该具备的资格,其有何种权利可以主张,应该先求之于普通法律的规范,此乃于法安定性及确保“立法者的形成余地”的要求下。[①] 民主法治国家的立法机关被承认具有调停冲突的优先权,也就是立法机关于基本权利的拘束下,其于规范上塑造不可或缺的利益评价及归属,此便为学说上用以判断个人请求权存否或者诉讼权能是否具备保护规范理论的思考核心。[②] 依据保护规范理论的运用,在公部门如果依据公法法规负有职务上义务,而该职务义务不仅有保护公益,也兼具保护特定个人私益的目的,此时该公法法规始对于受规范者形成公法上权利。不过,具体法规是否兼具保护私部门利益的目的,除法规有明确规定者外,则有赖于对法规的解释,而对法规目的的探求往往无法仅从立法机关的主观意志推导,反而须由客观法体系的解释方能加以确定。而宪法所保障的基本权利虽然并非可以被优先援用作为请求权的依据,但是如果将其利用于保护规范以解释普通法律规范时,将可于调停权利冲突的范围内,发挥探求、支持权利或使权利价值明确化的功能。以我国台湾地区“促进民间参与公共建设法”为例,该法第 44 条第 1 项规定:“主办机关为审核申请案件,应设甄审委员会,按公共建设之目的,决定甄审标准,并就申请人提出之数据,依公平、公正原则,于评审期限内,择优评定之。”就该规范并未明确规定所有参与甄审决定之人,均有请求主管机关必须将之评定为最优申请人之权利,且从“促进民间参与公共建设法”的整体结构来看,也无法导出如此

---

① 立法者的形成余地是指在宪法的框架秩序下,借以表达在宪法中有许多事项并非事先已有所规范,并且有意区分各个不同领域区别其效力与意涵。而所谓宪法作为立法者的框架秩序可精确地表述如下:框架可被定义为宪法所命令与禁止之事项。宪法的命令规范(如基本权之主观给付功能)要求立法者必须为一定之行为,构成立法者的作为义务;而宪法的禁止规范(如基本权的防御面向功能)构成立法者的不作为义务。凡是宪法课予立法者的作为义务与不作为义务,即构成所谓的框架。凡是宪法既未命令立法者必须去做,但也不禁止立法者去做的事项,即属于框架内放任立法者自由决定之事项,立法者对此不负作为义务,也不负不作为的义务。因此,所谓立法者的余地,即可定义为宪法既未命令,亦未禁止,而放任立法者自由决定之事项。参见:《比例原则下的立法形成余地》,http://blog.yam.com/seawing15/article/13449663,最后浏览日期:2016 年 4 月 1 日。

② 程明修:《公私协力契约相对人选任争议,以“最高行政法院”2006 年度判字第 1239 号判决(ETC 案)之若干争点为中心》,载《月旦法学》2006 年第 138 期。

结论。[①]

有学者认为，立法者的意旨是授予公部门在决定甄审标准内可以裁量择优评定之，但不能仅仅基于公益维护，而要求一个公平、客观的甄审程序，应该进一步赋予参与甄审者可以在公部门的裁量权限内，要求提供一个没有瑕疵的公平客观评决的请求权。如于解释时加入平等权保障的内涵更可明确地承认本法保障甄审申请人有要求被平等对待的权利，公部门有义务提供一个公平以及机会均等的竞争管道。[②] 在此见解下，各竞争者应该立于平等权保障的基础上，对于未获甄审评定为最优申请人的竞争者，在无正当理由被主管机关差别对待时，即得通过无瑕疵裁量请求权，请求救济。

### （五）诉讼处理

由于竞争者诉讼于不同领域有不同的风貌，如何统合架构其分类于行政诉讼法上加以探讨，即具实益。若以诉讼目的区分，可分为防御型的竞争者诉讼与攻击型的竞争者诉讼。前者以提起此类诉讼的目的在于抗拒国家措施以达到防卫竞争者现有竞争地位之效果，故又称为竞争者防卫诉讼；后者以提起此类诉讼之目的在于通过国家措施的作成以排挤其他竞争者之现有地位。若依现有诉讼模式的适用区分，可以为消极的竞争者诉讼与积极的竞争者诉讼。前者指竞争者通过撤销诉讼排除国家对"其他竞争者"所提供授益内容的救济模式；后者指竞争者通过课予义务诉讼，要求国家对"自己"提供授益内容的救济模式。

竞争者诉讼一般发生在政府采购或政府特许经营的情形中，而特许经营一般都需要对外招标，由私部门（通常为厂商）申请参与，经由公部门（通常为主管机关）进行资格、综合评审后，决定由哪个私部门订立合同，参与该行政任务（通常为公共建设的建置与营运）。换言之，任何私部门都有获得订约的机会，也将造成其他私部门丧失参与的可能，其间具有彼消我长的互动关系，而产生相互竞争可能的事实状态。依据特许经营的精神，仅有最优的私部门才有资格与公部门签订特许经营协议，并参与兴建、营运。以此来看，私部门彼此间产生了排斥效果的竞争关系。

不过，依据我国《行政诉讼法》的规定和最高人民法院的司法解释，目前的行政诉讼类型包括：维持判决、撤销判决、执行判决、变更判决、确认判决和驳

---

① 詹镇荣：《竞争者无歧视程序形成请求权之保障》，载《月旦法学》2006 年 138 期。

② 程明修：《公私协力契约相对人选任争议，以"最高行政法院"2006 年度判字第 1239 号判决（ETC 案）之若干争点为中心》，载《月旦法学》2006 年第 138 期。

回原告诉讼请求判决等六种形式，并没有竞争者诉讼。因此，针对政府特许经营的诉讼依照现有诉讼模式来看，应该是合并提起撤销诉讼与课予义务诉讼。但行政诉讼模式的适用是否正确，除视竞争者提起诉讼的目的之外，仍须观察具体的法律关系加以判断。因为在多边法律关系下，如果仅以行政行为的形式观察，似乎无法有效深入检视此一行政现象的复杂利益结构，难以达成对多边法律关系的明确认识，以正确决定行政诉讼模式的适用。

# 公私合作的法律责任

本章主要是探讨在公私合作的过程中，若造成行政相对人的损害，公、私部门之间应该由谁来负责，以及负担何种责任。我国是采取公、私法二元区分的体系，行政任务本身即带有实现特定行政目的之性质，原则上属于公法管辖的领域。然而，因为其执行当时法律形式的不同，可能具有不同的法律属性。本来如何区分法律形式就不是一件容易的事，因为公部门有时候也会以私法形式来完成，如果再掺杂私部门作为任务执行主体的要素，则法律形式的区分就会更趋复杂。因为在私部门执行任务的过程中，如果造成行政相对人的损害，由此产生的损害赔偿事件究竟应该成立国家赔偿责任或民事侵权行为责任，则必须取决于任务执行当时的法律形式，以下分别说明加以研究。

## 第一节　法律责任概述

从责任的观点来看，当国家从传统的行政转变为合作的行政之后，在公私合作的模式之下，公部门应该如何应变。以下将从公部门的传统责任开始谈起，并进一步论述其监督责任，最后探讨赔偿责任问题。

### 一、传统责任

公部门责任的发生，必须先以违反义务为前提，而义务的产生基本上是由

法律所赋予的行政任务而来。公部门为达成此任务，必须基于任务所给予的权限设定的相关组织、程序、行为形式。故当公部门在执行行政任务的过程中出现违反相关法律、政策、原则时，公部门必须负担相关的法律责任。此责任可能包含抽象的政治责任和具体的法律责任。前者是因政治伦理与道德而生的责任，后者则是因法律上的担保与执行而生的责任。[①] 本书所欲探讨的公私合作的法律责任，是指公私合作过程中，公、私部门对行政相对人所负的法律责任。在法律责任的概念中，承认公部门在行政组织与行为形式皆有选择自由的前提下，公部门本身得借由私法组织与私法形式，并通过私法规范来执行行政任务，故可再将法律责任区别为公法责任与私法责任。

在传统的国家行政上，公部门依据法律规范所为的行政行为，基于因地制宜与权力分立的需求，无论是移转其他公部门或是以私经济主体的面貌出现，广义而言，都是以自身为完成任务的主体。因此，当公部门的作为违法或不当时，则必须由公部门负担责任。换言之，在传统行政任务的执行过程中，公部门是站在第一线的角色，直到结束都是由其单独完成，这是过去传统执行任务最主要的方式以及其所担任的角色，而最常见的责任模式则是国家赔偿责任或补偿责任。

依学者见解，依据福利国原则，国家对其国民负有生存照顾义务。执行生存照顾义务所必须执行的行政任务，包括亲自提供服务或完成公共设施的兴建，并不一定要由公部门亲自来完成，私部门也得参与提供。[②] 因此，当上述服务是通过公私合作来完成时，公部门应承担怎样的责任？当公私合作之后，公部门虽然可以解除其直接执行的责任，但这只是造成公部门角色的转变，并不能使公部门完全退出。换言之，公部门的角色也从“执行责任”转换到“担保责任”，而执行的内容也从干预行政转变成给付行政。为满足此种“担保责任”，国家必须建构出足以实现此种责任的规范结构，一方面要求确保私部门能够带来全面并符合质量的服务，以满足公共利益的需求，另一方面也必须要顾及私部门的利益，使公、私部门之间可以互享其利。因此，必须视公私合作的情形，设计出适当的介入手段，当私部门执行无法满足公共利益的需求时，

---

① 李震山：《论行政损失补偿责任——以行政程序法之补偿规定为例》，载台湾“行政法学会”主编：《损失补偿、行政程序法》，2005年版，第121～122页。

② 陈爱娥：《国家角色变迁下的行政任务》，载《月旦法学教室》2002年第3期；詹镇荣：《民营化后国家影响与管制义务之理论与实践——以组织私法化与任务私人化之基本型为中心》，载《东吴大学法律学报》2003年第1期。

公部门必须适时介入，以担保公共利益的实现。[①]

在公私合作的情形下，公部门在形式上仍然负有最后完成的责任，但只要进一步观察即可发现，公部门有时并不具备充分的专业知识，以及必要的人事与时间上的资源，因此使其无法审查私部门的执行是否符合要求，并加以修正。为了避免公部门对任务的执行丧失实质控制力，并且使私部门的执行能符合要求，公部门必须对私部门的行为内容、组织设计及程序进行上负有一定的监管义务。因此，即有必要创设相应机制来确保公部门在任务移转前后均可以发生作用，借此使其能够在将任务交由私部门后，对执行的过程和结果加以监督与控制。换言之，在公私合作的情形，基于正当性要求，公部门在将任务交由私部门执行时，必须考虑民主国原则、法治国原则、公益原则与权利保障原则的要求，创建一套制度，以确保从私部门的选择、执行任务的方式到执行后的监督发生损害时的赔偿责任均可以落实。

## 二、监督责任

传统的责任模式因为行政实务的需求、公部门角色的转变与法律规范的改变等，难以与公私合作的要求相呼应，所以借由学说的理解，将责任予以划分，一方面使得私部门可以清楚理解自己应当的作为，另一方面也明确公部门在此时应当负担何种责任。在公私合作下，公部门的角色从执行责任转变成监督责任，这是一种适用于公私合作模式的特别要求。在此模式下，公部门并不仅是如传统般负担执行责任，还需要负担监督责任，而监督责任的内容又可以分为担保责任和介入责任，以下分别说明之。

### （一）担保责任

担保责任是指公部门以担保人的身份，伴随相关因公私合作而产生的责任，并适时加以控制，以确保其不被其他社会权力集团所滥用，促进公私合作

---

① Gunnar Folke Schuppert, Jenseits von Privatisierung und "schlankem" Staat: Vorüberlegung zu einem Konzept von Staatsentlastung durch Verantwortungsteilung, in: Christoph Guzy(Hg.), Privatisierung von Staatsaufgaben: Kriterien-Grenzen-Folgen, 1998, S.91—93.

所欲追求的目标能够实现。[①] 换言之，公部门必须负起担保公私合作的合法性，尤其是积极促进公益实现和增进公共福祉的责任。[②] 因此，公部门的角色从第一线的执行者角色转变为退居幕后的担保者角色，通过不同的方式给予私部门协助，包括通过自身的专业协助或提供咨询，或是通过各种方式以帮助私部门完成任务。综合来看，首先，公部门必须制定适当的保护规范对私部门利益加以保障，以平衡公益与私益的冲突；其次，公部门通过各种监督，随时控制私部门；最后，当私部门无法顺利完成时，公部门必须通过各种必要措施加以协助，使其得以顺利完成任务。

以政府特许经营为例，当民间业者参与公共建设任务的执行时，政府就必须担保任务有被真正执行。因此，政府与民间业者间的内部关系是通过程序担保、竞争担保、执行担保三者间交互影响实现外部担保的目标。但是，在长期的合作关系中，当民间业者失灵或发生紧急情况时，政府本于监督权的行使，为改善公共建设的兴建与营运状况，担保公共建设的营运不中断，在必要时可以介入兴建、营运，在符合法定要件的前提下，甚至可以予以强制接管。以联邦德国为例，为了因应欧洲化的结果，发展担保国家理论，提出了国家担保责任，落实《政府采购法》与《行政程序法》，并提出合作行政的概念。公共建设的兴建与营运，本质上就是国家向民间业者进行大量财物与劳务采购的一种表现。民间业者参与公共建设与传统国家推动公共建设不同之处，是国家的采购行为由“钱财交易”转换为“钱权交易”而已，故其本质仍为国家的采购行为。因此，预算的效能原则与公平竞争原则应该被遵守。同时，政府应确保该公共任务确实有被执行，政府与民间业者在合作关系中尽可能立于平等地位，共同对公共建设为意见交换，共同决定合作的内容，以及彼此之间的权利义务关系。[③]

### (二)介入责任

介入责任是指当私部门无法顺利达成任务或是失去控制时，公部门可以

---

① 许宗力：《论行政任务的民营化》，载《当代公法新论(中)》，2002年版，第581、606页；黄锦堂：《行政任务民营化之研究》，载《行政组织法论》，2005年版，第172～174。

② 詹镇荣：《民营化后国家影响与管制义务之理论与实践——以组织私法化与任务私人化之基本型为中心》，载《东吴法律学报》2003年第1期。

③ 叶秀云：《业者参与公共建设之国家担保责任与强制接管》，台湾国防大学管理学院法律学系2010年硕士论文。

采取相应的措施加以纠正或介入，但是，此责任的建构并非仅是为私部门设定框架，而是因应公私合作的需求，设计依其情形适当的介入手段，在私部门给付不足而无法满足公益的要求时，公部门必须介入以确保公益的实现。①

以特许经营为例，当私部门在特殊情况下已无法完成公共建设的兴建营运时，则由公部门强制接管，使兴建营运得以不受中断。② 在公私合作时，私部门虽成为行政任务的执行者，但这并不等同于公部门的全面放手，公部门对社会福祉的维护仍负有义务，适度的管制措施是不可或缺的。换言之，公部门除了应当负责担保责任内涵的实现，如监督给付不中断、公平竞争的促进、公共利益的维护等担保、权利义务的保障等责任，当有损害重大公共利益的事件发生或造成紧急危难之虞时，公权力需要强制介入，以维持公共建设继续营运及整体的公共利益，这就是强制接管的目的。

强制接管的要件包括：施工进度严重落后、工程质量重大违失、经营不善或其他重大情事发生。所称施工进度严重落后，指未于投资合同所定的期限内完成工程，或建设进行中，依客观事实显然无法于投资合同所订期限内完成工程者。所称工程质量重大违失，指工程违反法令或违反投资合同之工程质量规定，或经主办机关与民间业者双方同意的独立认证机构认定有损害公共质量的情形，且情节重大者。所称经营不善，指民间业者营运期间，于公共安全、服务质量或相关管理事项上违反法令或合同者。强制接管是公部门监督管理私部门行为中最强烈的手段，就情况紧急、迟延即有损害重大公共利益或造成紧急危难之时，以公部门单方的意思表示，通知接管的决定，对外直接发生法律效果的行政行为，所以强制接管是法律直接赋予公部门的权利，非合同所生的权利。强制接管后的经营管理权问题与接管后的原私部门人员权益的问题，是强制接管营运重要的议题，因此，强制接管后的经营管理必须要有事先的规划，否则接管营运后状况可能会更加严重。

---

① Gunnar Folke Schuppert, Jenseits von Privatisierung und "schlankem" Staat: Vorüberlegung zu einem Konzept von Staatsentlastung durch Verantwortungsteilung, in: Christoph Guzy(Hg.), Privatisierung von Staatsaufgaben: Kriterien-Grenzen-Folgen, 1998, S.91－93.

② 参见台湾地区"促进民间参与公共建设法"第 52 条、第 53 条的规定。

## 三、赔偿责任

### (一)赔偿原因

公部门要负担国家赔偿责任。首先,要有人的因素,即公务员故意、过失或怠于执行职务造成行政相对人的损害时,应该成立国家赔偿要件,具体包括以下要件:

第一,必须是执行职务行使公权力的行为。所谓职务行为,是指公务员基于职务所执行的行为,而该职务行为必须属于行使公法上的公权力,如具体行政行为、行政命令及公法上合同。因此,判断是否属于执行职务行使公权力行为,须以公法与私法的区分为准,公法才属于国家赔偿的范围。

第二,必须有不法之行为。国家赔偿法的不法行为,区分违反依法行政原则及违反职务义务行为两种。公务员执行职务时,应以法令为依归,并应注意非依法规,不得任意限制人民的权利。在依法行政原则下,公务员有合乎权限及程序规定义务、遵守裁量义务,凡违反前述依法行政义务,即可能构成国家赔偿责任。另外,职务义务的产生,有因法令规定而产生,有因长官口头命令、具体的任务分配而产生,如因违反这些职务义务而对人民权益造成损失,也属于国家赔偿法所称的不法行为。

第三,必须有故意、过失或怠于执行职务。故意是指公务员有认知并有意使其发生。过失则指公务员应注意而不注意,因而违反职务义务。怠于执行职务是指公务员因消极不作为,使人民自由权利遭受损害。然后,必须探讨相关的法律责任归属,即由公部门或私部门承担法律责任?这又涉及《国家赔偿法》或《侵权责任法》的适用问题?《国家赔偿法》第2条规定:“国家机关和国家机关工作人员行使职权,有本法规定的侵犯私部门、法人和其他组织合法权益的情形,造成损害的,受害人有依照本法取得国家赔偿的权利。”《侵权责任法》第6条规定:“行为人因过错侵害他人民事权益,应当承担侵权责任。”在公私合作之后,私部门取代公部门而实际执行行政任务,若造成行政相对人损害时,公部门负担国家赔偿责任或私部门负担侵权责任。从上述的规定可以得知,公私合作的法律责任问题,必须先界定私部门是否属于“国家机关和国家机关工作人员”或“行为人”。如果属于前者,则适用《国家赔偿法》;如果属于后者,则适用《侵权责任法》。

## (二)自己责任

自己责任是指公务员代表国家行使公权力时,其人格为国家所吸收,其行为即为国家的行为,因此行为所生之效果无论是合法或是违法,均直接归属国家。公务员为违法行为时,国家以自己责任赔偿行政相对人的损害,该责任的成立并不以公务员个人赔偿责任成立为前提,故无论是公务员行为有无故意或是过失,国家皆应负损害赔偿责任。例如,《国家赔偿法》第 7 条第 4 款规定:"受行政机关委托的组织或者个人在行使受委托的行政权力时侵犯私部门、法人和其他组织的合法权益造成损害的,委托的公部门为赔偿义务机关。"由于采自己责任的结果,大多是由结果不法来认定违法性,从行为所生的结果是否为法规所容许作为判断基础,人民无须举证加害行为出自于过失,国家或公务员也不可以举证证明无过失而免责。在此情况下,责任主体是国家,公务员对于行政相对人并无直接的责任,公务员的责任则从国家内部关系作处理,但因国家是为自己行为负责故而并无由公务员负担最终责任的问题。[①] 采取自己责任的好处是,私部门勇于执行,无所畏惧,增加行政效率;缺点是容易造成私部门滥权,若造成行政相对人或第三人权益的损害时,完全由国家负担赔偿责任,容易造成国家财政的负担。

不过,要加以区别的是执行责任并非是自己责任,成立自己责任的前提是公部门自行从事特定行政任务,而非将任务给予他人执行,因此责任由自己承担,并无内部求偿问题。这属于传统国家行政最典型的行政模式,执行任务都由行政机关本身为之。而在执行责任,公部门在负担国家赔偿责任之后,对于私部门仍然有内部的求偿权,例如,我国《国家赔偿法》第 14 条规定:"赔偿义务机关赔偿损失后,应当责令有故意或者重大过失的工作人员或者受委托的组织或者个人承担部分或者全部赔偿费用。"

## (三)代位责任

代位责任是指当公私合作时,造成行政相对人或第三人的损害的,由公部门负担赔偿责任,而非由私部门负担。代位责任是指执行职务行使公权力的公务员或受委托行使公权力的团体或个人,其执行职务之人因故意或重大过失不法侵害人民的自由或权利,及公共设施因设置或管理有欠缺致人民受损

① 董保城、湛中乐:《国家责任法——兼论大陆行政补偿与行政赔偿》,台湾元照出版社 2008 年版,第 44 页。

害，就损害原因有应该负责任之人时，赔偿义务机关于赔偿人民的损害后，可以要求那些应负责任的人偿还赔偿的金额。因为损害既是他们的行为所造成，国家于被害人的损害赔偿后，可以向这些责任真正的归属者求偿，如此才符合公平正义的原则。

以《民法通则》为例，第 121 条规定："国家机关或者国家机关工作人员在执行职务中，侵犯私部门、法人的合法权益造成损害的，应当承担民事责任。"再以《国家赔偿法》为例，第 2 条规定："国家机关和国家机关工作人员行使职权，有本法规定的侵犯私部门、法人和其他组织合法权益的情形，造成损害的，受害人有依照本法取得国家赔偿的权利。"另外，第 5 条规定："行政机关工作人员与行使职权无关的个人行为，国家不承担赔偿责任。"分析上述三个条文，成立国家赔偿责任的构成要件如下：①行为人须为公务员；②须为执行职务行使公权力之行为；③须行为违法；④须行为人有故意或过失；⑤须人民的自由或权利受到侵害；⑥违法之行为与损害的发生有相当因果关系。

采取国家代位责任，优点是公务员在执行任务时会谨慎小心，减少对行政相对人或第三人权益的损害，即使发生损害时，也由国家先承担赔偿责任，事后保有对公务员的求偿权；缺点是容易造成公务员存有多做多错，少做少错，不做不错的错误心态，导致公务员不能依法行政或消极地怠于执行职务，因而导致社会大众权利受损。

## 第二节　公法上的法律责任

### 一、法定模式的责任

国家通过法律直接规定公私合作的构成要件，赋予私部门公法上的义务，以达将行政任务的执行移转到私部门的目的。因此，形式上虽然是由私部门执行其法律上的义务，实质上却是代公部门实现行政任务。[①] 以《集会游行示威法》为例，该法第 25 条第 2 款、第 3 款规定赋予集会、游行、示威的负责人必

① 詹镇荣：《无偿性通讯监察设备设置义务之合宪性疑义》，载《月旦法学》2000 年第 64 期。

须负责维持集会、游行、示威的秩序的义务。若负责人在执行法律规定所赋予的行政任务时,其身份犹如执法的公务员,因此,依照《国家赔偿法》第 2 条的规定,"国家机关和国家机关工作人员行使职权,有本法规定的侵犯公民、法人和其他组织合法权益的情形,造成损害的,受害人有依照本法取得国家赔偿的权利。本法规定的赔偿义务机关,应当依照本法及时执行赔偿义务"。私部门因故意或过失而侵害行政相对人的自由或权利者,或是公部门于选任时未尽其注意义务,或是为错误的指挥,其法律效果都直接归属于公部门,成立国家赔偿责任。

换言之,私部门作为辅助人为实质意义的公务员,无论公部门在选任辅助人或指挥监督有无过失,均成立国家赔偿责任,因而私部门因故意或过失而侵害行政相对人的自由或权利者,其效果直接归属于公部门,公部门应负国家赔偿责任。因此,受到侵害的行政相对人可以直接依《国家赔偿法》第 7 条第 1 款的规定向公部门请求赔偿,以图 4-1 表示:

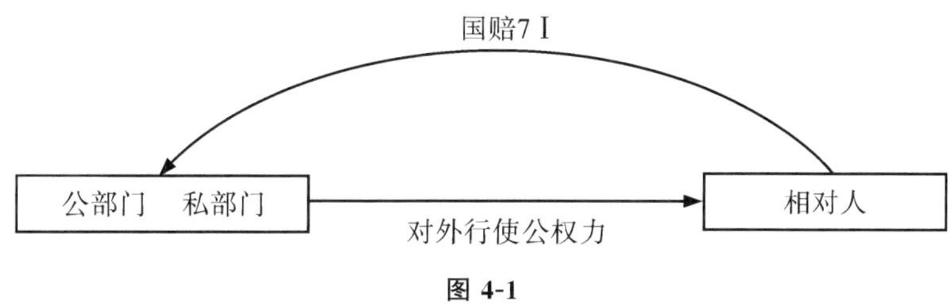


**图 4-1**

## 二、授权模式的责任

在授权模式的情形下,公部门基于法律的授权将特定的行政任务移转给私部门,公部门不再负责执行,借由将特定行政任务的移转,以减轻公部门人事或财政的负担。由于授权模式是公部门将所承担的行政任务完全一次性移转给私部门,公部门从此不再参与行政任务的执行,而私部门则是自行完成行政任务。授权模式的特色在于私部门是以自己名义对外独立行使公权力,完成一定的行政任务,也就是并非单纯地将行政任务的执行移转私部门,尚且还包含权限移转,使其可以立于行政主体的地位,独立行使公权力,具有实质公部门的地位。就其本身自主独立行使公权力这一点,与后述的委托模式有所区别,而可以对外以其自己名义行使公权力,诸如作出具体行政行为等,则又与后述的私法模式有所不同。

在授权模式的情形下，公部门既已移转原本所承担的行政任务，其对该任务的实现即丧失直接控制的可能性，私部门必须以自我负责的方式完成由公部门所承担的任务，而公部门从执行责任转成担保责任。担保责任是指公部门虽然不亲自执行该当任务，然而其仍应确保该任务以符合公益的方式被私部门执行。就此，公部门可以借由建构框架性的法律秩序或提供经济上诱因等方式，担保并促使私部门以符合公益的方式，来执行原本由公部门所承担的任务。[①]

私部门在授权范围内具有公部门的地位，依《国家赔偿法》第 7 条第 3 款的规定，“法律、法规授权的组织在行使授予的行政权力时侵犯私部门、法人和其他组织的合法权益造成损害的，被授权的组织为赔偿义务机关”。该私部门就该授权的事务范围内享有独立于公部门的地位，并享有执行权限。因此，造成行政相对人的损害赔偿时，依据该条规定，行政相对人仅能向私部门负赔偿责任，因为该私部门是以自己名义实施具体行政行为，并自负其责，与公部门无涉，其间关系以图 4-2 表示：

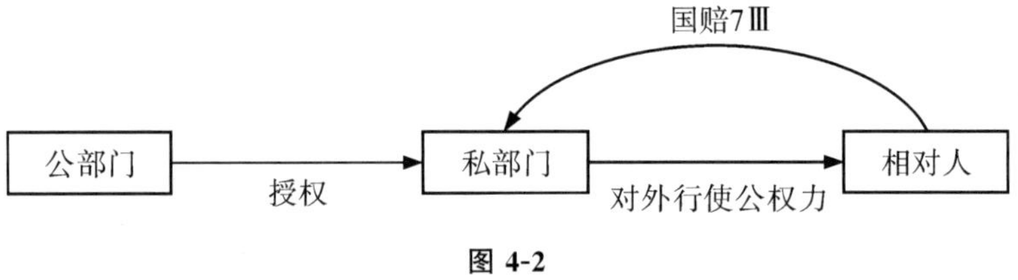


**图 4-2**

## 三、委托模式的责任

### (一)行政助手

行政助手的特色在于该等私部门并非以自己之名义独立对外行使公权力，而是依行政机关指令而执行职务，也就是对外行使公权力者仍是公部门本身的公务员，私部门仅仅是公部门自己行为的延长。就行政任务的执行而言，其意思决定并不具有决定性的地位，而是在公部门的请求下或者依据公部门的指示，采取辅助性质的活动。在此情况下，私部门并未独立从事行政任务的执行，而是在公部门的委托下从事辅助行为，并依照公部门的指示来执行行政

① 张桐锐：《合作国家》，载《当代公法新论(中)》，台湾元照出版社 2002 年版，第 576 页。

任务，相较于授权模式是自己执行任务的主体，行政助手则不是独立活动的个体。

关于行政助手的责任问题，因为私部门并非以自己的名义独立执行任务，而是依公部门的指示而执行，被视为"公部门延长的手"，其行为只是公部门自己行为的延伸，与公部门自己为公权力行使相同。德国学界认为，行政助手行为的效果归属于所协助的公部门，其协助公部门完成任务，只要该协助行为具有公法性质，因而造成他人损害者，成立国家赔偿责任。[①] 若是公部门在选任行政助手时未仔细选任，或为错误的指示，因而造成行政相对人权益受损时，是否成立国家赔偿责任？

例如，汽车驾驶人违规停车时，交通警察或依法令执行交通稽查任务人员可以于举发其违规后，使用民间拖吊车拖离之。[②] 交通警察的举发违规停车并决定将该车拖离，乃是执行其法定勤务，民间拖吊车业者是依交通警察的指示执行拖吊，是协助交通警察执行拖吊违规停车的行政任务，并非独立执法的公务员，仅属于行政助手。但是若因其过失而导致所拖吊的车辆毁损，车主是否可以向公安机关请求国家赔偿，不无疑问。

如前所述，行政助手的行为是辅助行政行为，其法律效果应归属所辅助的公部门，而且行政相对人与公部门间所生之外部法律关系并不受行政助手与公部门间委托行为的法律方式、辅助行为是否具独立性或公部门对行政助手的支配可能性影响；对第三人而言，具重要意义应是行政助手以协助者的地位而参与行政任务执行。[③] 因此，行政助手于协助执行行政任务时，若故意、过失不法侵害行政相对人的权益，公部门对被害的行政相对人即应负国家赔偿责任。

关于行政助手的赔偿责任，学界的见解并不一致。有学者认为，行政助手人即为公部门自己行为的延伸，也就是为公部门自身的行为，因而，选任是否恰当、下达指令是否错误等，公部门本应负赔偿之责，似无必要借行政助手的选任作为判断国家赔偿责任的基础。[④] 有学者认为，行政助手的选任是否恰当、下达指令是否正确，均不影响行政助手即公部门公务员的化身，公部门自

① Giemulla/Jaworsky/Müller-Uri, Verwaltungsrecht, 6. Aufl. 1998, Rn. 113.

② 参见台湾地区"道路交通管理处罚条例"第56条第2项规定："前项情形，执行勤务警察于必要时，并得令汽车驾驶人将车移置适当处所；如汽车驾驶人不予移置或不在车内时，由该执行勤务之警察为之，并得收取移置费。"

③ Wolff/Bachof/Stober, Verwaltungsrecht, Bd. 2, 6. Aufl., 2000, § 67, Rn. 61.

④ 李建良：《因执行违规车辆拖吊及保管所生损害之国家赔偿责任——兼论委托公民行使公权力之态样与国家赔偿责任》，载《中兴法学》1995年第39期。

应就行政助手所为之行为概括承受,也就是应由公部门负国家赔偿责任。[①]

有学者认为,关于行政助手与公部门间的内部关系是公法关系或私法关系存有争议,不过,行政助手故意或过失而侵害私部门之自由或权利者,无论其内部关系是公法关系或私法关系,均不会影响外部关系(公法上损害赔偿请求权)的认定,其法律效果直接归属于国家,成立国家赔偿责任。[②] 有学者认为,公部门对行政助手的选任及指挥监督有欠缺,导致行政相对人因为行政助手的行为受有损害时,即是公务员应该负责的行为。[③] 有学者认为,须视公部门能否选任行政助手,以及指挥时有无过失,或者选任及指挥行政助手有无尽应尽的注意义务,以决定是否成立国家赔偿责任。[④]

若依前述两位学者的见解,假如公部门能证明其对于行政助手的选任、指挥无过失时,公部门似乎不负国家赔偿责任。本书认为,决定是否由公部门负国家赔偿责任的标准并非在于行政助手的法律地位,而是其行为的性质和法律效果的归属。因此,国家赔偿法中的公务员与公务员法制的公务员的范围并非一致,前者范围较宽,是以功能取向,重在行政任务的执行;而后者范围较窄,重在公务员的职位。所以,当行政助手协助公部门执行任务时有故意、过失不法侵害行政相对人权益的情形,尽管公部门能证明其对于行政助手的选任、指挥无过失时,被害的行政相对人仍然可以依《国家赔偿法》的相关规定,向公部门提出国家赔偿的请求。

虽然行政助手不像授权模式有自主决定的空间,但也涉及公权力行使,应成立国家赔偿责任。不过,如何适用《国家赔偿法》,法律责任关系涉及两个面向。一个面向是私部门与行政相对人之间,此时私部门涉及公权力行使视为公部门的工作人员,因此适用《国家赔偿法》第7条第1款规定,公部门及其工作人员行使行政职权侵犯私部门、法人和其他组织的合法权益造成损害的,该公部门为赔偿义务机关。另一个面向是私部门与公部门之间,公部门为委托方,因此适用《国家赔偿法》第7条第4款的规定,受公部门委托的组织或者个人在行使受委托的行政权力时侵犯私部门、法人和其他组织的合法权益造成损害的,委托的公部门为赔偿义务机关。以图4-3表示:

---

① 董保城、湛中乐:《国家责任法》,台湾元照出版社2008年版,第71页。

② 程明修:《行政法之行为与法律关系理论》,台湾新学林出版股份有限公司2005年版,第441页。

③ 陈敏:《行政法总论》,自刊,2004年版,第1114页。

④ 廖义男:《国家赔偿法》,自刊,1998年版,第27页。

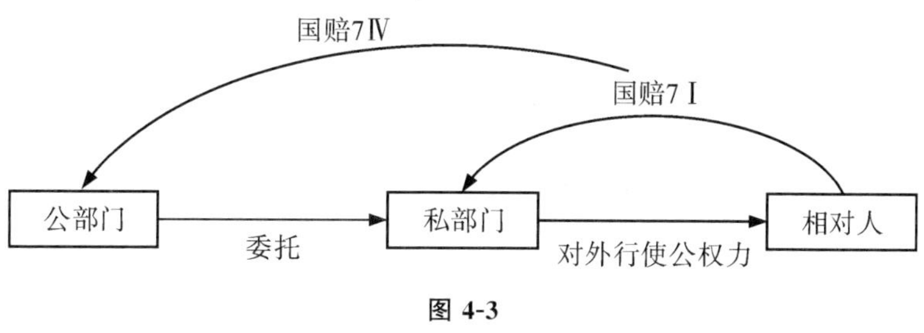


图 4-3

## (二)专家参与

专家参与是指公部门就有关行政任务在技术层面的决定交由来自私部门的专家独立进行判断,之后再依据专家的判断,以公部门的名义作成最后决定。专家参与和行政助手最大的不同,在于其不受公部门的指挥监督,而是独立进行判断;与授权模式不同,乃在于其判断并非是最终结果,也对公部门无法律上的拘束力。专家参与通常仅是公部门在做决定前的内部准备程序,然而,专家参与所涉及的行政任务都涉及专业性与技术性,公部门对于专家所作成的决定极少推翻,不仅是拥有名义上独立性,且具有实质上的影响力。以环境影响评价为例,《环境影响评价法》第 21 条第 2 款规定:"建设单位报批的环境影响报告书应当附具对有关单位、专家和公众的意见采纳或者不采纳的说明。"可见专家参与在环境影响评价的重要性。

行政任务的执行必须基于公益原则,所涉及的决定涉及专业性与技术性,公部门无法亲自为之时,可以交由具有专业知识的专家来参与,此时专家只是作为公部门的意见提供者,并非代替公部门执行行政任务。因此,此时专家可以视为公部门的工作人员一部分,因此适用《国家赔偿法》第 7 条第 1 款规定,公部门及其工作人员行使行政职权侵犯公民、法人和其他组织的合法权益造成损害的,该公部门为赔偿义务机关。以图 4-4 表示:

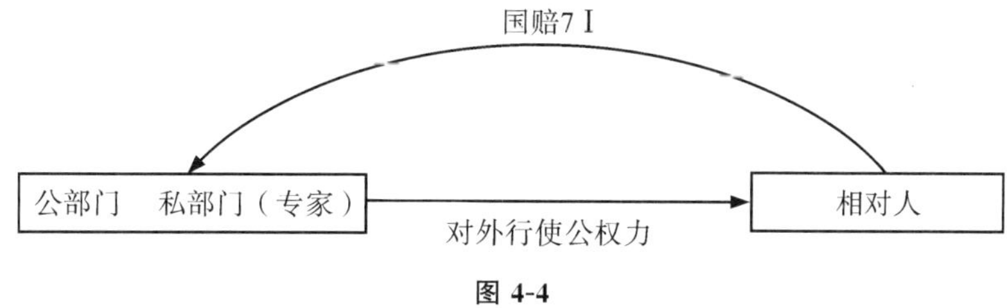


图 4-4

# 第三节　私法上的法律责任

私法上的法律责任认定争议最大，例如，公部门为完成某项公共建设，与私部门业者签订承揽合同，借助私部门完成该工程，若在施工期间对行政相对人造成损害，其责任归属？其应成立国家赔偿责任或民事侵权责任？这在司法救济上也面临难题。若无特殊的法律规定时，究竟应该循民事诉讼途径来救济，还是循行政诉讼救济途径来救济？

## 一、私法模式的性质

关于私法模式，其法律责任的界定在于属于私部门的行为还是公部门的行为。如果是私部门的行为，则应依《民法通则》第 106 条第 2 款的规定，“公民、法人由于过错侵害国家的、集体的财产，侵害他人财产、人身的，应当承担民事责任”。另外，依《侵权责任法》第 6 条的规定：“行为人因过错侵害他人民事权益，应当承担侵权责任。根据法律规定推定行为人有过错，行为人不能证明自己没有过错的，应当承担侵权责任”。若为公部门的行为，则视为职务侵权行为。依《民法通则》第 121 条的规定，“国家机关或者国家机关工作人员在执行职务中，侵犯公民、法人的合法权益造成损害的，应当承担民事责任”。该条规定是《宪法》第 41 条所规定的国家赔偿的具体化体现。《最高人民法院关于贯彻执行〈中华人民共和国民法通则〉若干问题的意见（试行）》第 152 条对此做了进一步的明确规定：“国家机关应当承担民事责任。”这种侵权责任，在国外的立法例中多称为“公务侵权责任”。侵权行为的行为人是国家机关或其工作人员，侵权行为是国家机关或其工作人员在执行职务中所为，侵权行为违背了国家机关或其工作人员执行职务所负有的注意义务。国家机关或其工作人员执行职务致人损害的侵权责任，适用无过错原则归责，受害人只需举证证明侵害行为的存在和损害事实的发生二者之间有因果关系，而国家机关不能证明其有免责事由。

不过，公部门并未失去其作为公法主体的特性，即使采取私法模式与私部门合作或直接交由私部门完成行政任务，也不能完全享有私法自治的自由，尚须遵守公法的拘束。换言之，公部门仅仅将“执行”转移给私部门，并未将“权

限”移转给私部门。此时，公、私部门之间并未有权限移转的过程。在此意义下，权限呈现的是一个静止的状态，在私法模式的情形下，是指公部门不解除原本承担的任务，而是以私法模式完成行政任务的执行，仅涉及利用的法律体系不同。

## 二、私法模式的责任

### （一）民事侵权责任

依德国学界通说，私法模式特色在于，因为公、私部门之间是属于私法关系，并不具有高权行为的性质，因此，公部门与私部门、私部门与行政相对人、行政相对人与公部门之间皆属于私法关系，所发生的损害赔偿责任问题很难以国家赔偿责任处理，[①]而是应该通过民事侵权责任法理来解决。例如《侵权责任法》第 6 条规定：“行为人因过错侵害他人民事权益，应当承担侵权责任。依据法律规定推定行为人有过错，行为人不能证明自己没有过错的，应当承担侵权责任。”第 35 条规定：“个人之间形成劳务关系，提供劳务一方因劳务造成他人损害的，由接受劳务一方承担侵权责任。提供劳务一方因劳务自己受到损害的，依据双方各自的过错承担相应的责任。”以这两条规定来加以处理，以图 4-5 表示：

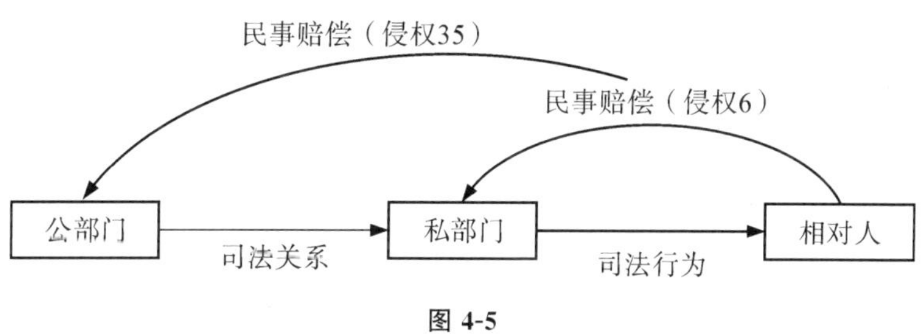


**图 4-5**

德国联邦法院的见解也有分歧。早期联邦法院的基本立场认为，公部门与私部门所签订的私法合同（通常为委托合同或承揽合同），该私部门在履约过程中享有相当大的自主空间，本于自己意思而从事活动，公部门难以产生相

① 李建良：《因执行违规车辆拖吊及保管所生损害之国家赔偿责任——兼论委托公民行使公权力之态样与国家赔偿责任》，载《中兴法学》1995 年第 39 期。

当的影响力，在性质上属于私法行为，不成立国家赔偿责任，由该私部门承担民事侵权责任。[①] 例如，民间业者修筑高速公路所产生的有害尘埃灰屑、民间业者与行政机关协议装置道路上的交通号志而产生的车祸、民间业者与行政机关协议负责交通号志的维修而导致第三人损害、民间业者与行政机关协议营建公共设施致第三人损害等，联邦法院均认为行政机关不负赔偿责任。[②]

不过，这样的观点不仅完全不考虑私部门在公法上的地位，同时也无视私部门所实施者仍然具有高权性质的执行行为，公部门如何能通过私法合同让私合作部门参与？再者，因为受制于两者间仅存在私法关系，而失去了国家赔偿责任成立的可能性，对于行政相对人保护似乎不周，也违反权利保障原则。

## （二）国家赔偿责任

德国联邦法院之后改采“工具理论”，以私部门是否实质上失去自主的程度，而受政府支配执行国家任务的工具为判断标准。若私部门所从事的活动是受公部门一定程度的指示或影响，甚至完全受其指挥，以致如同公部门执行职务的工具，[③]借此修正在私法模式下，公部门故意松懈监督，借此遁入私法，规避其赔偿责任，极不合理。

在工具理论之下，私部门的行为应视同公部门自己的行为，公部门应负赔偿责任。“工具理论”的基本想法在于对任何损害事件发生具有支配地位之人，就是应负责之人；当公部门具有支配地位，私部门仅仅是公部门执行任务的工具，故公部门应负损害赔偿责任。

德国联邦法院在随后的判决中针对工具理论进行修正，并提出以下三个新的判断标准：

1.私部门所完成的任务具有极高强度的高权性质；

2.私部门所为的行为和公部门的高权行为存在紧密的结合关系；

3.私部门在履约过程中自主空间极为有限。[④]

上述即为修正的工具理论，或称“内外紧密关联理论”，认为私部门所办理

---

① 董保城、湛中乐：《国家责任法》，台湾元照出版社 2008 年版，第 73 页。

② 李建良：《因执行违规车辆拖吊及保管所生损害之国家赔偿责任——兼论委托公民行使公权力之态样与国家赔偿责任》，载《中兴法学》1995 年第 39 期。

③ 在此应该注意的是，在委托模式中称为行政助手，而在私法模式中称为工具，两者之间的差别在于委托模式中有涉及公权力的行使，而在私法模式中，强调的是未涉及公权力的行使，故以毫无生命意识的工具来表述之。

④ 陈敏：《行政法总论》，台湾三民书局 2003 年版，第 1081 页。

的行政任务，其高权性质愈高，公、私部门之间关系愈紧密，私部门自主决定空间则愈受限制，此时应由公部门负担国家赔偿责任。[①] 例如委托私部门执行拆迁任务情形，如有政府官员在场监督的情形下，则会被认为公、私部门间的关系紧密结合，而失其自主决定之空间，此时应成立国家赔偿责任，以图 4-6 表示：

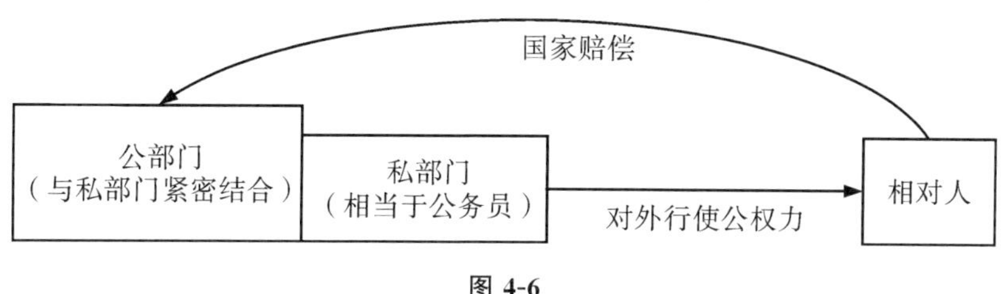


**图 4-6**

## (三)小结

整理上述德国实务和学界见解后，可以总结两个结果：第一个结果是倾向适用《国家赔偿法》。无论私部门是以何种模式参与行政任务，不难发现其思考脉络主要沿着私部门是否有自主决定的空间、是否涉及公权力行使、公部门的监督责任，分别论述其法律责任的归属，最后在结论上朝向成立国家赔偿责任。第二个结果是适用国家赔偿的对受害行政相对人保障较为充分。德国《国家赔偿法》第 3 条第 1 款规定："损害如果是某一事实状态发生不利于受害人的变更时，公部门应回复原状，回复原状不能达到目的时，应回复具有同等价值的状态以消除不良后果。"

另外，台湾地区"国家赔偿法"第 5 条规定："国家之损害赔偿，除依法规定外，适用'民法'规定。"第 6 条规定："国家损害赔偿，本法及'民法'以外其他法律有特别规定者，适用其他法律。"[②]而台湾地区"民法"第 216 条第 1 款规定："损害赔偿，除法律另有规定或合同另有签订外，应填补债权人所受损害及所失利益为限。"换言之，在德国和我国台湾地区，其国家赔偿的标准等于民事侵权损害赔偿标准，也就是"完全赔偿原则"。因此，受害者请求国家赔偿甚至可以比请求民事侵权行为损害赔偿获得更充分的保障。

---

① 李建良：《因执行违规车辆拖吊及保管所生损害之国家赔偿责任——兼论委托公民行使公权力之态样与国家赔偿责任》，载《中兴法学》1995 年第 39 期。

② 其他法律有特别规定者，如《土地法》第 68 条第 2 项、《冤狱赔偿法》第 3 条、《警械使用条例》第 10 条、《核子损害赔偿法》第 23 条以下。

## 三、我国适用之思考

我国与许多大陆法系国家一样，是一个公法与私法二元化的国家。行政法与国际公法、宪法、刑法、诉讼法等均属于公法。依《行政诉讼法》第 2 条的规定，“公民、法人或者其他组织认为行政机关和行政机关工作人员的行政行为侵犯其合法权益，有权依照本法向人民法院提起诉讼。前款所称行政行为，包括法律、法规、规章授权的组织作出的行政行为”。依据该条规定，凡是公法上的争议，除法律另有规定外，理论上均得依行政诉讼法提起行政诉讼。

行政法虽然是关于行政之法，但不代表行政任务的执行仅能通过公法形态为之。特别是在给付行政与指导行政领域中，在不抵触法律规定或者事物本质的前提下，行政任务的执行不仅可以适用公法，同时也可以适用私法。早期因为公法不发达，公法并非以法治的基本要求而建制，行政救济体系也不完善。因此，以私法取代公法行事，对行政相对人反而可能有利。但时至今日，公法已朝向法治国家与社会正义的最高标准发展，通过行政法院来实现的完善权利救济体系也逐渐完成，先前以私法代替公法的理由已不存在。现今反而应该担心的是，行政机关因为大量运用私法，有可能会产生公法遁入私法的结果，以规避公法应有规制。以我国目前流行的政府购买服务为例，为社会公众服务本来是政府的职责，以合同方式通过政府财政向私部门等支付相关费用，用以购买私部门提供的特定种类或质量的全部或部分公共服务的行为，就某种程度而言，也是一个公法遁入私法的例子。为避免这种危险发生，原则上有两种防范的方法可供采用：第一种是事前阻断行政进入私法的途径，即强制行政必须完全在公法的领域内活动；第二种则是宽泛地容许行政转换到私法领域当中行事，却同时赋予行政义务，除了私法规定之外，还应遵守公法的特定规定与基本原则。

不过，我国是否也要引进“工具理论”，使依法模式也适用国家赔偿责任？这必须考虑《国家赔偿法》与《侵权责任法》规定的差异问题。首先，我国并未采取国家赔偿标准等于民事侵权损害赔偿标准的做法。因为《国家赔偿法》是采取“相应赔偿原则”，例如第 36 条第 3 款规定：“应当返还的财产损坏的，能够恢复原状的恢复原状，不能恢复原状的，依照损害程度给付相应的赔偿金”；第 36 条第 4 款规定：“应当返还的财产灭失的，给付相应的赔偿金”。而《侵权责任法》是采取“实际赔偿原则”，例如第 19 条规定：“侵害他人财产的，财产损失依照损失发生时的市场价格或者其他方式计算。”也就是说，受害者采用民

事侵权赔偿所获得的赔偿可能还高于国家赔偿所获得的赔偿。其次，在德国进行国家赔偿诉讼的诉讼费用显然较民事赔偿诉讼低，这也可以得出为什么在德国优先适用《国家赔偿法》规定的另一个主要原因。

# 第四节 特许关系的法律责任

## 一、赔偿责任种类

### （一）国家赔偿责任

在现代工业社会危险源越来越多的情况下，通过加重危险源制造者与控制者的责任，以平衡其制造危险所获得的利益，才符合公平正义的理念。但是，若危险源本身是来自社会大众日常生活不可或缺的公共设施，因为设置管理有所欠缺所引发危害而导致的损害赔偿，若完全推给私部门来承担是否合理，对私部门造成巨额的财政负担就未必符合公平正义的理念，甚至影响公私合作的未来发展。

因此，公部门通过特许经营模式让私部门参与公共设施的兴建，倘若公部门对公共设施设计、建设、营运具有相当重要的主导力量或相当影响力，则可以借由德国的工具理论来确认国家的赔偿责任。也就是说，公部门虽采用特许经营模式来完成公共设施的兴建，但对私部门展现出高强度与高密度的指导，则已经类似由公部门自身完成，此时不能因为引进私部门的经营，而逃脱公部门应负担的国赔责任。

### （二）损失补偿责任

除了通过国家赔偿责任外，通过行政上的损失补偿责任也属于国家责任法制的一环。有学者认为，在行政补偿制度中提出所谓公法上危险责任，是指公部门就其管理的公共设施隐含的危险致人民权益受损，应由公部门负起损失补偿的无过失责任。其特征在于并无公部门侵害行为的发生，不以公部门的故意或过失为要件，损害的发生肇因于特别的行政危险，该损害对于受害人而言是个案化的特别牺牲。社会上应该容许的危险所生损害补偿，即因各种

科学技术发展，因为该科技所生的各种社会上危险也应加以忍受。但是，若人民的权益因该危险而受到损害，则不应该由受到损害者单独承担，而是应该社会全体大众来承担，由国家予以填补损害，但是为了避免国家责任的过度负担，仍然应以法律有特别规定为限。由于现代社会属于高风险的时代，基于分担人民的社会风险，在国家赔偿责任制度设计外，也应考虑行政上的损失补偿责任制度的设计。

以台湾地区"行政程序法"第 146 条规定为例，该条规定："行政契约当事人之一方为人民者，行政机关为防止或除去对公益之重大危害，得于必要范围内调整契约内容或终止契约。前项之调整或终止，非补偿相对人因此所受之财产上损失，不得为之。第一项之调整或终止及第二项补偿之决定，应以书面叙明理由为之。相对人对第一项之调整难为履行者，得以书面叙明理由终止契约。相对人对第二项补偿金额不同意时，得向行政法院提起给付诉讼。"该条规定源自于法国法制规定中一个很重要的精神，就是认为人民与行政机关签订行政合同，可以当成是替行政机关执行其应尽的义务，而行政机关对于繁杂多变的公共事务，必须随时依情势而调整，所以法律赋予行政机关片面的调整权与终止权，此乃基于"公共服务万能原则"。

当然，行政机关片面调整或终止合同，必须给予相对人补偿，这就是"王之行为理论"。该理论认为，行政机关于缔结合同之后，变更合同执行条件的合法行为，签约的行政机关应负担无过失责任。[①] 此时，行政机关应对其补偿，并且是全面补偿，这和相对人所增加的负担均等。[②] 此设计为德国法制所无，虽然行政机关会给予相对人补偿，但还是不应该由行政机关片面调整或终止合同，而应该先找相对人协商。

不过，如果只是先找相对人协商，行政机关还是有调整及终止权的话，那么这样的规定也没有多大的实益，况且此无须法条规定，行政机关也一定会先找相对人协商的。台湾地区"行政程序法"第 147 条规定："合同双方都可因情事变更，非当时所得预料，而依原约定显失公平者，调整或终止合同；但若，行政机关为维护公益，可以补偿相对人的损失之后，命令相对人继续执行原约定

① 吴秦雯：《行政契约之效力与履行——以法国法制为中心》，台湾政治大学法律学研究所 2001 年硕士论文。

② 许宗力：《行政契约法概要》，载《行政程序法之研究》，"经建会"研究报告，1990 年 12 月，第 312 页。

的义务。”此设计乃基于法国法制的公共服务继续原则，[①]因为公部门提供的公共服务必须持续不断，而私部门依行政合同执行行政任务，因为情事变更有调整或终止合同的必要，公部门还是可以给予补偿后要求其继续执行，以持续其公共服务。此一设计让公、私部门之间的地位差距过大，公部门可以片面终止或调整合同，但是私部门要被迫继续执行合同，将导致私部门有可能不乐于采用行政合同。[②]

## 二、国家赔偿责任的要件

政府特许经营虽然可以适度减轻公部门对于公共设施兴建与管理的财政负担，但是也带来一定程度的制度风险，也就是公部门可能自始或事后不具有事实上的设置或管理权，但是公共设施造成人民的损害，其相关的赔偿责任问题该由谁来负责。关于公共设施造成人民的损害，并非在任何情况下都会产生国家赔偿责任，要符合国家赔偿责任，必须符合以下几个要件：

### (一)须为公共设施

各国立法对公共设施在使用名称上虽有不同，如日本、韩国称之为“公共营造物”，德国称之为“技术性设施”，我国台湾地区称之为“公共设施”，但学者对其认识却较为一致。公共设施指由公部门或者其特许的公务法人设置或管理，供公众使用的设施。[③] 公共设施的概念可分以下几点说明：

第一，公有。这里的公有并不是指所有权的归属，即并不限于所有权为国家或集体所有。只要由国家(通过公部门或其特许的组织)设置或虽非其设置但在事实上处于其管理状态，就是“公有”的，如国家租借的供公共使用的所有权归个人的球场。

第二，公共使用。公共设施必须是服务于公众，提供公共使用的。该使用可以是无偿的(如公园)，也可以是有偿的(如高速公路)。不是专供公众使用的公物若提供给人民使用，也可认为是公共设施。“设施”一词很容易使人想

---

① 林永发:《行政契约论》，载《全国律师》1998年第10期。

② 林明锵:《行政契约》，载《行政法2000(下册)》，台湾翰芦图书出版有限公司2000年版，第667～669页。

③ 马怀德:《行政法制度建构与判例研究》，中国政法大学出版社2000年版，第340页。

到人工物。但国家尚担负着自然状态的人为管理的责任，故设施还应当包括自然公物，如河川、海滨等。另外，公共设施虽以不动产为主，但也包含动产，如车辆、飞机、博览会使用的临时建造物、巨幅招牌等，在日本，连手枪都有人视之为公共营造物。[①] 要明确公共设施的概念，还必须使其与公营造物、公物、建筑物等相近概念加以区别。

公营造物，依照奥托·迈耶(Otto Mayer)的定义，是指“由公共行政的主体为服务于特定的公共目的而规定的人力、物力手段的综合体”。[②] 它重在人与物的结合，是持续性的设施。而公共设施仅指物的设备可以是一时性的设施，如铺路架桥所用的便道，可能是公共设施，但不属于公共营造物。公物，一般指“行政主体为直接供公行政上的目的而提供利用的各个有体物。广义的公物包括财政财产、行政财产(公用物)和共享财产(共享物)，狭义的公物即公用物和共享物”。[③] 可见，公物是一个比公共设施宽泛的概念，直接供公众使用的公物是公共设施，而行政经费、专为执行职务所用公物等则不属于公共设施。说起公共设施，往往会想到博物馆、马路、公园、图书馆等建筑物，但是公共设施并不局限于建筑物，它是一个包括文教设施、铁路航空设施、道路设施、医药卫生设施、电力电信设施、港埠设施等在内的广泛概念，不过，建筑物也只有在供公众使用的情况下，才可以被视为公共设施。

## (二)公共设施存在设置或管理上的瑕疵

瑕疵是指事物欠缺通常所应有的安全性，具有对他人带来危害的危险性的状态。公共设施设置上的瑕疵是指该设施在设计、施工、建造、安置、装设、扩充上存在瑕疵，是自始即有的欠缺，故又称“初发的瑕疵”，如公共设施设计不完备、所用材料有质量问题、施工不良等。管理上的瑕疵是后天造成的欠缺，是指在保存、维护、利用、改良这类活动中管理不良，又名“后发的瑕疵”，如对设施保管不周、维修不及时等。无论是仅具一种瑕疵，还是两者同时具备，都能使这一构成要件成就。区别设置瑕疵与管理瑕疵的意义在于确定责任主体及行使相应的求偿权。当然，在受害人无法区分为何种瑕疵时，应允许其择一求偿。

---

① [日]盐野宏：《行政法》，杨建顺译，法律出版社1999年版，第480页。

② Otto Mayer, Deutsches Verwaltungsrecht，转引自[日]盐野宏：《行政法》，杨建顺译，法律出版社1999年版，第479页。

③ 林淮、马原：《国家赔偿问题研究》，人民法院出版社1992年版，第123页。

公共设施致害的赔偿责任，只有在设施存在设置或管理上的瑕疵时才予以承认。而对“设置、管理的瑕疵”又存在三种不同的见解：主观说、客观说和折中说。主观说认为，将“设置、管理的瑕疵”解释为管理者的安全确保义务或从而防止义务的违反。这种学说认为，公共设施必须保持安全、良好的状态，管理者应当恪尽职守，执行作为或不作为的义务，否则就可以认定有瑕疵。客观说认为，只要公共设施在客观上具有物理性欠缺，即认定瑕疵存在，而不问设置者与管理者是否尽了善良注意义务。折中说认为，公共设施设置或管理上的瑕疵的确认，不仅要考虑设施本身的客观瑕疵，还要考虑设置者、管理者的行为。

### (三)因果关系

政府特许经营的公共设施的赔偿责任的确立，必须具备三个条件：一是有损害的发生；二是公共设施设置或管理上的瑕疵；三是公共设施设置或管理上的瑕疵与损害结果之间有直接的因果关系。这三个条件与一般侵权行为须具备的要件相同。值得一提的是，公共设施赔偿的范围是否小于一般侵权行为？以台湾地区“国家赔偿法”为例，第 2 条第 2 款规定：“公务员于执行职务行使公权力时，因故意或过失不法侵害人民自由或权利者，国家应负损害赔偿责任。公务员怠于执行职务，致人民自由或权利遭受损害者亦同。”第 3 条第 1 款规定：“公共设施因设置或管理有欠缺，致人民生命、身体或财产受损害者，国家应负损害赔偿责任。”

将上述两个条文加以比较，可见第 2 条第 2 款规定的赔偿损害的范围包括自由和权利，与第 3 条第 1 款规定损害与公务员违法执行公权力侵权致害相比，该条减少了对自由和权利的保护。其理由是：公共设施除了侵害生命、身体、财产外，不会造成其他损害，自由、名誉、姓名等权利，不至于因公共设施的欠缺而受到损害，自非属保护范围。[①] 但公共设施并非不存在侵害自由权的可能，如因公共电梯故障造成使用者被困数小时。因此，公共设施致害的赔偿责任应扩展到任何受侵害的权利，这可以通过立法的概括规定或通过法律的扩张解释加以实现。

---

① 叶百修：《国家赔偿法》，载《行政法 2000（下册）》，台湾翰芦图书出版有限公司 2000 年版，第 1327～1422 页。

## 三、国家赔偿法规定的缺失

### (一)现有规定

有别于其他模式的公私合作,政府特许经营最大的不同之处,私部门完成的行政任务是公共设施,而公共设施的核心价值在于公共性必须被确保,以防止公部门将其责任推卸给私部门,因此,国家赔偿法制已经成为确保人民对公共设施可得主张权利保障的最后法制。国家赔偿乃涉及公法与私法的结合领域,是属于具有公益性质的特殊侵权行为法领域。要讨论公共设施致害的国家赔偿问题,首先要明确公共设施的"公有"概念与范围。"公有"的概念,有广狭两种定义:就狭义而言,"公有"是指该物之所有权归属于国家、地方自治团体或其他公法人所有;就广义而言,国家所有之物因属公有,凡他人所有的公物也属于"公有",[①]也就是由国家、地方自治团体或其他公法人设置或管理的设施,因公用地役关系或租赁关系存在而取得该设施的管理权,该物均属于"公有"。本书主张应当采取广义的观点,即不必以国家所有为限,只要事实上处于国家管理状态的,都应当列入公有物之列。

就我国目前情况而言,公共设施是一个包容非常广泛的概念,意指供公共使用的有体物或物之设备。诸如国家机关及国有事业单位的办公楼舍,国家公路、铁路、铁道、街道,河川、堤防堰坝、港埠、桥梁、下水道,公益学校、公益游乐场所及其内部的设置等。从静态上来讲,公共设施是有体物或设备。这种有体物或设备,从动态上看,已经设置完成并已经实际开始投入公共使用。同公有物一样的道理,公共设施也并不仅限于国家所有之物。私部门所有物提供公共之用途并由国家或其他公共团体组织管理者也属于公共设施,唯有如此,才能更加周密地保护公民、法人的合法权益。若公共设施为私部门所有,但国家进行管理却致人损害的,如果受害人只能向拥有所有权的私部门请求损害赔偿,极不合理。一方面,这对于不能够控制公共设施风险的所有人来说是不公平的;另一方面,私部门的财力有限,有时根本不足以赔偿或补偿受害人的损害。依照《国家赔偿法》的规定,国家机关及其工作人员违法行使职权

① 刘嗣元、石佑启:《国家赔偿法要论》,北京大学出版社2005版,第76页。

所致损害，属于国家赔偿的范围，[①]而公共设施因设置或管理欠缺所致损害的，则未纳入《国家赔偿法》的范围。全国人大法工委在《国家赔偿法(草案)》的说明中指出："桥梁、道路等国有公共设施，因设置管理欠缺发生的赔偿问题不属于违法行使职权的问题，不纳入国家赔偿的范围，受害人可以依照《民法通则》的有关规定，向负责管理的企业、事业单位请求赔偿。"全国人大法工委所说的《民法通则》有关规定，应该是指第125条规定："在公共场所、道旁或者通道上挖坑、修缮安装地下设施等，没有设置明显标志和采取安全措施造成他人损害的，施工人应当承担民事责任。"与第126条规定："建筑物或者其他设施以及建筑物上的搁置物、悬挂物发生倒塌、脱落、坠落造成他人损害的，它的所有人或者管理人应当承担民事责任，但能够证明自己没有过错的除外。"关于政府特许经营下的公共设施致人损害时的情形，此时应该成立民事责任，受害人仅可以依照《民法通则》的有关规定，向负责管理的企业、事业单位请求赔偿。以图4-7表示：

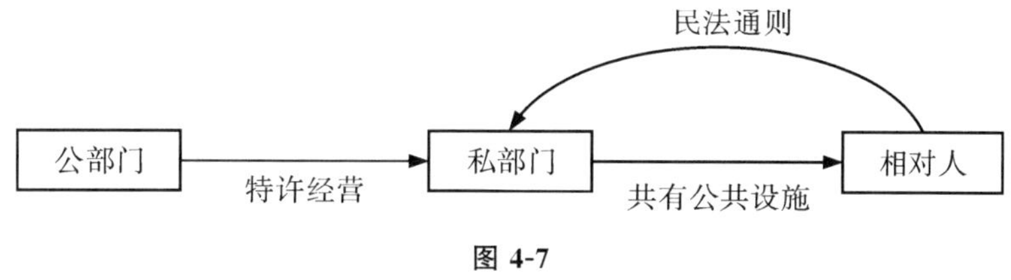


**图 4-7**

从上述法律可以看出，我国将公共设施致害的赔偿制度放在民事法律调整的范畴之中，这既不符合处理公法关系的原则，也不利于保护受害人的合法权益。因此，探讨公共设施的国家赔偿问题便十分必要。

### (二)域外规定

因为公共设施的设置、管理上的瑕疵而给社会大众造成损害的，国家应当承担赔偿责任，这已成为大多数国家和地区的通例。

在日本，《国家赔偿法》第2条规定："基于公共营造物设置管理瑕疵之损害赔偿责任、求偿权：因道路、河川或者其他公共营造物的设置或管理有瑕疵，致使他人受损害时，国家或公共团体，对此应负赔偿责任。前项情形，如就损

① 《国家赔偿法》第2条第1款规定："国家机关和国家机关工作人员行使职权，有本法规定的侵犯公民、法人和其他组织合法权益的情形，造成损害的，受害人有依照本法取得国家赔偿的权利。"

害之原因，别有应负责任之人时，国家或公共团体对之有求偿权。”[①]

在英国，虽然1947年的《王权诉讼法》对公共设施的国家赔偿责任未予明确规定，但在一系列的判例中，如果公务员有违反义务的过失，对于公共设施的管理或使用所造成的损害，国家应承担赔偿责任。1961年英国制定了《高速公路法》，对于公路的瑕疵、过失或不作为致使损害的，国家应予赔偿。

在美国，虽然在其《联邦侵权赔偿法》并未明确有关公共设施、管理所致的国家赔偿责任，但通说认为国家是应该承担因供给的设施因为不当或欠缺安全性所造成的损害。美国法院的有关判例也证明了这一点，即法院对于高速公路、一般公路、桥梁、步道等类的交通设施之缺陷所造成的损害，确认了国家赔偿责任，因为国家对此类设施的设置、维持、修缮负有合理注意的义务。

在法国，和美国有相似之处，即对公共设施致害从未明确规定国家的赔偿责任。法国的国家赔偿制度基本上是源于行政法院的判例，是由判例所确认的一套规则而形成。在实际操作和所形成的判例中，对基于公共事业建筑工程的异常损害或公共事业的存在所导致的异常损害，如架设电线而未设警告标志，致使他人遭受损害，法院判决国家应承担赔偿责任。[②]

在我国台湾地区，《国家赔偿法》第3条规定：“公共设施因设置或管理有欠缺，致人民生命、身体或财产受损害者，国家应负损害赔偿责任。前项情形，就损害原因有应负责任之人时，赔偿义务机关对之有求偿权。”

综上所述，作为国家赔偿责任范围的一个重要组成部分，关于公共设施设置、管理瑕疵的国家赔偿责任，许多国家在立法上逐渐予以确认，或是在实务中予以肯定，并且有逐渐扩大其范围的趋势。我国是否也应该将公共设施致害的赔偿纳入国家赔偿的范围之中，值得探讨。

## 四、国家赔偿法规定的重新思考

传统上对于公部门的赔偿责任，最直接想到的是《国家赔偿法》，该法自公布施行以来，都不曾进行相关的修正，在面对公私合作的潮流下，《国家赔偿法》是否要适度调整，还是在原有的框架下即足以应付？在公私合作的许多模式中，公部门有时并不需亲自执行任务，而是移转给私部门来执行，公部门仅负担保责任以保证任务可以完成，此时《国家赔偿法》该如何适用？或者退一

---

① 刘嗣元、石佑启：《国家赔偿法要论》，北京大学出版社，2005年版，第77页。

② 袁登明：《发达国家赔偿制度》，时事出版社2005年版，第58页。

步思考,《国家赔偿法》是否有适用的可能性?

上述提问,也许可以从公部门角色定位的不同,连带使得适用的法律规范在解释上有不同。国家必须担保任务的完成,担保责任就上述具体的内涵来看,最主要的是监督私部门,以避免损害行政相对人的权益。虽然公部门将公共设施的设置或管理移转至私部门,因为私部门执行不当或违法而侵害行政相对人的权益,若是仅要求私部门负担赔偿责任,则忽视公部门仍然负有担保责任。换言之,是否可以这样考虑,为了给予行政相对人更完整的救济权利,在行政相对人对私部门请求民事损害赔偿无效后,可以请求国家赔偿。

综合德国、日本以及我国台湾地区多数学者的看法,强调公共设施所有权的归属,并不影响国家赔偿责任的成立。本书认为,《国家赔偿法》未来在修法时,应该将公共设施纳入国家赔偿的范围。有学者认为,政府特许经营公共建设的规划、兴建与营运系由民间业者负责,政府仅于重大情事发生时,依投资合同要求定期改善、中止其兴建或终止该投资合同。然而,部门办理特许经营过程中,从规划、兴建到营运皆受到公部门依法指示,私部门必须符合为完成公共任务所需具备的要求,因而就特许经营的公共建设,原则上仍属公共设施监督管理的范畴,而有《国家赔偿法》的适用。因此,当国家角色变换时,在其他法律规范的适用上对于国家角色转变也必须有另一套的规范机制,尤其是当公部门选择私部门代替其向社会大众提供服务,公部门作为担保者时,国家赔偿原本的适用范围便值得商榷。

第五章

# 公私合作的案例研究

## 第一节　案例分析

### 一、事实

我国台湾地区交通主管部门从 1996 年即开始进行规划高速公路电子收费系统(Electronic Toll Collection,简称 ETC),并以“促进民间参与公共建设法”(以下简称“促参法”)第 8 条规定的政府特许经营(BOT)方式进行投资、兴建、营运及移转。[①] 该 ETC 案经交通主管部门成立的甄审委员会就七位申

① “促进民间参与公共建设法”第 8 条规定:“民间机构参与公共建设之方式如下:一、由民间机构投资兴建并为营运;营运期间届满后,移转该建设之所有权予政府。二、由民间机构投资新建完成后,政府无偿取得所有权,并委托该民间机构营运;营运期间届满后,营运权归还政府。三、由民间机构投资新建完成后,政府一次或分期给付建设经费以取得所有权,并委托该民间机构营运;营运期间届满后,营运权归还政府。四、由政府委托民间机构,或由民间机构向政府租赁现有设施,予以扩建、整建后并为营运;营运期间届满后,营运权归还政府。五、由政府投资新建完成后,委托民间机构营运;营运期间届满后,营运权归还政府。六、为配合国家政策,由民间机构投资新建,拥有所有权,并自为营运或委托第三人营运。七、其他经主管机关核定之方式。前项各款之营运期间,由各该主办机关于核定之计划及投资契约中签订之。其属公用事业者,不受‘民营公用事业监督条例’第十九条之限制;其订有租赁契约者,不受‘民法’第四百四十九条、‘土地法’第二十五条及‘国有财产法’第二十八条之限制。”

请公司进行资格审查，最终入围宇通公司、远通公司及宏碁公司三家公司，经过综合评审后，"交通部"公告甄审决定的结果确定远通公司为最优申请人，并依"促参法"第45条第1款取得最优先议约权，[①]落选的宇通公司即"政府采购法"的相关规定提起异议及申诉。"行政院公共工程委员会"作成审议判断认为："原异议处理结果有关公证、认证部分撤销；有关设立建制营运公司发起人、修改投资计划及公平协商部分不予受理，其余申诉驳回。"宇通公司不服审议判断，向台北"高等行政法院"提起行政诉讼，[②]并声请停止被告与远通公司的后续行为（合同内容的持续执行）。台北"高等行政法院"作出判决，[③]驳回宇通公司的声请停止执行，但也撤销包含远通公司为最优申请人的公告。远通公司不服判决结果，向"最高行政法院"提起上诉，最终"最高行政法院"作出远通公司败诉判决，全案因此确定。[④] 随后交通主管部门重新进行甄选，远通公司又再度获得优先的议约权。[⑤]

## 二、争议焦点

本案的争议焦点之一就是关于政府特许经营的性质，在性质上属于公法关系或私法关系，有不同的判断标准。

### （一）从属说

规范上下隶属关系的法规为公法，主办机关与民间机构之间关系可以从合作的观念加以理解，主办机关仍为管制者，但也不能免除监督者的责任，必

---

① "促进民间参与公共建设法"第45条第1项规定："经评定为最优申请案件申请人，应自接获主办机关通知之日起，按评定规定时间筹办，并与主办机关完成投资契约之签约手续，依法兴建、营运。经评定为最优申请案件申请人，如未于前项规定时间筹办，并与主办机关完成投资契约签约手续者，主办机关得签订期限，通知补正之。该申请人如于期限内无法补正者，主办机关得决定由合格之次优申请案件申请人递补签约或重新依第42条规定公告接受申请。"

② 依台湾地区"政府采购法"第83条规定，审议判断视同诉愿决定。

③ 台湾地区台北"高等行政法院"2005年停字第122号裁定及2005年诉字第752号判决。

④ 台湾地区"最高行政法院"2006年判字第1239号判决。

⑤ 参见徐良维：《民间参与公共建设之政府监督与国家责任——以重大交通建设BOT为例》，载《法制论丛》2011年47期。

须仍对民间机构予以适当的监督，以确保公共建设的质量与安全。

### (二)利益说

公法乃公共利益的法律，显示出强烈的公益色彩，所以依特许经营关系为公法关系。

### (三)旧主体说

凡法律之一方为行政主体或国家者为公法，则主办机关依法授予民间机构特许权兴建、经营该项公共建设，民间机构自然成为法律关系的主体。

### (四)新主体说

公法是公权力主体或其机关所执行的职务法规，其赋予权利或赋予义务的对象仅限于公部门，而公共建设的投资兴建营运权，只有主办机关有权利授予特许权。

这里涉及政府特许经营的双阶行为问题，政府特许经营等相关法律属于重要的经济行政法，涉及公共资源的合理分配。因为涉及公共利益，所以存在“行政介入”的空间。所谓双阶理论，是将特定的行政行为划分为不同的阶段，适用不同的法律进行规制。以政府采购为例，公部门在招标、审标、决标阶段的行为视为公法性质，其救济手段为公法上的救济，其手段为向公部门询问、质疑、投诉、提起行政复议或行政诉讼；将政府采购合同订立以后供货商与采购人之间的关系视为民事合同关系，依照民事纠纷解决机制予以救济。

## 三、双阶理论

行政法上的双阶理论最早由德国学者依甫生(H.P.Ipsen)在1956年发表的名为《对私部门的公共融资》一文中提出，其所解决的是德国法中经济辅导行为的法律救济问题。双阶理论受到德国法学界的关注，并在我国台湾地区的“政府采购法”中得到了体现。[①] 在2002年，我国台湾地区进行“政府采购法”修正时，全面采用双阶理论，在《修正“立法”理由书》中明确指出，对于在合

---

① 双阶理论，http://bbs.ebnew.com/baike/index.php? doc-view-882，最后浏览日期：2016年3月23日。

同执行阶段的救济手段，应单纯化为民事救济手段。[①]

双阶理论将私经济行政分为两个阶段，前一阶段"是否"进行私经济行政属于公法问题，受公法调整，后一阶段"如何"进行私经济行政属于私法问题，受私法调整。双阶理论提出之后虽然遭受了许多批评，但仍然占据主流地位；同时，对政府采购行为或政府特许经营是否适用双阶理论，台湾地区的主流学说采肯定见解。另外，台湾地区"政府采购法"对政府采购合同和采购档、采购过程和中标、成交结果采用不同的救济途径，就是运用双阶理论的体现，前者属于民事合同，适用私法关系，后者属于公权力行政中的单纯高权行政，适用公法关系。例如，政府发出招标公告，规定可以投标的条件，期间会有审标的过程（相当于专家评审环节），审标时会考虑很多因素（例如最低价或者其他原则），最后决定由哪个供货商中标。这一决定是行政决定，即属于双阶理论的第一阶行为，一般被认定为公法行为。

## 第二节　政府特许经营

### 一、政府特许经营的定性

特许经营，可分为商业特许经营与政府特许经营。商业特许经营是指拥有注册商标、企业标志、专利、专有技术等经营资源的企业（以下称特许人），以合同形式将其拥有的经营资源许可其他经营者（以下称被特许人）使用，被特许人依照合同约定在统一的经营模式下开展经营，并向特许人支付特许经营

① 参见我国台湾地区"政府采购法"修正理由说明。

费用的经营活动。[1] 政府特许经营是指政府与民间业者达成特许经营协议，由民间业者投资兴建公共建设，并由民间业者营运；营运期间届满后，将该公共建设的所有权移转给政府，是公私合作的典型之一，包括兴建(build)、营运(operate)、移转(transfer)三个阶段，习惯上简称为BOT。从狭义观点来看，政府特许经营由民间业者组成特许公司，与政府签订特许经营协议，在特许年限内由特许公司自备资金兴建，由政府在某个年限给予特许经营权，以回收成本与取得合理利润，期限届满后再将所有权与经营权移转给政府。换言之，政府特许经营就是公部门借重私部门资金与经营能力兴建公共建设，而公部门给予相关特许经营权利以确保获利，作为回报的合作方式。从广义观点而言，政府特许经营泛指各项以特许合同方式进行的任何有关所有权与经营权移转的计划。政府特许经营几乎遍布工业先进国家和地区、东南亚开发国家和地区，例如英法海底隧道、澳洲雪梨过港隧道、马来西亚高速公路、泰国第二高速公路、中国香港特别行政区西区海底隧道、中国台湾地区高速铁路以及中国沙角电厂等。[2]

上述公共建设的兴建与经营都需要庞大资金，若公部门财政投入过多将占用挤出其他公共建设的预算或社会福利的支出。因此，引进私部门投资兴

---

① 根据国务院2007年《商业特许经营管理条例》第2条，商业特许经营(一般称为“特许经营”，简称FC)是指拥有注册商标、企业标志、专利、专有技术等经营资源的企业(特许人)，以合同形式将其拥有的经营资源许可其他经营者(被特许人)使用，被特许人按照合同约定在统一的经营模式下开展经营，并向特许人支付特许经营费用的经营活动。其与政府特许经营的区别在于：(1)主体不同。政府特许经营存在于政府与社会经济组织之间，而商业特许经营存在于平等主体的经济组织之间；(2)授权领域不同。政府特许经营主要适用于关系社会公共利益的和公共资源的行业，如石油和天然气、水资源、矿产资源、动物资源、电力项目、高速公路、铁路、港口等实物资源以及政府的物资采购权、大型活动冠名权、国际汇兑业务专营权、特殊产品的生产和销售权、海陆空线路经营权等无形资源领域，而商业特许经营原则上适用于所有行业；(3)授权方式不同。政府特许经营主要通过招投标的方式选择合适的企业经营授权项目，而商业特许经营是建立在双方协商一致互相选择的基础上；(4)适用法律不同。政府特许经营要受到专门的政府特许经营法律、法规和政策的调整，而商业特许经营主要受《商业特许经营管理条例》、办法以及商事法律的调整。欧阳光、吴静、王龙刚：《公司特许经营法律实务》，法律出版社2007年版，第13页。

② 《我国第一个BOT项目沙角B电厂顺利移交》，http://www.cpnn.com.cn/cpnn_zt/2011_jd90zn/lukg/dljszs/201106/t20110629_361288.htm，最后浏览日期：2016年4月1日。

建公共建设，并参与经营，可以适度缓解政府的财政负担。政府特许经营与传统公共建设最大的不同之处，在于其将整个公共建设的兴建与营运视为一个整体计划，一并移转民间业者来经营。所以，在某些大型政府特许经营投资项目中，政府为鼓励民间业者积极投资参与公共建设，经常会有特许经营权规定，并保证独自经营而排除竞争者（例如，在英法海峡隧道案例中，英、法两国国家保证在一定年限内不会兴建第二条英法海峡隧道），[①]以影响民间业者投资者的意愿。政府与民间业者签订特许经营协议时，于签订特许营运合同所取得的特许经营权不可以移转至其他人。[②] 另外，政府对于特许经营权必须予以保障，不得任意撤销或废止特许经营权，如废止其特许经营权时，仍然必须依信赖保护原则，对于民间业者所造成的损失负担损害赔偿责任。因此，政府与民间业者签订特许经营协议，其内容至少包括：计划确认、投标前准备、发起人备标、选定得标人、计划开发、计划实行、营运与移转，这与传统的公共工程招标模式着重在招标、审议与验收部分有着明显不同。政府特许经营模式一般适用于投资额大、建设周期长、回收见效慢的项目，主要集中于铁路、公路、桥梁、隧道等交通部门，电力、煤气等能源部门以及电信网络等通信事业。

## 二、政府特许经营的作用

在国外，政府特许经营通常是用来鼓励民间业者参与公共建设，减轻政府财政负担的一种公私合作模式。此种工程营运的制度与传统的公共工程最大的不同在于，将整个公共设施的兴建与营运视为一个整体计划，一并委由私部门来兴建与营运，并依照特许经营协议内容，将其结果逐步移转为政府所有并营运。若对政府特许经营项目融资模式予以适当运用，将对改善我国基础设施建设中的瓶颈状况发挥重要作用。

关于政府特许经营，日本学者米丸恒治提到一个例子。1992 年 1 月 29 日和 1992 年 7 月 15 日的德国内阁会议上，联邦政府通过了 6 项将联邦道路建设交由民间资本运行的决议。在 1994 会计年度又引入 6 项计划作为民间活力项目实施。以上方式都依靠民间资本提供土地购置以外的建设费。1994

---

① 黄振声：《政府部门奖励业者参与交通建设之研究：以台北市公共停车场 BOT 为例》，台北大学公共行政暨政策学系 2002 年硕士论文。

② 顾立雄、林发立：《BOT 兴建营运合约之履约保证问题》，载《月旦法学》1998 年第 33 期。

年至2002年通过迅速资本筹措方式，总共从民间筹款约38亿马克资金。联邦政府在上述项目中，收购当初运用诸如民间筹集的建设费等资金建设而成的道路，采取允许在工程竣工并投入使用后偿还款额的方法，包括道路建设费、道路建设期间筹措资金的利息以及折旧期间的利息。这种方式称为特许经营模式，因为道路设施建设需要迅速与完善，采取特许经营模式具有它独特的优点，即找到了解决缺乏必要财源的有效途径，以减轻政府的财政负担。① 这种公私合作发生的原因，在于公部门财务不足以支应大量公共工程的兴建，引进私部门的资金，使私部门就此部分参与兴建，随后就该公共建设的营运收入为报酬，以回收其投入的资金，公部门原则上并不支付任何费用。换言之，推动政府特许经营的成功关键，必须具备强烈的商业诱因，因为商业诱因与私部门可参与投资范围有密切关系。若是私部门投资范围的范围越大，私部门所需投入的资金越高，相对回收期限、风险因此而增长提高，其回收可能性也会相对降低。②

## 三、政府特许经营的优点

政府特许经营是一种新兴的政策工具，其理念是为追求双赢的目标，以互惠平等的合作伙伴精神，共同经营公共建设的长期合作关系。其兴起除了国际金融机构（如世界银行、亚洲开发银行）与跨国营建商的推波助澜外，各国普遍存在推动公共建设的财政需求缺口，以及政府需要民间业者协助推动公共建设的急迫感。在政府特许经营的情形下，实现公共建设的财政负担转向民间业者，而不是由租税负担。③ 换言之，公部门原则上并不支付任何费用，私部门是以该公共建设的营运收入作为补偿，以回收其投入的资本与获得合理的利润。因此，政府特许经营模式的成功之道，首先必须具备足够的商业诱因与回收机制，因为商业诱因的多寡与民间业者参与意愿有着密切关系。若投资的范围越大，民间业者所需投入的资金越高，相对回收期限与风险因此而提高，获利的可能性降低，最终也影响民间业者的参与意愿。因此，对于不同性

---

① ［日］米丸恒治：《私人行政——法的统制的比较研究》，洪英、王丹红、凌维慈译，中国人民大学出版社，2010年版，第203页。

② 徐晓菁：《民营化之法律概念》，载《公营事业评论》1999年第4期。

③ 张桐锐：《合作国家》，载《当代公法新论（中）》，台湾元照出版社2002年版，第576～577页。

质的公共建设，尤其是回收期限长且获益较小的公共建设的兴建，必须搭配商业诱因较高的措施，以提高民间业者的参与意愿。

由于有上述许多优点，以政府特许经营模式让民间业者参与公共建设是各国争相仿效的模式，纷纷将应办理的公共建设委由民间业者兴建与经营，结合政府与民间业者的优点，以减轻国家财政负担与改善执行效率等问题。不管是发达国家还是发展中国家，政府为了提升公共服务水平，加速社会经济发展，无不积极推动各项公共建设。然而，以政府特许经营模式推动公共建设虽然有上述许多的优点，但在整个计划的各个阶段，均有其困难与风险，政府与民间业者如何在特许经营公共建设的计划中取得平衡点，共同创造双赢的局面，是值得探讨的问题。尤其是目前学术界与实务界视之为解决公共工程兴建不足问题的“万灵丹”，这种氛围容易忽略政府特许经营在实务运作上所可能遭遇的一些吊诡现象，这些吊诡现象反映在公私合作时常需要面对一些价值抉择的两难困境，以及政府特许经营项目推动之后所产生的未预料的结果。例如，若执意在重大公共建设方案中引进政府特许经营的模式，有可能造成政府与民间业者双输的结果。[①] 另外，公私合作也松动了传统国家与社会二元论的论点，[②]冲击公共建设向来是政府的专属权与不得图利特定厂商的传统行政惯例；同时，如何使公益与私益能在政府特许经营项目中予以融合，在管理上也是一大挑战。

---

① 例如，2003 年开始的十堰这场被称为“全国首个吃螃蟹”的公交全盘民营化实验，因五年四次罢工而结束。虽然十堰政府层面否认“回归原点”，并继续放开部分线路民营，但在外界眼中，自收回经营权开始，就已经将十堰公交民营化作为一个失败的典型来剖析。参见《十堰公交全盘民营化因罢工失败终结》，http://news.qq.com/a/20080913/000750.htm，最后浏览日期：2016 年 3 月 22 日。

② 依照当前的通念，国家与社会相互分立的观念，在现代民主体制与法治国家的发展之下，在理论上已经失去其合理化的基础。相对于此种源于 19 世纪的国家社会二元论思想，取而代之者，乃国家与社会呈现相互连结且混合的面貌。换言之，从实证的观点以言，不再有所谓自外于国家的社会，亦即自我规范的社会，相对的，国家对社会的各项关系与事项做有目的的干预与介入，而且从特定政治社会的目标设定而言，此点无疑是常见且必然的现象。参见李建良：《自由、人权与市民社会——国家与社会二元论的历史渊源与现代意义》，载《宪法理论与实践（二）》，台湾学林出版社 2000 年版。

## 四、政府特许经营的法律性质

关于政府特许经营的法律性质，有资格说和财产权说两种不同见解。资格说认为政府特许经营的授予，与《公司法》中主管机关对于公司申请成立时的许可资格相同，例如第 6 条规定："设立公司，应当依法向公司登记机关申请设立登记。符合本法规定的设立条件的，由公司登记机关分别登记为有限责任公司或者股份有限公司；不符合本法规定的设立条件的，不得登记为有限责任公司或者股份有限公司。法律、行政法规规定设立公司必须报经批准的，应当在公司登记前依法办理批准手续。"因为政府特许经营的授予，私部门获得特许经营该公共建设兴建、营运的资格，而可以就该公共建设的营运收入偿还贷款与获取收益的公法上利益。因此，其所获取的为公法上的资格，不具有交易性、可移转性，与财产权性质有所不同。

而财产权说认为，政府特许经营的法律性质与专利权与商标权一致，具有交易性质的财产权，其应受法律保护，并可以交易与移转。《宪法》对于财产权的意义，并未给予明确的定义，仅在第 13 条规定："公民的合法的私有财产不受侵犯。国家依照法律规定保护公民的私有财产权和继承权。"各国宪法对于财产权的概念也不相同，一般而言，财产权的意义是指人民对其所有财产有自由使用、收益及处分的权利，而不受国家非法侵害的权利。[①] 不过，《宪法》上所称的财产权与私法上的财产权的范围未必一致，私法上财产权的范围，依《民法通则》第 71 条的规定，"财产所有权是指所有人依法对自己的财产享有占有、使用、收益和处分的权利"。政府特许经营的授予属于私法上的财产权，以营运资产的使用收益而言，法律制度的设计，该营运的资产由私部门自行筹措资金取得，在营运期限未届满之前并不移转所有权于政府主管机关，特许权人可以依相关规定，[②]就该营运的资产为使用、收益、处分，回收其投资的收益。

## 五、政府特许经营权的授予模式

从事公共建设的兴建与营运，若未能获得特许权，则该项公共建设无法执

---

① 谢瑞智：《宪法概要》，台湾文笙书局 2003 年版，第 151 页。

② 例如，台湾地区"民法"第 765 条规定："所有人，于法令限制之范围内，得自由使用、收益、处分其所有物，并排除他人之干涉。"

行，而政府特许经营的授予方式会随着相关法律、根本的法定架构、计划案的特性与政府的政策而改变。政府特许经营的授予大致上有三种方式。

### （一）制定一般法律

以一般法律规定明定授予政府特许经营的办法，因此，若法律是处理特定形态的计划案时，则特许权的授予形式就依照相关法律的规定。例如，台湾地区"促参法"的制定，即采通案立法的方式，将政府特许经营授予民间业者。

### （二）制定专门法规

以个案处理政府特许经营的授予，当无相关法律可以依循时，则必须要通过立法的方式授予特许权。例如，我国香港《东区海底隧道条例》与《英法海底隧道法案》则为采个案立法的模式，依个案的特性而制定专门的法规，并据以授予民间业者特许权。

### （三）特许协议处理

无论是依据一般法律或专门法规，在不违反法律、法规的情形下，授予政府特许经营权，并设定被授予者应该负担的责任。以高速公路兴建为例，是由政府与民间机构以协议的方式，签订特许协议授予民间业者特许权，而从事该项公共建设的兴建与营运。不过，若以特许协议授予民间业者特许权，均应该对特许协议的相关条款作详细规定。

# 第三节　政府特许经营行为的双阶关系

## 一、前、后阶段的法律关系

德国于第二次世界大战后，为从事重建而有各种的政策贷款，未获得贷款的业者其市场竞争立即处于不利地位。不过，依照当时的法律见解，补助贷款纯属国家的私法行为，人民不得对其提起行政争讼。基于私法自治的缔约自由，人民也不得提起民事诉讼，以致全无法律救济可言。因此产生所谓的双阶理论，在私法性质的贷款给予之前，加入具体行政行为性质的同意决定，建构

出前后二阶段不同法律性质的补助贷款法律关系。在前阶段中，政府对当事人的贷款申请，首先在公法上以具体行政行为为同意或拒绝的决定。政府经为同意决定后，在后阶段中，与受补助人缔结私法的消费借贷合同，实际发给贷款补助。因此，人民对于政府是否给予贷款之决定不服者，得提起行政争讼，请求权利保护。[①]

前阶段的决定与后阶段的法律关系间如何相互影响？例如，对贷款的处分加以撤销或废止时，对于贷款合同的形成与内容会有什么影响？反之，若未执行贷款合同上的义务时（例如拒绝给付贷款利息），对于第一阶段的具体行政行为又有何影响？这始终是双阶理论所面临的难解的问题。然而，两阶段行为相互影响的情形颇多，故仅以上述 ETC 案为例，讨论作为前阶段行为的具体行政行为，如有效力上的瑕疵、被撤销或无效等情形时，是否影响后续合同的效力。

## 二、缔结合同后，具体行政行为是否消灭？

前述案件中，被告及参加人主张，建置营运合同订约时为评审公告具体行政行为消灭时，因此提起撤销诉讼并不合法，因为已消灭的具体行政行为不得作为撤销诉讼的标的，其应该适用《行政诉讼法》所规定的确认已消灭的具体行政行为为违法之诉。[②] 除了诉讼模式的选择上有探讨具体行政行为是否存在消灭的实益之外，在实体法上是不是也有探讨具体行政行为是否存在消灭的必要？因为如果认为缔结合同后，具体行政行为归于消灭，则对后续合同不再发生影响，此时具体行政行为与后续合同似可分别独立，而互不影响；反之，如认具体行政行为并未消灭，则其效力可能影响后续合同之效力。有学者认为，对具体行政行为的消灭，认为有实体法上及救济法上的意义，具体行政行为在实体法上消灭并非必然表示在诉讼法意义上也消灭。自行政救济法的层面而言，具体行政行为消灭后，该系争的具体行政行为将不再有成为争讼客体的必要。原则上，具体行政行为消灭后便失其法律上存在，同时也不得再成为撤销诉讼的客体；相反，具体行政行为本身效力虽然丧失，但是其附随效果不

---

① 陈敏：《行政法总论》，台湾三民书局 2004 年版，第 676～677 页。

② 台湾地区“行政诉讼法”第 6 条规定：“确认行政处分无效及确认公法上法律关系成立或不成立之诉讼，非原告有即受确认判决之法律上利益者，不得提起之。其确认已执行而无回复原状可能之行政处分或已消灭之行政处分为违法之诉讼，亦同。”

会因具体行政行为事后消灭而必然消失。至少具体行政行为虽事后不存在，若先前该行政行为为一违法的具体行政行为，则违法性仍然可能存在，并可能因此而对人民的权利持续造成影响。此一违法之具体行政行为虽然在实体法上已消灭，但仍存有撤销的可能性。[①] 具体行政行为在实体法意义上的消灭，指的是具体行政行为的对外生效已不复存，及具体行政行为已失其法律上的存在。台湾地区“行政程序法”第 110 条第 3 项规定：“行政处分(具体行政行为)未经撤销、废止，或未因其他事由而失效者，其效力继续存在。”其中失效即是此等意义。具体行政行为在实体法上消灭的效果，是指该具体行政行为本身将不再有规范效果，即不再持续地经由其所意欲表明之法效果而发生法律上效果。一般而言，具体行政行为消灭事由可能有因撤销或废止而消灭、因期限或时间的经过而消灭、因规范标的的灭失或不存在而消灭、因当事人死亡而消灭、因规范目的无法实现而消灭或因具体行政行为执行完毕而消灭等。[②]

在上述案件中，评审决定是一个行政处分(具体行政行为)，其赋予远通公司最优申请人的资格，该具体行政行为的性质为何？本件判决理由中认为建置营运合同应该认定为评审公告之后续执行程序，可知法院似认为该评审决定系一下命处分。下命处分系以命令或禁止，设定相对人作成特定作为、不作为或容忍义务的具体行政行为，而有后续强制执行的问题。依台湾地区“促参法”第 45 条的规定，评审决定的规制内容仅赋予最优申请人缔约的资格，并没有赋予相对人缔结建制营运合同义务，也无相对人如不执行则须予以强制执行，可知其并非下命处分。

另外，确认处分仅说明有关事项依法律规定原所应有效力，不以变更实质之法律地位为目的，故也非确认处分。形成处分是用以设定、变更或废弃具体法律关系之具体行政行为，该评审决定形成相对人最优申请人的资格并赋予请求缔约的权利。该具体行政行为的效力于建置营运其约缔结后是否继续存在？有学者认为，评审决定在事后建置营运合同缔结之后，在实体法上难以说明其已经消灭。因为实体法上，该评审决定所设定最优申请人资格并不会因为仅因事后合同的缔结就骤然失其法律上存在，事后合同的缔结也不是一个

---

① 程明修：《行政诉讼类型之适用——有关双阶理论、具体行政行为是否消灭的争议》，载《台湾地区本土法学》2006 年第 81 期。

② 李建良：《具体行政行为的解决与行政救济途径的择定》，载《台湾地区本土法学》2002 年第 40 期。

实现具体行政行为内容的执行行为。[①]

## 三、评审决定在建置营运合同中的地位

有学者认为，双阶行为因为紧密相连，且互有因果关系。换言之，第二阶段的合同乃第一阶段评审决定的法律上原因，该原因若不存在（可能因撤销、废止或无效等是由所致），则合同因无所附着，理论上会产生失其效力的结果。但此种失其效力如何导出？有学者认为，台湾地区"促参法"第 45 条第 2 项规定并未明白显示，但若依 ETC 判决理由所称因之而，也属可能且合理的一种法律效果，但若为了精确化其两阶段彼此间的法律关联性，尤其是随着评审决定撤销，投资合同究竟会产生何种法律效果？是否可以应用于"促参法"第 45 条中再加以补定之？[②] 有学者以贷款补助关系为例，提出了几个可能性：一是如以公部门的同意决定为贷款合同的效力要件，那么贷款合同也随同决定的废弃而无效。二是以同意决定作为贷款合同之原因，因此可以要求已支付的金额。三是以同意决定作为贷款合同的法律层面上的基础，因此可终止合同。四是同意决定因缔结贷款合同而执行完毕，则对贷款合同不再发生任何影响。[③]

# 第四节　特许经营协议的性质

上述案件争议的起源，主要聚焦在特许经营协议法律性质的问题上。因为特许权关系主要适用市政公用事业特许经营，是指政府依照有关法律、法规规定，通过市场竞争机制选择市政公用事业投资者或者经营者，明确其在一定期限和范围内经营某项市政公用事业产品或者提供某项服务的制度。特许经营协议是由公部门与私部门（通常是民间机构）以合同的方式，签订特许合同

---

① 程明修：《行政诉讼类型之适用——有关双阶理论、具体行政行为是否消灭的争议》，载《台湾地区本土法学》2006 年第 81 期。

② 林明锵：《促进促进民间参与公共建设法事件法律性质之分析》，载《台湾地区本土法学》2006 年第 82 期。

③ 陈敏：《行政法总论》，台湾神州图书出版有限公司 2004 年版，第 679 页。

授予民间机构特许权，而从事该项公共建设之兴建与营运。因特许经营所签订的相关协议是属于私法合同或是公法合同，在学说与实务上有许多争议。

特许经营协议的法律性质决定了适用调整该协议的法律，而法律适用将直接关系协议各方的权利义务的内容。关于特许经营权的法律性质，目前有三种观点：

第一种观点认为是公法合同。其理由如下：(1)特许经营协议一方当事人是行政主体，双方法律地位不平等；(2)协议的内容涉及公共事务的管理；(3)协议的目的是实现公共利益；(4)公部门享有行政优益权。

第二种观点认为是私法合同。其理由如下：(1)行政合同说将增加私部门投资公共建设的风险；(2)民事合同能够充分体现意思自治原则，有利于适应各个项目的具体情况；(3)特许协议的民事合同性质在世界上已经获得了广泛的认可；(4)我国的法律传统和立法现实与行政合同说不相容。

第三种观点认为是混合合同。因为政府在政府特许经营案例中，同时具有行政和民事的双重主体身份，使得特许经营协议也具有行政和民事合同的双重属性。

## 一、私法合同

主张特许经营为私法合同说者，其理由为：

第一，认为特许经营协议规范的事项，及在规范其特许经营权限、权利金之给付、营运资产的移转等事项，与私法合同所规范之事项并无特别不同。[①]在公私合作的案例中，政府特许经营的交通建设事业并非一定专属于公部门始得为之，若主管机关将特许经营事业授予民间机构来经营，民间机构也得经营该事业，故特许经营协议的签订并不构成公法权利义务的移转，不应解释为公法合同。再者，公法合同说主张平等原则、公益原则及比例原则，在私法合同中也可通过签订合同条款来达成此一目的，而公法合同在此方面显然没有独特之优越性。[②]

第二，符合国际间对政府特许经营案件办理的潮流，使合同双方当事人处于平等的地位，避免政府以公权力片面限制或剥夺人民兴建、营运的权利，故

① 陈清秀：《特许合约与公权力之行使》，载《月旦法学》1998 年第 34 期。

② 林诚二：《民法债编总论——体系化解说》，台湾瑞兴出版社 2000 年版，第 73 页。

政府特许经营协议应为私法合同。[①]

第三，从特许经营模式的目的来说，以政府特许经营模式兴建公共工程，主要是在于借重民间企业的经营效率，由民间兴建、营运该项公共建设，政府尽可能不介入经营。若是将政府特许经营协议解释为行政合同，就有可能扩大政府的介入空间，而与政府特许经营的模式的原意不同，所以应该认为是私法合同。[②]

第四，政府与民间订立的行政合同，若有重大情事变更，非当时签订合同时可以预料的情形，则可以要求调整合同的内容或终止合同。若在行政合同之外，仍保留行使公权力的权限，政府立于买方独占的优越地位，人民无法立于平等地位，极可能遭遇不公平与不合理待遇，政府可能因为公益或其他理由，导致法律关系的不确定与不平等，而使得民间机构融资取得困难。若将政府特许经营协议解释为公法合同，可能或扩大政府以公益而介入的空间，恐与政府特许经营的原意不符，故为维护特许合同的公平地位，政府特许经营协议应该认为是私法合同。

第五，在政府特许经营投资案中，合同为王，即在特许经营投资案中必须充分尊重当事人缔约的合同条款，体现合同自治的精神。若是将特许经营协议定性为行政合同，则当事人不平等的观念，抵触应尊重特许经营协议条款的精神，更违反了合同自治的原则。在台湾地区“促参法”的相关规定中，为了提高民间参与公共建设的意愿，特别在制定法律时有关特许权合同之定性作了规定，基于合同是王的原则，于公共建设兴建营运期间及期间届满时，政府与民间机构所可能发生的任何权利义务问题，皆须于合同中加以规定，以减少争议的发生，以及争议发生后能够得到适当的解决途径，故不应该将其定性为行政合同，而应为私法合同。

## 二、公法合同

以特许模式允许私部门参与兴建营运公共建设，以代替国家或地方团体提供公共建设服务的任务，这与社会大众权益关系密切，具有强烈的公共利益

---

① 马惠美：《从促进促进民间参与公共建设法论公权力之监督管理与BOT契约之执行——以高速铁路及捷运为例》，台湾东吴大学法律研究所2002年硕士论文。

② 陈明灿、张蔚宏：《台湾促进民间参与公共建设法下之法制分析：以公私协力观点为基础》，载《公平交易季刊》2005年第2期。

色彩，并非单纯的私法合同可以比拟。所以，就合同的特征而言，适用公法不仅较符合事物本质，而且较能维护社会大众的权益。公部门基于法定职权，为达成特定行政上目的，于不违反法律规定的前提下，自得和人民约定提供某种给付，并使接受给付者负担合理之负担或其他公法上对待给付之义务，而成立行政合同。[①] 因为特许合同是依据法律规定所签订，一般都属于为公法法规，有关特许合同中约定的事项，包括特许权的授予、兴建营运范围的指定及变更、土地征收取得、兴建营运许可及其变更、主管机关的监督权、强制接管、强制收买、政府补助、交通事业费率的核定及特许权利金的征收等事项，均涉及公法规定的权利义务。自其内容来看，即属于公法合同，且法国实务上对于政府特许经营协议的定性，似也采公法合同说，故认为特许经营协议合同为公法合同。是若将特许合同解释为公法合同，适用公法的原则的结果，宪法上的基本权利以及相关行政法的法律原则（如信赖保护原则、平等原则等）也均有其适用，对于私部门也提供应有的合理保护，不至于蒙受不测的损害，所以私法合同的顾虑并不会存在。如公权力行政遁入私法合同领域，适用所谓私法自治与合同自由原则，逃脱公法的规范，则主管机关难免有利益输送私部门的疑虑，到时候社会大众都将成为被害人。所以，将政府特许经营协议如解释为私法合同，并漫无目的限制地适用私法规定与原则时，将危害公共利益甚巨，不可不慎。

## 三、混合合同

就实质而言，政府特许经营协议是一种兼具民事合同和行政合同特征的双重属性的合同，在民事合同方面的特征有：第一，特许经营协议在本质上是政府将特定的基础设施项目在一定年限内的物权、经营收益权与特许经营者的资金、先进的技术和管理经验等进行交易，因此，协议的重点仍然是民商法意义上的私法权利。第二，特许经营者在履约过程中，在授权范围内有自由行事的权利，可见其享有主动、积极的地位，不同于行政合同中私部门一方被动、消极的地位。第三，特许经营协议纠纷的解决方式一般为谈判、协商、仲裁等。我国的交通、发电厂、给水的政府特许经营协议示范文本规定了定期讨论、和解、仲裁三个措施。这些商事合同的纠纷解决方式明显不同于行政合同的纠纷解决方式，反映了特许经营协议的民事特征。

---

① 参见台湾地区“司法院大法官”会议释字第 348 号解释理由书。

当然，协议也有行政合同的特征，包括：第一，为了保障公共利益不受损害，政府往往有单方面解除或变更合同的权利。第二，在特许经营者违约时，政府可采取强制、制裁等救济措施，使特许经营协议带有行政色彩。第三，在特许经营协议中，民间业者不可避免地承担了部分公共服务的职能。

## 四、特许经营协议的定性

在特许经营协议的缔结过程中，有两个阶段行为的概念产生。在第一个阶段，主管机关应完成评审决定，并与最优的申请人缔结协议，而整个评审过程皆属于缔结协议的准备行为，该评审决定仅仅是确认准备行为的结果，将其定性为公法行为，以便于适用公法关系，并使利害关系人以争讼的手段维护公法上公平参与的权利。在第二个阶段，当缔结协议之后，评审决定遭撤销，也就是否认整个缔结合同的准备行为，此时并不当然影响后续缔结合同此一法律行为的成立及效力，而应更直接审视该缔约准备行为的瑕疵对该合同的影响。在公法中探讨行政行为的瑕疵，同时包括程序法上的瑕疵及实体法上的瑕疵，而程序法上的瑕疵常常也造成最后实体上不正确的结果。

政府特许经营涉及两个阶段的法律行为，若探讨前阶段行为的瑕疵对后阶段行为的影响，应该先对后阶段行为加以定性。后阶段的合同行为可以分为私法行为或公法行为，而分别适用私法或公法的相关规定。如果是私法行为时，前阶段具体行政行为虽作为缔结合同的前提，但并非是合同的成立要件，当被依法撤销时，并不影响后阶段合同行为的效力。不过有疑问的是，该合同可否依《合同法》或其他法律规定，因违反强制性规定而无效？

本书认为，必须先经具体行政行为确定缔约人资格的强制规定，仅属程序规定，非对合同标的内容的规范，并不适用《合同法》或其他民事法律规定，并不会导致合同无效。此时探讨有无具体行政行为的存在并无实益，应更直接地探讨具体行政行为被撤销的原因是否同时构成合同的瑕疵。如果后续合同的性质为公法合同时，以特许经营为例，此时该公法合同是否适用民法相关规定而使该合同归于无效。《合同法》或其他民事法律规定的强行规定应仅限于关于合同标的本身的强行规定，即关于合同标的的实体法规，而不包括缔结合同的程序规范。因此，相关规范特许经营的规定非属《合同法》或其他民事法律所称的强行规定而当然无效，此时合同的缔结违反特许经营的规定，该合同是成为违法的合同。至于违法合同的效力如何，应视合同瑕疵的重大程度而定。

有学者认为,依台湾地区"促参法"第 45 条第 1 款规定所签订的合同,适用双阶理论。① 现今大多数特许经营实务的做法,是将特许经营定性为私法合同,但为确保公共利益,于特许权合同当中赋予主管机关可以使用公权力强制接管该项公共建设的营运。故即使采取私法合同说,若基于公益之理由,主管机关仍可以在法规许可范围内,适时以公权力介入。在"促参法"第 52 条、第 53 条、第 54 条规定即针对此项情形,为维护公益可以行使强制接管或强制收买的方式。另外,在纷争解决方面,公法合同是由行政法院管辖,而私法合同则是由普通法院管辖。判断合同的属性,也就是行政合同与私法合同的区别,学理上固有各种不同的学说,不过对于具体合同予以判断时,则应该就合同主体(当事人的法律地位)、目的、内容以及订立合同所依据的法规的性质等因素综合判断,但在遇到实际事件时仍有困难存在。

归纳上述说法,特许经营协议,其约定内容有下列四者之一时,即认定为行政合同:一是作为实施公法法规之手段者,因执行公法法规,公部门本应作成具体行政行为,以合同代替。二是约定的内容是公部门负有作出具体行政行为或其他公权力措施之义务者。三是约定之内容涉及人民公法权益或义务者。四是约定事项中显然偏袒公部门一方或使其取得较人民一方优势之地位者。②

当特许经营协议经评审决定因违反公益原则与平等原则而遭撤销时,其属于违法合同。而该合同的违法并非单指特许经营的规定,也指其缔结程序违反平等原则及公益原则。那么,合同缔结程序违反公益原则及平等原则之效力如何?

本书认为该瑕疵并非严重瑕疵,因此该合同仍然有效,不过仍然可以通过调整或终止合同之机制以追求公益目的,采取此种解释方法以谋求合同拘束原则及依法行政原则的调和。然而,此种解释将可能对利害关系人的救济造成限制,因为利害关系人提起撤销诉讼的目的,是想借由撤销评审决定达成排除合同效力的目的,进而重新进行评审程序以取得缔约的资格。然而,如果认为评审决定遭撤销后合同仍然有效,利害关系人仍然无法通过撤销诉讼有效达成对其权利的保护,此时,合并提起撤销诉讼请求撤销评审决定及一般给付诉讼请

---

① 许宗力:《论行政任务的民营化》,载《当代公法新论(中)》,台湾元照出版社 2002 年版,第 602 页。

② 陈旺好:《台湾特许合约 BOT 法律属性与争议处理制度之研究》,台湾海洋大学海洋法律研究所 2007 年硕士学位论文。

求公部门行使单方终止权，不乏为可以考虑的途径。不过在一般给付诉讼中，公部门是否终止合同，仍应考虑公共利益的维护而有自行决定的空间。

## 第五节　对双阶理论的省思

台湾地区"司法院大法官"会议释字第540号解释明确地采用了双阶理论，其解释理由书认为：主管机关直接分配及兴建的住宅，先由有承购、承租或贷款需求者向主管机关提出申请，经主管机关认定其申请合于法定要件，再由主管机关与申请人订立私法上的买卖、租赁或借贷合同。此等合同是为了推行社会福利并照顾收入较低民众生活之行政目的所采之私经济措施，并无权力服从关系。至于申请承购、承租或贷款者，经主管机关认为依相关法规或行使裁量权结果不符该当要件，而未能进入缔约程序的情形，即未成立任何私法关系，此等申请人如有不服，须依法提起行政争讼。由此可知，在补助行为已明确采纳双阶理论，认为前阶段的申请核准是具体行政行为，后阶段所缔结的合同是私法合同。因"政府采购法"的修正，对于政府采购行为分别予以阶段观察，就其所衍生的法律争议，明订救济途径，依第74条与第83条规定，厂商与机关之间关于招标、审标、决标的争议，可以依规定提出异议及申诉。审议判断，视同诉愿(行政复议)决定。另外，第85-1条第1款规定，机关与厂商因履约争议未能达成协议者，可以向采购申诉委员会申请调解。可知，修法后的设计可说是一种法律明定的双阶法律关系。而台湾地区的实务界也认为，上述修正后的"政府采购法"规定，其就采购争议的性质，采所谓双阶理论，以厂商与机关间是否进入缔约程序，而分别适用行政诉讼及民事诉讼的救济程序。

以ETC案为例，由于"促参法"第42条以下的规定，将促参案件的行政程序大略可分成评审阶段及缔约程序两个阶段，而这两个阶段之结束开始，分别是评审决定公告评定最优申请案件申请人[①]以及缔结投资合同[②]，所以是一种典型的双阶理论的设计。其中，ETC案的主办机关依据"促参法"第44条第1款："主办机关为审核申请案件，应设评审委员会，按公共建设之目的，决定评审标准，并就申请人提出的数据，依公平、公正原则，于评审期限内，择优评定

① 参见台湾地区"促参法"第45条第1项的规定。

② 参见台湾地区"促参法"第45条第2项的规定。

之。"所谓的最优申请人的评定，是一种具体行政行为，主要为确定 ETC 合同是否缔结，以及缔约出不同性质行为的界限。特别是立法者若以明文规定公部门必须采取复数而具阶段关系的行为完成任务时，双阶理论更有其正当性。因此，双阶理论的适用首先须明确相对人为谁的问题；至于事后主办机关与该相对人依据同法第 45 条第 1 款所缔结的合同，则为前述具体行政行为的执行阶段，本身又另构成一个法律关系。虽然这种所谓的双阶理论（具体行政行为与行政合同）长久以来广受批评，不过由于"促参法"如此明显的区隔处理，甚至还分别就具体行政行为与合同问题的争议，异其救济程序。[①] 传统双阶理论的模式将申请核准的行为定性为具体行政行为，而后续缔结的合同为私法合同，即所谓"前公后私"的结构，其理由在于双阶理论一开始的目的是企图突破经济补助行为仅适用私法自治原则且全无救济管道的情形，因此多数的案例都发生在国库行为上。[②]

然而，此是否可谓在双阶理论的法律关系中，预设后阶段合同关系的性质是一个私法关系？其实，双阶理论的提出，正是有感于法律关系中所存在的行政行为并非单一，因此尝试在复杂的法律关系中提出一个"前阶公法＋后阶私法"的法律关系，其重点在强调每一个在法律关系中的法律行为都有其特殊性。由此可知，双阶关系中一个公法行为结合另一个私法行为之可能性不应该自始被排除；反之，单一行为理论的提出，只能修正那些本质上单一的行为。至于在法律关系中，若事实上存在阶段形态的复数法律行为，欲以单一的法律行为理论取代，可能也会重蹈双阶理论虚拟造作的覆辙。[③] 因此，"台北高等行政法院"在 ETC 案判决中，认为该建置营运合同的性质为行政合同，而非私法合同。对此，有学者批评其"单阶说"（评审公告为投资合同的准备行为，即合同的承诺行为）见解，认为一方面与已产生两个独立行政行为的客观事实不

---

① 参见台湾地区"促参法"第 47 条："参与公共建设之申请人与主办机关于申请及审核程序之争议，其异议及申诉，准用政府采购法处理招标、审标或决标争议之规定。前项争议处理规则，由主管机关定之。"

② 另外，台湾地区"司法院大法官"会议释字第 540 号解释文也明确指出："为达成行政上之任务，得选择以公法上行为或私法上行为作为实施之手段。其因各该行为所生争执之审理，属于公法性质者归行政法院，私法性质者归普通法院。惟立法机关也得依职权斟酌事件的性质、既有诉讼制度的功能与公益的考虑，就审判权归属或解决纷争程序另为适当设计。"

③ 程明修：《双阶理论的虚拟与实际》，载《行政法之行为与法律关系理论》，台湾新学林出版股份有限公司 2005 年版，第 74～76 页。

符，另一方面也与立法者明示的双阶程序设计背道而驰，且对竞争第三人的权利保护也有漏洞。该学者提出“修正的双阶理论”，第一阶段仍将该评审行为定性为具体行政行为，但第二阶段则将投资合同则定性为行政合同，不仅可以避免单一的法律关系，分受不同法律规范管制的弊端（均受公法规范拘束），更可以由同一法院（即行政法院）进行诉讼审理（均适用公法的规定），避免公法与私法在混合适用上的困难，还可以避免民事法院与行政法院法律见解上的歧义。①

双阶理论虽然解决了救济的问题，不过，其本身仍具有许多缺失：首先，许多双阶段关系的区分仅是一种法学上的虚拟。在一个以要约与承诺作为前提的合同前，设想有一个具体行政行为存在，经常与现实法律关系相违。当事人可能仅为一法律行为，虚拟出两个不同阶段的法律关系。例如，同一行为同时为公法上的许可与私法上的要约或承诺意思表示，给人一种虚构、脱离现实的印象。其次，割裂单一生活事实，将单一生活事实割裂为公法与私法性质的两个法律关系，分别适用不同的救济途径，不仅产生不便，如又分属不同管辖法院时，法院对具体行政行为及合同之存否或效力产生不一致之认定时，将产生无法解决的矛盾现象。最后，前后阶段的关系不明，具体行政行为在合同缔结后是否存在，还是归于消灭？具体行政行为的瑕疵对后续合同效力有何影响？再如，国家机关如认为其给予补助的决定行为本身有瑕疵而欲撤销之，或依法令或事实之变更，而欲将已给予的补助废止，则此等撤销或废止究竟应认为授益具体行政行为的撤销或废止而属公法性质？还是对执行阶段的私法关系加以撤销、解除或终止而属私法性质？②

双阶理论中，前阶段行为的瑕疵对后阶段行为的影响是一个难以理清的问题，在立法上，或许可由实体法以及程序法的面向加以解决此一问题。有学者认为，在相关法律中，即应明白规定第一阶段法律行为之瑕疵对第二阶段法律行为会产生的具体影响。台湾地区“政府采购法”第 50 条第 2 款规定的机制设计，有足供参考之处。③ 依第 50 条第 2 款前段：“决标或签约后发现得标厂商于决标前有前项情形者，应撤销决标，终止或解除合同，并可以追偿损

---

① 林明锵：《促进促进民间参与公共建设法事件法律性质之分析》，载《台湾地区本土法学》2006 年第 82 期。

② 廖义男：《国家赔偿法》，自刊，1998 年版，第 35 页。

③ 林明锵：《促进促进民间参与公共建设法事件法律性质之分析》，载《台湾地区本土法学杂志》2006 年第 82 期。

失。”可知，其不一定要如 ETC 案判决中采用合同无效的最极端法律效果，并可以采取第 50 条第 2 款后段：“但撤销决标，终止合同或解除合同不符公共利益，并经上级机关核准者，不在此限。”借公共利益条款与程序核准机制，以例外缓解终止或解除合同的僵化效果，达成公共利益的最高目标。

第六章

# 公私合作的法律规范

由于公私合作的缘故，公部门的角色逐渐从管制的、产出的，转变为担保的、合作的角色，但是，借由公私合作的手段，并不意味着公部门从该当的行政任务中退却，只能代表公部门功能的转变，而非功能的丧失。因此，当公私合作时，必须建构一套法律规范。

## 第一节　对法定模式的规范

### 一、考虑的重点

对于法定模式的义务参与，一般都是出于紧急性的目的或公益性的因素，由法律规范直接赋予公私合作执行行政任务，例如发生集会、游行、示威时，其负责人必须负责维持集会、游行、示威的秩序，并严格防止其他人加入集会、游行、示威。因此，对法定模式的规范，考虑的重点主要为对私部门的权限与公部门有效的监督等。基于法律规定的义务参与，是借由法律赋予公私合作执行行政任务的义务，对于执行任务的私部门而言，本质上仍是一种基本权利的干预，考虑的重点在于自由权的保障。就《集会游行示威法》第 25 条第 2 款、第 3 款所规定，集会、游行、示威的负责人承担维持集会、游行秩序的任务，是直接以法律予以具体规定，赋予非公权力主体的私部门有危害防止或排除的

义务，此是属于例外情形，应该有其界限，并且必须妥善加以斟酌，否则缺乏一个明确可依循的标准，容易开启立法恣意的方便之门，导致执法机关卸责，私部门的权利易受到侵害。因此，检讨法定模式相关规范的首要工作，便是对私部门基本权利的保障进行充分的考虑。

另外，基本权利是可以被限制的。公部门在法律规定的范围内可以对基本权利进行一定的干预或限制，至于该干预或限制是否已经不法侵害到私部门的基本权利，则依下述四个程序来审查：(1)限制或干预基本权的行为必须是为达成公益目的而作出，即符合公益原则；(2)限制或干预基本权利行为必须有法律上的基础，即符合法律保留原则；(3)限制或干预基本权利的行为必须依据法定程序来进行，即符合正当法律程序原则；(4)限制或干预基本权利的行为必须是必要的且在侵害最小的范围内为之，即符合比例原则。

首先，就集会、游行、示威的负责人而言，《集会游行示威法》第 25 条第 2 款、第 3 款规定："集会、游行、示威的负责人必须负责维持集会、游行、示威的秩序，并严格防止其他人加入。集会、游行、示威的负责人在必要时，应当指定专人协助人民警察维持秩序。负责维持秩序的人员应当佩戴标志。"其影响的是集会、游行、示威的负责人可以为或不为任意一种行为的自由，涉及一般行动自由权的干预，[①]应该依照上述基本权利限制合法性的审查步骤来判断。《集会游行示威法》第 25 条第 2 款、第 3 款的立法目的在于明定集会、游行、示威负责人的权责，以维持集会、游行秩序，其符合维持社会秩序的要件，基于此种立法目的，自得在符合其他条件的前提下限制人民权利。

其次，因《集会游行示威法》是以法律直接赋予私部门执行行政任务的义务，集会、游行、示威负责人的一般行动自由权系由法律直接加以限制，其已符合基本权限制之法律保留的要求。就比例原则的审查而言，集会、游行、示威负责人指挥参加人的行动，维持群众秩序的行为，应有助于集会、游行时公共安全与秩序的维护，以目的达成来说，其属于合适的手段，因此，该手段应符合适当性的要求。但是，该手段是否能通过必要性的检验？若将人民警察直接介入作为维持秩序的手段，似乎即能避免影响集会、游行、示威负责人的一般行动自由权。不过，人民警察若一开始即介入维持集会、游行、示威的秩序，在现实中往往会造成集会、游行、示威人群的强烈反弹，反而会加剧社会矛盾。就公共安全的维护而言，维护秩序的任务不如移转至与群众立于同一阵线的集会、游行、示威负责人，由其先实行维持秩序措施。就此而言，

① 陈爱娥：《公立学校工友可否组成工会》，载《台湾地区本土法学》2000 年第 7 期。

立法者以让集会、游行、示威负责人承担维持秩序义务作为手段，并未违反必要性的要求。

最后，因集会、游行、示威的实施对于公共安全势必会造成某种程度的影响，在进行相关活动之际也会创造特定的风险。立法者以法律赋予集会、游行、示威负责人承担维持秩序的责任，其目的在于维护公共安全，此公益目的与私部门应降低风险的责任之间，在事物上具有特别接近的关联，立法者所采取的手段与欲达成的目的之间并未失衡，因此，其也未违反狭义比例原则的要求。综上所述，《集会游行示威法》规定的义务参与和立法者赋予集会、游行、示威负责人维持秩序的义务，并未侵害私部门的自由权。

## 二、具体规范内容

### （一）私部门的权限

为避免私部门参与行政任务时与公部门之间的权限与责任分配不清，依据法治国原则要求，在建构公私合作的法律规范时，必须在相关法规范中明确规定私部门的权限与任务，借此使公、私部门的权限与责任分配透明化，并使公私合作的行为具有可预见性。在以义务参与时，也必须遵守此一要求，例如《集会游行示威法》第25条第2款规定，集会、游行、示威的负责人必须负责维持集会、游行、示威的秩序，并严格防止其他人加入，并于第23条第3款规定，集会、游行、示威的负责人在必要时，应当指定专人协助人民警察维持秩序。负责维持秩序的人员应当佩戴标志。因此，《集会游行示威法》赋予负责人于维持秩序时得行使特定权限。然而，在此所谓的维持、防止、指定，解释上仅为一种高权命令，而非强制性的手段。即使对于妨害集会、游行、示威的其他人群，负责人也仅能命令其离开，而不能亲自或命纠察员以强制力加以驱离，而是必须请求人民警察协助执行该命令。

再就公部门（公安机关）的任务而言，《集会游行示威法》第18条规定："对于依法举行的集会、游行、示威，主管机关应当派出人民警察维持交通秩序和社会秩序，保障集会、游行、示威的顺利进行。"第20条规定："为了保障依法举行的游行的行进，负责维持交通秩序的人民警察可以临时变通执行交通规则的有关规定。"第27条规定："举行集会、游行、示威，有下列情形之一的，人民警察应当予以制止：1.未依照本法规定申请或者申请未获许可的；2.未依照主管机关许可的目的、方式、标语、口号、起止时间、地点、路线进行的；3.在进行

中出现危害公共安全或者严重破坏社会秩序情况的。有前款所列情形之一，不听制止的，人民警察现场负责人有权命令解散；拒不解散的，人民警察现场负责人有权依照国家有关规定决定采取必要手段强行驱散，并对拒不服从的人员强行带离现场或者立即予以拘留。参加集会、游行、示威的人员越过依照本法第 22 条规定设置的临时警戒线、进入本法第 23 条所列不得举行集会、游行、示威的特定场所周边一定范围或者有其他违法他犯罪行为的，人民警察可以将其强行带离现场或者立即予以拘留。”由上述可知，在对《集会游行示威法》适当解释之下再将危害防止的任务移转私部门时，已经符合法治国原则的要求清楚划分公、私部门的任务与权限。

### （二）公部门的监督

民主国原则要求行使公权力行为必须符合人民的意志，在借由私部门的力量执行行政任务时，其应受公部门的充分监督。此外，权利保障原则也要求在将行政任务私部门化时，必须规划一套预防性的监督措施，以便控制私部门的行为，借此保护行政相对人的权利。因此，在形成公私合作的法制时，建构有效监控私部门执行任务行为的机制已成为民主国原则与基本权利保障的共同要求。如前所述，监督机制应如何设计才能达到所需求的水平，无法一概而论，必须考虑各该情形的相关条件，才能加以具体化。在公私合作时，公部门应对于其行政任务建立起担保及承接的介入机制，除了必须监督私部门合法地执行行政任务外，在私部门无法达成法律规范的要求的情形，公部门仍应直接介入承担起实现该任务的责任。因为基本权利保障必须考虑各该受保护法益的重要性、影响人民权利之措施的方法及其强度，以及受影响之权利的回复可能性等条件来具体化。因此，公部门的担保及承接责任也是浮动的，不同的保护需求也将形成不同的保护机制。

针对法定模式的情形，由于公部门对社会安全责任是永续且不能解除的，负有持续性的保护责任。此种保护责任要求公部门（尤其是公安机关）保留监督权限，在私部门对其维持安全的任务执行过当或执行不力时，立即采取措施以防止私部门非法使用暴力或维持安全秩序。在集会、游行、示威的情形，第 18 条规定：“对于依法举行的集会、游行、示威，主管机关应当派出人民警察维持交通秩序和社会秩序，保障集会、游行、示威的顺利进行。”人民警察于现场监督秩序时，若发现该集会、游行、示威的参加人已做出危害公共安全的行为，其得要求负责人采取维持秩序的措施。若负责人拒不行为，或其无力制止参加人的侵扰行为，甚至发生第 27 条规定的情形，人民警察应当予以制止。严

重时，人民警察可以依照第 28 条、第 29 条、第 30 条的相关规定，追究其治安责任或刑事责任。

本书认为，如此设计的监督机制已能达成上述随时监督私部门执行任务的行为，并在私部门执行过当或执行不力时采取立即的介入措施。因为在法定模式的情形，国家赖以生存的重大法益是该任务所保护的公共安全，而且该任务经常涉及强制力的行使，其可能造成之人民生命、身体的损害。为符合该任务的特殊性需求，公部门必须采取高密度的监督措施，其所塑造的监督机制应取向于尽可能随时监督私部门执行任务的行为，且当私部门执行过当或执行不力时，拥有充分权限可以立即采取介入措施，以确保实现该任务的责任。

# 第二节 对授权模式的规范

## 一、考虑的重点

针对授权模式的情形，相关法制的规范必须考虑以下观点：首先，在授权模式行使公权力时，应满足法律保留原则的要求；其次，在授权前应形成适当私部门的机制；最后，在具体形成授权内容时，必须明确划分公、私部门的权限与责任，确保私部门执行任务的中立性，建构有效的监督与控制机制，以及对行政相对人提供确实有效的权利救济管道。在授权模式的情形下，公部门将其权限的一部移转由私部门行使，并因此改变公部门执行行政任务的责任，依民主国原则要求公部门在形成授权规范时，必须依照法律规定。然而，法律保留原则固然要求保留范围内的行政任务应以法律定之，但也不禁止立法者在不违反授权明确性的前提下，使法律授权公部门以行政命令方式行之。因此，授权明确性原则要求授权的目的、内容、范围必须明确，也就是授权法律本身必须明确表明行政命令所追求的目的，以及公部门仅能在何种界限内自主决定命令的范围。然而，法律授权的目的、内容与范围的划定，并无须由授权条款本身逐项规定，就授权条款与该项法律其他条文的关联性，以及从制定过程中所表现的整体追求目的，运用通常法学解释方法，得知授权条款之目的、内容与范围，已足以满足此一要求。换言之，公部门制

定行政命令时，必须遵守立法者所划定的范围，否则该行政命令即违反授权母法而归于无效。

以保安押运公司为例，依《保安押运公司管理暂行规定》（以下称《暂行规定》）的相关规定，将从事武装守护、押运服务的保安服务公私管理，确保守护、押运安全授权予私部门。因此以行政命令授权私部门执行武装守护、押运服务任务本身，是否违反授权明确性原则？《暂行规定》第 8 条规定："保安押运公司应当依照本规定第三条规定的服务范围，开展武装守护押运工作。严禁超范围开展武装守护、押运服务。"该条即明白规定此一授权范围，并在相关规定中，详细其授权内容。

## 二、具体规范内容

### （一）私部门资格

由于法治国原则要求行使公权力之人必须能够客观、公平并有效地考虑所有相关的利益，因此在公私合作时，应该确保选择的私部门能够依其专业资格合法地执行任务。此项要求在保安服务时具有重要意义。公部门必须担保其选择私部门可以合法地执行任务，在将保安服务任务移转至私部门时，为落实此项要求，必须加强对私部门人格可信赖性的考虑，因为此种任务通常涉及强制力的运用，容易对公共安全及第三人的权利造成严重损害，将此种权力授予私部门行使时，必须选择人格上可信赖之人，以降低其违法行使权力的可能性。此外，在该保安服务任务授权私部门时，公部门更应确保私部门能够确实地执行该任务，以担保其实现任务的责任，将该任务移转给可信赖的私部门，将有助于达成此项要求。基于危害防止任务属于国家核心任务、私部门得以运用物理上强制力以及该权限之行使可能对第三人权利造成重大损害的理由而主张，在将维护安全的任务移转私部门时，应该提高对私部门资格（人格）可信赖性的要求。

然而，私部门资格的可信赖性需达到何种程度，并无绝对的判断标准，从赋予私部门的权限与执行任务的重要性方面，仍可以具体化对私部门资格的要求。当授予私部门的权限可能对行政相对人的权利造成严重影响，或者执行任务所保护的法益重大，对私部门资格（人格）的要求必须相应地提高，甚至必须

符合法律保留原则，例如《保安押运公司管理暂行规定》第 9 条的规定。[①] 另外，保安押运在执行武装守护、押运服务的保安服务公司管理，确保守护、押运安全的任务时，必须针对急迫性的危害采取防御措施，也经常伴随强制力的运用，要求私部门须具备掌握专业保安守护、押运和枪支使用技能，熟悉有关保安守护、押运、枪支使用以及管理方面的法律、法规和规章。专用护运车辆驾驶人员除具备前款规定的条件外，还须具有 B 证以上驾驶执照并从事三年以上驾驶工作。由上述说明可知，《保安押运公司管理暂行规定》所塑造的选择私部门的制度，虽已顾及专业能力的要求，但对于资格(人格)可信赖性则似未充分考虑。

## (二)私部门识别方式

为避免公私合作执行行政任务时混淆公、私部门之间的身份认定，必须使私部门执行任务的行为具备可识别性，并使私部门在执法时拥有一定的基本配备，以利任务的执行。因此，必须在相关法规范中明确规定私部门的服装与配备，例如《保安服务管理条例》的相关规定。[②] 由此可知，保安员的任务是：

---

① 《保安押运公私管理暂行规定》第 9 条："保安押运公私的守护、押运人员应当符合下列条件：(一)年满二十周岁的中国私部门，身体健康，品行良好，没有赌博、吸毒、酗酒等不良行为；(二)具有初中以上文化程度；(三)没有精神病等不能控制自己行为的疾病病史；(四)没有被行政拘留、收容教育、收容教养.劳动教养，强制戒毒和刑事处罚记录(五)掌握专业保安守护、押运和枪支使用技能，熟悉有关保安守护，押运和枪支使用、管理法律、法规和规章；(六)法律、法规和规章规定的其他条件。专用护运车辆驾驶人员，除具备前款规定的条件外，还须具有 B 证以上驾驶执照并从事三年以上驾驶工作。保安押运公私经营管理人员除具备本条第一款规定的条件外，还须具有中专以上文化程度，并熟悉有关保安经营管理业务。"

② 《保安服务管理条例》第 27 条："保安员上岗应当着保安员服装，佩带全国统一的保安服务标志。保安员服装和保安服务标志应当与民众解放军、民众武装警察和人民警察、工商税务等行政执法机关以及人民法院、民众检察院工作人员的制式服装、标志服饰有明显区别。保安员服装由全国保安服务行业协会推荐式样，由保安服务从业单位在推荐式样范围内选用。保安服务标志式样由全国保安服务行业协会确定。"第 28 条规定："保安从业单位应当依据保安服务岗位的需要为保安员配备所需的装备。保安服务岗位装备配备标准由国务院公安部门规定。"第 29 条："在保安服务中，为执行保安服务职责，保安员可以采取下列措施：(一)查验出入服务区域的人员的证件，登记出入的车辆和物品；(二)在服务区域内进行巡逻、守护、安全检查、报警监控；(三)在机场、车站、码头等公共场所对人员及其所携带的物品进行安全检查，维护公共秩序；(四)执行武装守护押运任务，可以依据任务需要设立临时隔离区，但应当尽可能减少对私部门正常活动的妨碍。保安员应当及时制止发生在服务区域内的违法犯罪行为，对制止无效的违法犯罪行为应当立即报警，同时采取措施保护现场。从事武装守护押运服务的保安员执行武装守护押运任务使用枪支，依照《专职守护押运人员枪支使用管理条例》的规定执行。"

于其驻在单位，或于经公安机关指定的邻近地区，执行维持治安、整理交通的任务。就保安员执行任务可以行使的权限而言，授权保安从业单位应当依据保安服务岗位的需要为保安员配备所需的装备，保安服务岗位装备配备标准由国务院公安部门规定。就上述规定而言，仍未清楚划定保安员的权限，因为在行使一切可能采取防制措施或采取必要防范措施的职权时，其对行政相对人究竟能采取如何行为并不清楚。总结而言，保安员承担于其驻在单位或邻近地区执行维持治安、指挥交通的任务，但就其执行任务所得行使的权限，除了关于使用警械的权限有明确的规定外，在相关授权法制时，对此并未为清楚的规范。

### （三）公部门的监督机制

如前所述，民主国原则与基本权利保障原则同时要求，公部门将行政任务授权私部门时必须塑造有效的监督与控制机制，以确保私部门能够妥适且合法地执行任务，并防止其侵害行政相对人的权利。因此，公部门在将危害防止的任务授权私部门的情形，塑造的监督机制应该取向于能够尽可能随时监督私部门行为，并且在私部门违法执行或执行不力时立即采取介入措施，以保护可能受到侵害的行政相对人权利。然而在授权模式时，由于私部门在执行任务时具有一定的独立性，因此，相关监督机制的设计也须考虑此种授权模式的特性。有学者认为，当行政任务授权私部门执行，公部门不再承担该任务的执行责任时，其掌握与执行任务有关的信息能力即相对地减弱，因此，将行政任务授权私部门执行时，公部门必须加强取得信息的机制。①

就此而言，在设计有关监督私部门执行任务的机制时，首先应该满足其获取信息的需求，私部门采取可能引发冲突的行为之初就立即介入并制止。例如，在发生特定紧急情况或行使强制力时，赋予私部门的报告通知义务，使公部门可以随时前往监督其行为，以落实监督的义务。因为采取此种监督方式，除可维持私部门一定程度的独立性而符合授权模式的特性外，更重要的是，在此种制度下，公部门就地监督的时机正好是私部门采取行动，以及可能重大影响行政相对人权利的时刻，公部门若在此时加以监督，应该足以担保其危害防止任务能够合法、有效地执行。

---

① Chr.Gusy，Jenseits von Privatisierung und “schlankem”Staat：Duale Sicherheitsverantwortung，in：G. F. Schuppert（Hg.），Jenseits von Privatisierung und“schlankem”Staat，1999，S. 128.

以保安管理为例，此种监督机制只能保证保安在办公时间执行任务时会有公安机关加以监督，在办公时间外，公安机关仅能在保安公司认为必要的情况才会得到通知。其适时监督保安合法执行行政任务，避免其因违法行使职权侵害第三人权利，以及在保安无力执行时采取立即性介入措施的能力，恐将受严重影响。所以，此种监督机制的设计尚无法发挥有效监控保安行为的功能。①

## （四）正当程序的确保

在授权模式下，私部门在其权限范围内可以独立完成行政任务或执行其他公权力措施，因此，授权模式并不是只让私部门独立执行行政任务而已，还包括授权私部门可以作成直接对行政相对人发生法律效果的公权力措施的权限，这在我国法律、法规中已经普遍出现，例如从《行政处罚法》《行政许可法》《行政强制法》的相关规定可以得知。因此，对于正当法律程序的要求就特别重要，例如在执法前应对在场的行政相对人告以实施的事由，并出示证件表明其为执行人员之身份。在执法现场时，有相当理由或即将发生危害为限，均应该遵守比例原则，不可以逾越必要程度。若足认其行为已经构成危害却无从确定行政相对人身份，而必须进行查验身份时，非经行政相对人同意，不可以对行政相对人有不利影响或妨碍交通、安宁者，更不得要求其同行至其他地方进行身份查验。除非因为发现违法的犯罪事实，必须依法定程序（如刑事诉讼法）规定处理者外，身份一经查明之后，即应任由行政相对人离去，不得拖延。

## （五）救济管道的提供

行政任务授权私部门时，如执行任务侵害行政相对人的权利，权利保障原则要求国家必须提供能有效救济其权利的诉讼制度。就权利救济制度的落实而言，首先必须考虑如何将侵害排除，即第一次权利保护；若其所遭受的权利侵害已经形成，且无法除去的财产上或精神上损害，则必须赔偿行政相对人的损害，方能使行政相对人的权利获得赔偿或补偿，即第二次权利保护。在行政法上，通常以行政诉讼与国家赔偿制度来落实这两个方面的要求。

---

① 以《保安管理规定》第 36 条规定为例："公安机关应当指导保安从业单位建立健全保安服务管理制度、岗位责任制度、保安员管理制度和紧急情况应急预案，督促保安从业单位落实相关管理制度。保安从业单位、保安培训单位和保安员应当接受公安机关的监督检查。"

# 第三节　对委托模式的规范

## 一、考虑的重点

授权模式与委托模式最大的差别在于授权涉及权限移转，委托并不涉及权限移转；虽然委托模式不涉及权限移转，但也涉及公权力的行使。由于委托模式是基于公部门与私部门之间的协议，因为委托协议的缔结，人民不再是单纯的被统治的对象，而是与公部门立于对等的地位。对于特殊的行政事件，因为私部门的参与，将可以减少阻碍，而有助于行政目的的达成。目前几个行政程序法专家意见稿对于委托协议皆有详细的规定，①与地方性行政程序规定都有类似的规定。② 由于委托协议仅存在于公部门与私部门之间，一般社会大众很难知悉其内容，因此有必要将委托协议予以公开。

另外，为保障私部门平等选择的机会，公部门在设计选择受托人的制度时，应该侧重于体现公正、透明并能确保平等竞争原则。③ 以警务辅助人员为例，警务辅助人员协助人民警察执行任务是属于协助的性质，然而，公安机关在运用该制度时仍对警务辅助人员为一定的给付，该工作具有一定程度的持

---

① 例如应松年教授主持的《行政程序法（试拟稿）》第 27 条规定："行政机关与受委托的组织、个人之间应当签订书面委托协议。委托协议中应当明确委托的事项、双方权利义务等。"马怀德教授主持的《行政程序法（建议稿）》第 29 条第 1 款规定："行政机关与受委托的组织之间应当签订书面委托协议。委托协议中应当明确委托的事项、期限、双方权利义务、法律责任等。"王王万华教授主持的《行政程序法（试拟稿）》第 35 条第 1 款规定："行政机关与受委托的个人、组织之间应当签订书面委托协议。委托协议中应当明确委托的事项、期限、双方权利义务等。行政机关应当将委托协议和其他重要事项在本机关网站、办公场所等公示，让公众周知。"

② 《山东省行政程序规定》第 16 条第 1 款规定："行政机关与受委托行政机关、组织之间应当签订书面委托协议，并报本级人民政府法制机构备案。委托协议应当包括委托依据、事项、权限、期限、双方权利和义务、法律责任等内容。"

③ 例如，《行政许可法》第 24 条第 2 款规定，在委托行政许可时，委托机关应当将受委托行政机关和受委托实施行政许可的内容予以公告。

续性，并且有助于维持警务辅助人员的生活，属于劳动法上的工资。依公益原则要求，选择制度应该要足以担保被选出的受托的私部门能合法执行任务。就此，在选择受托的私部门时，除须注意其专业能力外，尤须强调受托的私部门人格的可信赖性。

## 二、具体规范内容

### (一)执行中立

委托模式，原则上是由其自愿性地通过合同或其他方式与公部门产生合作关系，因此，其是否参与行政任务的执行，是公部门自由权行使的范畴。另外，在公、私部门对于行政任务实际的合作关系上，私部门如何执行行政任务，通常双方具有协议的空间。然而，此时行政任务所欲追求的公益，与私部门的私益容易产生冲突的现象。因此，公部门必须确保有行政任务与公益确保的责任。基于基本权的保护义务，公部门有责任保护行政相对人的基本权不会因为行政任务的委托而受影响或侵害。因此，要求公部门将行政任务委托模式时，必须将私部门可能纯粹营利目的的行为，在一定程度上朝公益做修正。①

依公益原则要求，行使公权力的人必须保持中立，作成决定时不能着眼于自身的利益，而必须客观、公平地考虑所有相关的利益。在委托公私合作时，应在相关法规范中，明确私部门执行任务的要件与方式，以避免私部门借公权力的行使，来满足自己的私益。以警务辅助人员为例，由于处理的是警察日常的行政工作，有可能借执行任务之便来获得利益。另外，在委托拖吊公司执行车辆拖吊作业的情形，拖吊公司获益的多寡取决于拖吊车辆的数目。因此，如何防止其以滥用公权力的方式来增加收入，是必须加以考虑的问题。

### (二)确保资格

以警务辅助人员为例，《苏州市警务辅助人员管理办法》第 5 条规定："警务辅助人员实行统一录用、统一管理。警务辅助人员的录用，坚持公开、公平、公正、竞争、择优的原则，依照本办法规定的条件、标准和程序进行。警务辅助人员的管理，实行监督约束与激励保障相结合的原则。"至于如何公开、公平、公正、竞争、择优方式遴选，则未明文规定。由上述说明可知，《苏州市警务辅

---

① 詹镇荣：《论民营化类型中之公私协力》，载《月旦法学》2003 年第 102 期。

助人员管理办法》虽规定应以公开、公平、公正的方式选择警务辅助人员，但对选择的程序并未作进一步的完善。此种选择受托人的方式，并未将选择该职业的机会公告周知，使有意愿者能参加遴选，因此并无法达到确保公平与透明的要求。就受托人的资格而言，第15条规定："警务辅助人员必须具备下列条件：(一)年满十八周岁的公民；(二)具有高中以上文化程度；(三)具有良好的品行和履行职责的能力；(四)具备履行职责的身体条件。"

另外，在专家参与方面，专家参与又称为独立的行政助手，但毕竟与委托模式不同，专家参与通常在公部门作成决定前的内部准备程序，最终还是以公部门的名义作出，因此，专家参与并不具备"名义上"的独立性。但是，专家参与须具备高度的专业性与技术性，因此其专业资格必须确保以下事项：

第一，必须符合一定的工作年限。如具有专业知识背景的仲裁员，一般都要有相当的工作年限，例如《仲裁法》第13条规定："仲裁委员会应当从公道正派的人员中聘任仲裁员。仲裁员应当符合下列条件之一：(一)从事仲裁工作满八年的；(二)从事律师工作满八年的；(三)曾任审判员满八年的。"

第二，必须有专业证明。专业证明该如何证明？可以参考职业资格证书的制度。职业资格证书是劳动就业制度的一项重要内容，也是一种特殊形式的国家考试制度。它是指依照国家制定的职业技能标准或任职资格条件，通过政府认定的考核鉴定机构，对劳动者的技能水平或职业资格进行客观公正、科学规范的评价和鉴定，对合格者授予相应的国家职业资格证书。

第三，不能有背信等犯罪记录。所谓背信罪，也就是违背任务罪。这条罪名源于德国和日本，指为他人处理事务，以谋求自己或者第三者利益；或以损害委托人的利益为目的，而实行违背其任务的行为，致使委托人的财产受到损失。不过，目前我国《刑法》中没有规定背信罪这一罪名，在操作上可能有难度。

因为专家的个人情感因素也极有可能影响其正确而理智地作出决定，为了避免专家独裁，在有重大争议的决定中，除了由许多专家组成专家团进行共同判断之外，最好能够有复评程序，如果觉得仍有争议，再移转其他专家团来进行判断。此外，也可以举行听证，让更多的社会大众参与，令更多不同的声音能够进入行政决策，减少执行行政任务的争议性，增加行政任务的完成可能性。

### (三)信息公开

由于委托协议仅存在于公部门与私部门之间，一般社会大众很难知悉其

内容,因此有必要将委托协议予以公开,依《政府信息公开条例》第 9 条的规定,公部门对相应的政府信息应当主动公开。[①] 因为公私合作攸关社会大众与行政相对人的权益,当私部门在参与行政任务时,可避免行政相对人因为私部门的外观而引起误解,产生不必要的误会与纠纷。因此,若符合第 9 条规定的要件,公部门应该自行将私部门化的内容与法律依据加以公告,并刊登于政府公报或当地适当的新闻报纸,以昭告社会大众。不过,关于此一要求究竟属于强制规定或是训示规定,则有不同看法。有学者认为,该条的要求应该属于一种训示规定,公部门若未遵循,并不影响公私合作的法律效力。[②] 不过,本书认为,基于信赖保护原则的需求,公私合作的信息的公开应该属于一种强制规定,而目前的行政程序法专家意见稿和地方性行政程序规定对于信息公开都有明确规定。[③] 在公私合作过程中,此时等于私部门代替公部门执行公权力,有必要对公私合作的内容与私部门如何执行行政任务加以公开,而《政府信息公开条例》第 36 条的规定,即是明确此一要求。[④] 另外,王万华教授主持的《行政程序法(试拟稿)》版本第 35 条第 2 款[⑤]、《山东省行政程序规定》第 16 条第 2 款也有类似的规定。[⑥]

---

① 应主动公开的内容包括:(1)涉及公民、法人或者其他组织切身利益的;(2)需要社会公众广泛知晓或者参与的;(3)反映本公部门机构设置、职能、办事程序等情况的;(4)其他依照法律、法规和国家有关规定应当主动公开的。

② 张文郁:《行政委托》,载《台湾地区本土法学》2002 年第 41 期。

③ 例如,应松年教授主持的《行政程序法(试拟稿)》第 5 条的规定、姜明安教授主持的《行政程序法(试拟稿)》第 7 条的规定、马怀德教授主持的《行政程序法(建议稿)》第 5 条的规定、王万华教授主持的《行政程序法(试拟稿)》第 10 条的规定、《湖南省行政程序规定》第 5 条的规定、《山东省行政程序规定》第 6 条的规定。

④ 《政府信息公开条例》第 36 条:"法律、法规授权的具有管理公共事务职能的组织公开政府信息的活动,适用本条例。"

⑤ 王万华教授主持的《行政程序法(试拟稿)》版本第 35 条第 2 款规定:"公部门与受委托的个人、组织之间应当签订书面委托协议。委托协议中应当明确委托的事项、期限、双方权利义务等。公部门应当将委托协议和其他重要事项在本机关网站、办公场所等公示,让公众周知。"

⑥ 《山东省行政程序规定》第 16 条第 2 款规定:"有下列情形之一的,应当及时解除委托协议,并向社会公布:(一)委托期限届满的;(二)受委托公部门或者组织超越、滥用行政职权或者不执行行政职责的;(三)受委托公部门或者组织不再具备执行相应职责条件的;(四)应当解除委托协议的其他情形。"

# 第四节 对私法模式的规范

## 一、考虑的重点

我国与许多大陆法系国家一样,都是属于公法与私法二元化的国家,行政法属于公法,但不代表行政任务仅能通过公法的形态加以实现,在不抵触法律规定或者任务本质的前提下,也可以依据私法来行事,特别是在给付行政与指导行政领域中。早期因为公法不发达,公法并非是以法治作为基本要求,而且行政救济体系也不完善,因此公部门以私法行事,反而对行政相对人更为有利。但时至今日,公法已经朝向法治国家与社会正义的最高标准发展,通过行政法院来实现的完善权利救济体系也逐渐形成,先前以私法代替公法的时空因素已经不存在。今日,反而应该担心的是,因为公部门大量运用私法行事,容易产生规避公法规制的危险,造成公法遁入私法的结果。为避免这种情形发生,原则上有两种防范措施可供采用:一是事前阻断公部门进入私法的途径,即行政任务必须完全在公法的领域内活动;二是容许公部门转换到私法领域当中行事,但同时赋予相对的义务,除了私法规定之外,还应遵守公法的相关规定与基本原则。

## 二、具体规范内容

### (一)选择权的限制

以组织形式选择自由为例,依照学界的多数见解,若非行政任务本身的特质要求必须采取公法的形式,公部门可以选择公法组织或私法组织来完成行政任务。然而,组织私部门化涉及该组织回避公法拘束的问题,而有遁入私法的疑虑,因此,公部门的选择自由仍应受到下述四种限制:一是假使法律对组织形态已有所规定,当然不可以抵触法律的规定;二是基于法律优越原则,公部门当然不得违背法律对特定组织形态的规定;三是主导国家大政方针的任务不得移转于私部门;四是不能因组织私部门化的结果,而完全泯灭国家与社

会的界限。①

此外，在不违反上述所要求的四个前提下，容许公部门在选择私法组织以执行其行政任务时，为确保此等行政任务的顺利执行，对这些私法组织必须采取必要的控制手段，而非放任其依私法自治原则运作，特别是民主正当性仍必须保障。对于此种因组织私部门化后形成的企业而言，既然行政主体选择以私法的组织来组建，确保其民主正当性的方法（如对于人员或事务的监督），原则上必须在《公司法》或相关公司法制的框架内。然而，既然是为执行行政任务所组成企业，在组织上仍被认定是公部门的一部分，可以在相关的公司法制之外，附加额外的公法规定，以加强对企业的控制。例如，依照经济法的规范，赋予企业在一定程度上配合国家经济政策的义务，或者依照在财政法的规范，保留政府对企业的财务进行检查的权限。

### （二）损害赔偿责任的确定

《行政诉讼法》对于审判权范围的规定，是采取概括条款主义，依第 2 条规定："公民、法人或者其他组织认为行政机关和行政机关工作人员的行政行为侵犯其合法权益，有权依照本法向人民法院提起诉讼。"依据该条规定，凡是公法上的争议，除法律另有规定外，理论上均可以提起行政诉讼。

不过，诉讼途径的认定应该依据所争执的法律关系或者相关法律，因此法院的救济方式与行为的法律形式紧密联系，若法律形式外观是私法，其法律争议就应该依循民事诉讼途径来解决，因为私法关系并不具有高权行为的性质。所以，公部门与私部门、私部门与行政相对人、行政相对人与公部门之间皆属于私法关系，它们之间的损害赔偿责任问题并不是依国家赔偿责任的法理来处理，而是应该用民事侵权责任法理来解决。如《侵权责任法》第 6 条规定："行为人因过错侵害他人民事权益，应当承担侵权责任。依据法律规定推定行为人有过错，行为人不能证明自己没有过错的，应当承担侵权责任。"第 35 条规定："个人之间形成劳务关系，提供劳务一方因劳务造成他人损害的，由接受劳务一方承担侵权责任。提供劳务一方因劳务自己受到损害的，依据双方各自的过错承担相应的责任。"

不过，这样的观点不仅不考虑私部门在公法上的地位，同时也无视私部门所实施者仍为高权性质的执行行为，且公部门如何能通过私法合同让私部门

---

① 陈爱娥：《国家任务取向的行政组织法——重新建构行政组织法的考虑观点》，载《月旦法学教室》2003 年第 5 期。

执行行政任务。因为受制于两者间仅存在私法关系，而无成立国家赔偿责任的可能性，对于私部门的权利保障似乎不周。因此，德国联邦法院的“工具理论”似乎可以作为借鉴，若私部门所从事的活动是受公部门一定程度的指示或影响，甚至完全受其指挥，以致如同公部门执行职务的“工具”，则该私部门的行为应视同公部门自己的行为，由公部门负赔偿责任。

# 第五节 对特许模式的规范

## 一、考虑的重点

特许经营项目风险巨大，众所周知，无论是特许经营权的授予或转让，还是特许经营权项目的具体运作，都将面临诸多风险。是否考虑各种风险并采取切实、合理和尽量全面的风险防范、化解、移转、分散等管理措施，将直接关系到一个特许经营权项目的运作成败，关系到项目投资人的投资能否得到预期的回报。[①] 民间业者于兴建、营运期间，如有施工进度严重落后、工程质量重大违失、经营不善或其他重大情事发生，为了解决这些问题，主办机关得依投资合同之约定，以书面通知民间业者，并采取三项措施：第一，要求定期改善。第二，届期不改善或改善无效者，中止其兴建、营运一部或全部。但主办机关同意融资机构、保证人或其指定其他机构接管者，不在此限。第三，因前款中止兴建或营运，或经融资机构、保证人或其指定之其他机构接管后，持续相当期间仍未改善者，终止投资合同。主办机关依前项规定办理时，应通知融资机构、保证人及政府有关机关。民间业者有上述情形者，融资机构、保证人得经主办机关同意，于一定期限内自行或择定符合法令规定之其他机构，暂时接管该民间业者或继续办理兴建、营运。[②]

政府越权干预的风险和防范，这主要是指政府用增加税收、征收额外的特许经营权使用费、限制某些产品的进出口等方法对特许经营项目的设计、工程

① 王霁虹、叶万和：《特许经营模式下法律风险的识别与防范》，http://www.jianzhuxh.com/ebook/start1.asp? id=1003，最后浏览日期：2016 年 4 月 1 日。

② 参见台湾地区“奖励民间参与交通建设条例”第 43 条、第 44 条规定。

建设、运营、产品的销售进行越权干预带来的风险。面对这种风险可以采取以下措施：在特许经营协议中明确界定政府和项目公司的权利和义务，在政府管理问题上原则应当是使政府既能对项目行使控制监督权和检查审计权，但又不能使其影响项目公司的正常运营。若项目公司受主管机关撤销兴建营运许可处分时，主管机关同意在符合政府法令前提下，以原兴建营运合同之相同条件，或以最优申请者提出之同一条件，由次优申请人递补与政府签订投资合同。在中止或终止其营运一部、全部或终止投资合同时，主办机关可以采取适当措施，继续维持该公共建设的营运。[①]

## 二、具体规范内容

### （一）特许经营协议管理

关于特许经营协议的管理，主要是规定应详细记载的相关事项，以明确规范特许经营计划的内容，避免或减少纷争的产生，有利于公共建设的推行。至少应该规定下列事项：[②]

1.特许权利的授予及其撤销、变更、终止。

2.特许公司自行筹资并承担风险，从事投资、兴建、营运交通建设。

3.特许公司营运收入、费率的决定及其附属事业收入。

4.协议有效期间及期满后各项权利由主管机关承受。

5.主管机关的监督权及进入检查权。

6.土地的取得与开发。

7.兴建计划执照与工程进度及质量的确保。

8.营运计划、许可与服务内容、安全、质量的确保。

9.业务计划、履约保证、投保保险、处分资产及财务稽核。

10.主管机关协助处理事项。

11.权利金的给付。

12.特许公司遵守主管机关及有关机关所颁布的行政命令的义务。

13.强制接管与合同终止后的强制接收营运资产及权利（强制收买）。

---

① 王霁虹、叶万和：《特许经营模式下法律风险的识别与防范》，http://www.jianzhuxh.com/ebook/start1.asp? id=1003，最后浏览日期：2016 年 4 月 1 日。

② 陈清秀：《特许合约与公权力之行使》，载《月旦法学》1998 年第 34 期。

14.因情事变更得调整合同内容或终止合同。

15.违约罚则。

16.协议强制履行与公权力的行使。

17.纷争处理与管辖法院。

## (二)风险识别

政府特许经营项目的风险巨大,是否考虑到各种风险因素并加以识别,采取切实、合理的风险防范管理措施,以化解、移转、分散风险,将是直接关系到该项目的运作成败与该项目的投资能否得到预期的回报。风险包括不可抗力风险和可控制的风险。不可抗力风险一般是指由自然情况或社会事件所引起的,并且超出特许经营权人可以控制范围的风险。可控制风险一般主要是指完工风险,包括特许经营项目融资中的参与各方可以自行控制和处理的风险。

依照我国《合同法》第117条的规定,因不可抗力不能执行合同的,依据不可抗力的影响,部分或者全部免除责任,但法律另有规定的除外。当事人迟延执行后发生不可抗力的,不能免除责任。因此,不可抗力是指不能预见、不能避免、不能克服的客观情况,具体可以简单分为自然事件和社会事件两大范畴。在特许经营权协议的履行过程中,对不可抗力的内涵一般较无争议,但对其外延则分歧较大,尤其对社会事件的争议较大。具体而言,自然风险包括地震、洪水、台风、雷击、火山爆发、大范围流行疾病等事件所引起的风险。社会风险包括战争、罢工、革命、内乱、骚乱、暴动等社会风波。遭受不可抗力事件影响的一方当事人,对于因此给他方造成的损失的赔偿责任,依法可以全部或部分免除,即各自承担各自的损失。关于自然风险和社会风险的防范通常所采取的方法,可参照如表6-1:

**表 6-1**

| 风险类别 | 防范措施 |
| --- | --- |
| 自然风险 | 1.投保;<br>2.寻求政府资助和保证;<br>3.经当事人各方协商之后才合理分配。 |
| 社会风险 | 1.投保;<br>2.尽可能获得政府保证,至少应对政府执行特许经营协议的态度做出明确的判断;<br>3.明确界定不可抗力的外延范围。 |

完工风险是指项目无法完工、延期完工或者完工后无法达到预期运行标

准的风险。完工风险主要包括以下三种情况：

一是成本超支，即工程的实际费用超出原先估计的数字。其原因可能是建造方面的问题或通货膨胀、环境和技术方面的问题，也可能是由于政府的干预或货币贬值的波动。有些项目的成本超支高达300%～400%（例如20世纪70年代建成的横跨美国阿拉斯加的输油管道工程的成本超支就高达400%），导致使整个项目被迫停建。因此，在项目融资方案中，对超支部分的资金来源必须做出妥善的安排，以保证工程项目不因资金缺乏而半途而废。

二是不能按时完工，即工程项目虽然达到了规定的质量标准，但由于技术力量不足等原因在时间上延迟，这也将对贷款的还本付息产生影响。因此贷款人都要求得到工程项目完工的具体日期的保证。

三是中途停建，即使具备了完成工程建造的足够资金，但由于技术、政治或其他经济原因致使工程建造中途停顿，从而偿还贷款的资金来源中断。为防止这类偶然事件的发生，贷款人常要求工程项目主建单位或项目产品的购买人（或设施用户）或其他信誉良好的机构给予担保。若是工程中途停建，担保人则必须承担对贷款的归还责任。[①]

### （三）强制接管

强制接管营运是当民间业者经营不善或发生其他重大情事时，在紧急情况下，由主管机关接管民间业者所占有的营运资产，并对其人事为必要的指挥监督，以保持公共建设营运服务不间断所为的一种必要处置措施。由于我国尚未制定统一的《市政公用事业法》，公用事业临时接管的规定主要散见在建设部《市政公用事业特许经营管理办法》以及各地方人大和政府制定的关于公用事业特许经营的条例和规章中。因此，我国现行法制中关于公用事业特许经营临时接管情形的规定较为混乱，缺乏统一标准。实际上，主管机关临时接管是在特许经营权非正常终止的情况下进行的，此时公共利益受到或者可能受到损害，主管机关不得不对市场进行干预，以保证公共利益的维护。[②]

虽然，《市政公用事业特许经营管理办法》第18条规定五种主管部门应当依法终止特许经营协议，取消其特许经营权，并可以实施临时接管条件，但后续的处理措施则未有相关规定。终止特许经营协议，实施强制接管，对行政相对人与社会大众权益影响颇大，因此主办部门应事先做好接管的组织与分工、

---

① 朱怀念：《国际项目融资法律问题研究》，武汉大学出版社2002年版。

② 章志远：《个案变迁中的行政法》，法律出版社2011年版，第135～137页。

接管计划，或拟订委托有该事业经营管理经验与能力的第三人为接管人，才不至于接管后乱了手脚，使营运服务质量下降。在保障员工权益方面，接管者应调查其留任的意愿，并提供必要的协助，尽可能保障其原有权益不变。

### （四）国家赔偿

在政府特许经营的议题中，对于相关责任的理清相当重要，且各事业的主管机关所制定规定并未有一致的规范，容易造成当事人各自解读，产生争议，因此，有必要将目前的法规建构得更加明确，以确实维护公共利益，并兼顾私部门的权利。目前我国政府特许经营的案件中，意外事件频频发生，公部门应该找寻发生原因与理清责任归属，毕竟政府特许经营的公共设施的营造兴建与一般小型土建工程不同，公共工程对保障人民安全的要求更加严格。我国政府特许经营项目尚属初期发展阶段，仍有待先进国家的经验传承与在实践过程中不断探索。

在相关赔偿责任方面，传统上对于公部门责任最直接想到的是《国家赔偿法》，该法从制订施行以来，未曾有相关的修正，大致都通过解释来解决适用上的困难。《国家赔偿法》未将对公共设施因设置或管理欠缺所致损害的纳入国家赔偿范围，受害人必须只能依据《民法通则》的有关规定，向负责管理的企业、事业单位请求赔偿。在过去，公部门是以任务执行者的角色，并站在第一线面对行政相对人。但现今的情况是公部门并不需亲自执行行政任务，在适当情形下寻求私部门合作，并移转私部门来完成。此时公部门仅负担保责任，若发生损害时，该由谁负担赔偿责任？本书认为，对公共设施因设置或管理欠缺所致损害的，应由公部门负损害赔偿责任。但是，公部门对就损害原因有应负责任之人时，赔偿义务机关对之有求偿权。

# 第七章

# 公私合作的演变趋势

## 第一节 法律关系的演变

### 一、公私合作前的法律关系

公私合作前的法律关系(即传统的行政法律关系),是指公部门和公部门工作人员、法律法规授权的组织、公部门委托的组织或者个人在行政管理活动中行使行政职权,针对行政相对人(即特定的个人、法人、非法人团体或者其他组织),就特定的具体事项,作出相关的单方具体行政行为。因此,传统的行政法律关系至少必须具备以下五个要素:

第一,必须是公部门实施的行为,这是主体要素。包括:公部门工作人员、法律法规授权的组织或者个人、公部门委托的组织或者个人,在行政管理活动中行使行政职权的行为。

第二,必须是对特定的行政相对人作出的,这是对象要素。指在具体的行政管理法律关系中与行政主体相对应的另一方的当事人,即行政主体的行政行为影响其权益的组织或个人。

第三,必须是单方行为。此为与行政合同的区别所在。公部门基于公权力而产生片面的羁束力,必要时公部门可以强制手段达成所欲达成的目标。

而私法上，法律行为之当事人并不能自行实现，必须取得法院的判决或类似名义，申请法院强制执行。行政合同需要双方意思表示互相一致，与具体行政行为仅是单方行为有别。

第四，必须发生法律效果。具体行政行为必须依其行为的客观含义具有直接对外发生法律上效果，故有别于行政内部行为。但所谓法律效果不必限于公法上效果，因具体行政行为而发生私法上的效果者，在所多有，如主管机关核准专利而创设专利权。

第五，行政相对人可以提起行政救济。所谓行政救济，是指人民因权益受到国家机关的不当行政行为侵害时，对于受侵害人民依法给予行政体系内及行政体系外(如司法体系)的救济措施，具有善后性质的消极作为。学理上有将行政救济分为两阶段。第一次救济是对于不法状态的排除，例如请求撤销违法的具体行政行为等。第二次救济是对不法行为所造成的损害请求赔偿，例如请求国家赔偿等。第一次救济又可以分为两个阶段：第一阶段为行政复议程式，在行政体系内进行，行政复议管辖依《行政复议法》第 3 条："依照本法执行行政复议职责的公部门是行政复议机关。"而依照第 11 条、第 12 条、第 13 条、第 14 条、第 15 条规定，原则上是向上级机关提起行政复议。对于行政复议决定不服或提起行政复议未获决定的案件，则可开始第二阶段，提起行政诉讼程序，进入司法体系审判。

由上述说明可知，传统的行政法律关系主要为行政机关与行政相对人双方的关系。另外，传统的行政法律关系具有以下五个特征：

1.在一般法律关系中，原则上行政机关与行政相对人的地位是不对等的(如公权力行政的法律关系)，但仍有对等的可能(如私经济行政的法律关系)。

2.行政机关与行政相对人之间的权利义务内容，必须以法律定之，甚至应该采取层级化的法律保留理论，按其重要性程度，分别给予宪法保留、绝对法律保留、相对法律保留等。

3.行政机关对行政相对人原则上并无特别规则的直接规范权限。

4.行政机关对行政相对人违反法律或行政法规规定，也无特别惩戒罚的权限。

5.重要的是，在一般法律关系下，行政相对人的权利如果受损，必有救济途径存在。

依据上述说明，可以将传统的行政法体系，以图 7-1 表示：

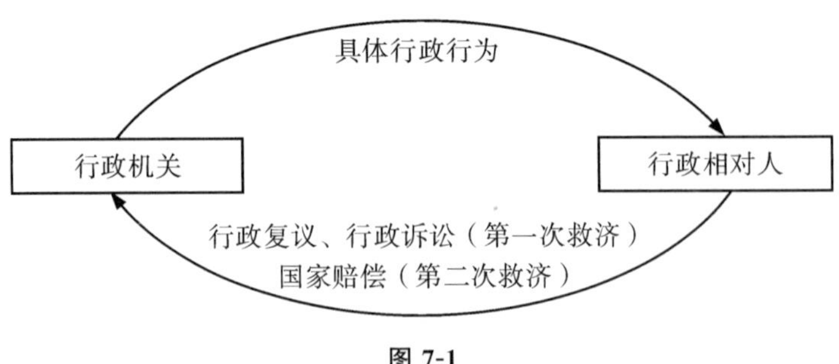


图 7-1

因此，对私部门是否可以参与行政任务的执行，持否定见解的学者认为：

首先，公部门将一定的行政任务直接移转私部门的做法不值得提倡。该学者提出两个判断的标准，即行政职权行为和公务身份两个标准。第一个是行政职权行为。公部门人员行使的非行政职权活动，或者属于民事行为、个人行为、所在组织（被授权组织和受委托组织）的其他性质的行为。当然，行使行政职权的行为不应从狭义上来理解，既应包括职权行为本身，还应包括与职权相关联的行为，是合法行使职权还是违法行使职权，都属于行使行政职权行为。第二个是公务身份的表明。这是行政公务行为的形式标准。行政公务人员在执行公务时必须表明其公务身份，如果不是以公部门或者公务人员的名义进行的活动，则不能归属于行政公务行为，而应属于个人行为、民事行为或其他行为。[①] 该学者之所以提出两个判断的标准，是因为在实践中，产生随意委托，甚至委托给不具备相应条件的私部门的情形时常发生。[②]

其次，私部门虽然不是正式的行政主体，但毕竟是行使公权力，而公权力的行使涉及社会大众的切身利益，且具有极强的国家意志性、执行性、法律性和强制性。因此，私部门不应成为执行行政任务的主体，以维护公权力的严肃性与权威性。[③] 另外，《行政处罚法》第 18 条和第 19 条也明确规定，依法成立的管理公共事务的事业组织，才可以成为受托主体，明确排除私部门实施行政处罚的可能性。

① 杨解君：《行政主体及其类型的理论界定与探索》，载《法学评论》1999 年第 5 期。

② 李兆勇：《浅议行政委托的规制》，载《法制与经济》2008 年第 12 期。

③ 王晨：《行政委托内涵之重构》，载《行政与法》2008 年第 11 期。

## 二、公私合作后的法律关系

如上所述，传统的行政法体系着重在公部门与行政相对人的双边关系，体系的建构也都围绕公部门具体行政行为的规制和行政相对人权益受侵害时行政救济的问题进行探讨。当公私合作之后，原本单纯的公部门和行政相对人的双面法律关系产生改变，此时由原先单纯的双边外部法律关系，变为多边且复杂的法律关系，至少包括一个具有高权身份的行政主体（公部门），与两个行政客体（即私部门与行政相对人），如此一来，传统的行政法体系也必须重构。公私合作之后，原本单纯的行政机关和行政相对人的双面法律关系产生改变，即转变为公部门、私部门与行政相对人的三方关系，以图 7-2 表示：

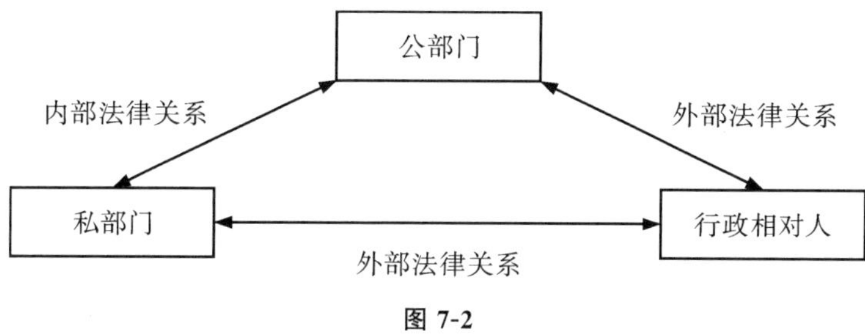


**图 7-2**

行政法律关系的转变，最直接影响的是将传统行政法学以“行政行为—行政复议—行政诉讼—国家赔偿”为中心所建构的“行政机关—行政相对人”的行政法体系。就在此时，原先单纯的双边外部法律关系，也将因公私合作而变成多边且复杂的法律关系，即一个内部法律关系，与两个外部法律关系。内部法律关系探讨公部门与私部门之间的法律关系问题通常为公法关系，但也有可能发生私法关系。私部门与行政相对人的法律关系，为第一个外部法律关系，即探讨行使具体行政行为的必要要件，如法律保留原则、正当法律程序原则、比例原则与资格法定原则等。公部门与行政相对人的法律关系为第二个外部法律关系，探讨当行政相对人受到不法侵害时，如何向公部门寻求救济的问题，包括行政复议、行政诉讼与国家赔偿等问题。

## 三、合作合同

自从奥托·迈耶(Otto Mayer)建构出以具体行政行为为核心的行政法体系以来，将行政合同导入行政法领域，不是为了抛弃传统行政法的权力理念，而是试图弥补传统行政法单一行政行为结构的缺陷，以行政合同理念来充实和发展行政法领域，从而彰显现代法治国家的精神。尤其是我国正处于行政革新的时期，曾有学者建议，应该依据行政领域来选用权力手段或合同手段，在干预行政的核心领域，应该以权力手段为主，因为“依法治国”“依法行政”是目前我国的最主要任务，原则上应该善用具体行政行为以体现快速且有效的法律效果。[①] 这个建议是相当中肯的，但总体来说，为了达成行政法革新的目标，必须善用是行政合同与具体行政行为的特点，至于两者间的选择，取决于社会的需求。[②] 当公私合作在许多国家的行政革新和政府再造方案中受到广泛运用后，对于我国正在推动的行政革新运动具有相当的鼓励作用。

在公私合作理念促使下，政府特许经营下民间参与公共工程的形式逐渐成为潮流，合作合同开始受到广泛重视。然而，依照现行法制的设计，此属于《政府采购法》的规范范围，其属性可以定性为行政合同。但是，此等合作合同往往涉及重大投资和公共利益，故将其置于《政府采购法》规范架构下的正当性受到挑战，传统的行政合同理论似乎也无法应付这种新衍生的问题。换言之，由于公私合作对行政任务的执行方式，已经开始动摇传统行政法制，面对公私合作新形势，建构合作合同的相关法律规范有其正当性和迫切性。

然而，在目前的现实环境下，公部门在考虑将行政任务移转私部门，是否必须特别注意落实合作合同的要求？以政府采购为例，关于招标与投标程序的规定，已经能落实形成满足公平要求的选择适当私部门的机制，需要注意的仅是在将个别行政任务移转私部门时，进一步塑造该私部门所必须具备的资格。然而，就参与内容的形成而言，目前实务上缺乏具体的规范要求。对此，公、私部门所签订的合作合同，在很大的程度上填补了传统以法律和行政命令为基础的规范控制。不过，合作合同仍然有以下三个问题需要解决：一是现行

① 黄锦堂：《行政合同法主要适用问题研究》，载《行政合同与政府信息公开》，东南大学出版社2002年版，第66～77页。

② 黄学贤、陈铭聪：《行政契约和行政处分的替代关系与选择标准之研究》，载《江淮论坛》2011年第4期。

的行政法制并未普遍落实明确约定私部门参与的范围，以及私部门执行行政任务所得采取的行为的要求。二是为维持私部门执行任务的合法性，必须在合作合同中加以明定的私部门应该遵守的法律规定，以及其他防范措施的设计（例如回避义务、保密义务），这在现行行政法制中，并未普遍落实。三是监督机制在合作合同中未受普遍重视，仅在零星合同中有较完整的设计。①

## 第二节　行政合作法制化

### 一、以公私合作为中心

过去的政府是由政府官员与专业技术人员来治理国家、提供公共服务，人民只是作为使用公共服务与物资的消费者，人民虽有选择由“谁”提供公共服务、较喜欢“哪一种”公共政策的自由，但是始终无法决定公共服务的内容，或是依照自己的需求来制作一个更为贴近期望的公共政策。换言之，官僚性政府对于民众的需求并不是直接的了解，而是通过选出的“代表”去表达民意，所以民众对于政府官员而言，只是抽象的私部门。政府官员制定政策也似乎将这些代表即等同于民众，而真正与政策相关的民众却都不在场。因此，相关政策均不适用真正的对象，得不到民众的支持与信赖，也使得政府与人民的距离愈加遥远。

要使人民信赖政府、支持政府，唯一的方法就是让人民能够亲自参与政府政策的制定与执行，了解公共问题的本质，共同研商解决的对策。但是也不能过度地期望人民能够完全独立地管理政府，还是需要其他的专业政治家及行政官员们的协助。所以，合作型政府乃是以人民为中心，由人民、政府官员、专业技术人员三者共同组成的合作体共治政府。当人民参与政府的决策时，所有的施政效果与政策成败都与人民息息相关，会逐渐形成政府与人民一体的感觉。同时，政府与人民的关系，也因而由生产者与消费者的对立关系，进化到成为相互合作、成败攸关的合作伙伴关系。

① 陈爱娥：《行政合同之研究——以代替具体行政行为的行政合同与委托行使公权力的行政合同为探讨对象》，2003 年，第 54～65 页。

## 二、理论建构

### (一)合作合同

在近代国家财政困窘、国家功能超载的冲击下,公私合作伙伴关系的模式由此产生。在公私合作伙伴关系的模式上,所追求的是普遍且有效率地执行行政任务。换言之,行政任务不再针对人民的需求为全面性的满足,而是在任务的完成与执行上与社会上各个私部门领域共同执行。① 此种行政模式的转变,有学者称为"担保国家",②该概念是作为公私合作伙伴关系理论面上的一个观察结果。然而,针对公私合作在法制上的需求,我国当前法治情况是否能够因应新的形态,或是现今的行政法理论是否足够作为公私合作的规范基础,尚有疑义。目前,以建构一套总论式的公私合作的法制规范建构方向呼声最高,③而又以对于合作合同的建构与探讨最为热烈。公私合作在法制上应该为何种基本建构?公、私部门应该扮演重何种角色才可以满足现代社会所出现各种多样化的形态?针对公私合作的法制规范,学术界提出《行政合作法》作为响应,与传统的单一公权力为主体的、上命下行的传统高权式行政法相对称,④而《行政合作法》的建构又以针对合作合同此种模式的设计最受重视。因为若依据目前学界对于私部门化类型的探讨,除了任务私部门化因将任务移转社会领域,是完全脱离行政行为形式的控制外,在功能私部门化的领域,国家仍然需要通过具体的行为形式才能建构与私部门的权利义务关系,例如

① 许登科:《德国担保国家理论为基础之公私协力法制——对台湾促进民间参与公共建设法之启示》,台湾大学法律学研究所 2008 年博士论文。

② 林明锵:《担保国家与担保行政法——从 2008 年金融风暴与毒奶粉事件谈国家的角色》,载《政治思潮与国家法学——吴庚教授七秩华诞祝寿论文集》,台湾元照出版社 2010 年版,第 579 页。

③ 程明修:《公私协力行为对建构行政合作法之影响——以台北"高等法院"ETC 案为契机》,载《月旦法学》2006 年第 135 期;程明修:《公私协力合同与行政合作法——以德国联邦行政程序法之改革构想为中心》,载《兴大法学》2010 年第 7 期;詹镇荣:《行政合作法之建制与开展——以民间参与公共建设为中心》,载台湾"行政法学会"主编:《行政合同之法理、各国行政法学发展方向》,2009 年版,第 116 页。

④ 詹镇荣:《行政合作法之建制与开展——以民间参与公共建设为中心》,载台湾"行政法学会"主编:《行政契约之法理、各国行政法学发展方向》,2009 年版,第 113 页。

私部门通过合同提供劳务给付的情况。此种公、私部门之间的合意，可以适当将风险与责任转嫁给私部门，而组织私部门化的情况，则也能通过合伙合同、章程规范等情况有效地使公部门转为更有效率的私法组织形态。否则，无论采取何种私部门化类型，制定一个与传统行政法不同的《行政合作法》，以及合作合同的规范，便是必要的。

### （二）行动纲领

1999 年 12 月 1 日，德国联邦政府在内阁会议中通过“现代国家—现代行政”的《行动纲领》，其中关于公私合作的“法制化”部分，基于建构新的责任分担模式，以人民为导向、国家任务多样性以及行政效能等为原则。因此，《行动纲领》为以下决议：“联邦政府将致力建构合作合同的法律规范，对于公私合作行为以现行的行政合同法制而言，并不足以彰显合作国家的积极意义及塑造新的责任分担模式。因此，应于《行政程序法》中规范公私合作关系适当的合同模式及合同条款。”[①]1997 年 12 月 9 日，德国联邦内政部于设置了由官员、学者、司法实务工作者等组成的《行政程序法》咨询委员会，并委托专家进行论证。联邦内政部因此建议委托柏林洪堡大学的 Schuppert 教授与史拜尔高等行政学院的 Ziekow 教授分别作出两份意见书。

由柏林洪堡大学 Schuppert 教授所提出的意见书，其基本的思考是希望将行政程序法建构成为行政实务的基本结构法规，因此对于行政与私部门的合作关系应该有充分的规范能力。他提出有关《行政程序法》修正意见书，即一般俗称的“大解决方案”，希望能将民法及商法上的合同以及所有领域中有关行政与私部门的合作关系均纳入统一的规范之内。所以，《行政程序法》中有关行政合同的章节，有必要扩大成为行政缔结合同（包含私法、公法、采购法、公私法所能见的各种行政所缔结合同）的总则性规定。[②] 在目前《行政程序法》上，除了现有双务合同与和解合同之外，另外明文规定一章有关“公部门与私部门的合作”作为《行政合作法》的基本规范，同时无论它的行为属性是公法或私法，均有行政程序法的适用。在意见书第 54 条与私部门合作的容许

① 吴志光：《ETC 裁判与行政合同——兼论德国行政合同法制之变革方向》，载《月旦法学》2006 年第 135 期。

② 程明修：《公私协力行为对建构行政合作法之影响——以台北“高等法院”ETC 案为契机》，载《月旦法学》2006 年第 135 期；吴志光：《公私协力行为之公法化趋势——以委托经营管理及促进促进民间参与公共建设法之实务见解为核心》，载《辅仁法学》2008 年第 36 期。

性，规定“只要不抵触优势的公益或违反法律规定，公部门于执行其应负担的任务时，可以经第三人的参与完成，特别是可以与第三人建立合作关系”；“为达成前项目的，公部门可以与第三人缔结合作合同，并适用以下各条规定”。并于草案第五章维持公法合同的章名，意见书第 59 条规定公法合同的容许性。针对合作合同于功能私部门化中，公部门应如何通过规范的建构，以发挥其对于私部门的影响力进行分析。通过 Schuppert 教授建议版本中“国家影响力”的概念，将公私合作手段推导出来的原则和影响力确保条款做一个连结，并进一步理清行政合作法需要考虑的原则。这需要立法机关与行政机关共同承担起建构行政合作法制的任务，最终推导出在合作合同的规范中应该设计何种条款，以确保公部门的影响力。[①]

由史拜尔高等行政学院 Ziekow 教授所提出的意见书，其基本立场与 Schuppert 无异，也意图在现有公法合同的条款外，另外加入有关行政与私部门合作的一般规范，在行政程序法中另订“公共任务执行的协力”一章（第四章）。其所拟的意见书第 53a 条（合作完成）规定“公部门为执行其任务，得与自然人、私法人或无权利能力之私法团体以及其他公部门协力”。[②]

### （三）最后决定

德国联邦内政部行政程序法咨询委员会认为机尚未成熟，故未采取两位教授针对行政程序法中纳入行政合作法精神的解决方案。委员会认为如此大幅度的修法，将使行政程序法深入私经济领域，连带影响普通法院和行政法院的审判权分配，因此予以否决。最终版本并未采取两位教授提出的“大解决方案”，而改采“小解决方案”，即在现行行政程序法中的行政合同规定下，仅增列合作合同的相关规定。将合作合同增订于德国《联邦行政程序法》第 54 条有关合同的容许性条款规定，可以促使公私合作执行公共任务，公部门可以与私

---

① 郑光伦、陈之昱：《德国行政合作法之初探——以国家影响义务在合作契约条款中之建构为中心》，myweb.scu.edu.tw/～muenster/99_1_1.pdf，最后浏览日期：2016 年 4 月 1 日。

② 郑光伦、陈之昱：《德国行政合作法之初探——以国家影响义务在合作契约条款中之建构为中心》，myweb.scu.edu.tw/～muenster/99_1_1.pdf，最后浏览日期：2016 年 4 月 1 日。

部门缔结行政合同。不过,公权力的移转仅可在明文的法律规范内为之。[①] 相较于两位教授所提出的"大解决方案"中,对于合作合同明确地指出与私部门合作,并意图吸纳私法精神的意旨,"小解决方案"显然有所保留。"小解决方案"提出在《行政程序法》中加入第56a条关于合作合同的规定。规定中明确指出:"第54条第3款的公法合同,仅可以于确保公部门可以充分行使其影响力,而使公共任务依约定内容执行时,才可以缔结之。公部门应选择具有专门知识与给付能力,同时可资信赖者作为合同相对人。"[②] 与此同时,规定于第59条增列第2a项:"当公部门并未担保其对于公共任务的执行,可维持充分的影响力时,其缔结第54条第3项所称之行政合同无效。"[③] 对此,相较于Schuppert和Ziekow两位教授在意见书中针对合作合同缜密的规定,草案仅以"影响力确保"作为规范的重心,并未有更细致化的规定。

## 三、规范核心

具体行政行为与行政合同之间的巨大差异在于,行政合同作为行政行为的一种,必须受到相当程度的法律拘束。行政合同对于公部门的吸引力在于,缔结行政合同为由可以使私部门获得参与行政的机会,进而保障行政相对人的权益,补充并取代单方高权行为。因此,行政合同作为单方高权管制行为之外的另一种较具弹性的行为选择,以及解决具体问题的功能和提升行政相对人在行政程序中的地位。有学者认为,行政合同基于其本质,相对于其他的行政行为,其竞争优势在于能提高当事人的接受度与事后遵循配合的可能、弹性

---

① 吴志光:《ETC裁判与行政合同　兼论德国行政合同法制之变革方向》,载《月旦法学》2006年第135期;吴志光:《公私协力行为之公法化趋势——以委托经营管理及促进促进民间参与公共建设法之实务见解为核心》,载《辅仁法学》2008年第36期;程明修:《公私协力合同与行政合作法——以德国联邦行政程序法之改革构想为中心》,载《兴大法学》2010年第7期。

② 程明修:《公私协力合同与行政合作法——以德国联邦行政程序法之改革构想为中心》,载《兴大法学》2010年第7期。

③ 吴志光:《公私协力行为之公法化趋势——以委托经营管理及促进促进民间参与公共建设法之实务见解为核心》,载《辅仁法学》2008年第36期;程明修:《公私协力合同与行政合作法——以德国联邦行政程序法之改革构想为中心》,载《兴大法学》2010年第7期。

解决复杂且非典型的案例，以及引进私部门资源的可能性。[1] 合作合同与一般行政合同的差异，无非在于合作合同是一个将行政任务移转公私合作的中介行为。在公私合作的模式中，除了法定模式必须完全以法律、法规加以控制之外，其他模式都具有通过合作合同调控的可能性。正是这些可能性使得合作合同条款的设定显得十分关键，国家仍保有相当影响力是必要的措施，这也是合作合同条款规范的核心。因此，若认为《行政合作法》是对公私合作的响应，而合作合同又作为《行政合作法》中关键的行为形式，那么"国家影响力"将是对于合作合同形式的选择成败中最重要的关键因素之一。

## 第三节　行政合作法的基本考虑

各种行政合作法的基本原则并非穷尽规定，也非彼此兼容不悖，但由于此涉及的权益多元冲突性，故立法者在建构行政合作法的框架时，应该衡量立法政策与目的，在基本原则彼此间有冲突时做出最适当的调和。因此，必须考虑下列因素。

### 一、经济因素

一般而言，经济性原则是属于预算法以及政府采购法中的预算支出原则，旨在要求国家应对预算作最为有效的运用，即以最少的财政支出获得最大的对价。在此意义下，经济性原则与节约原则同义。[2] 经济性原则，可以说是受到上述担保国家的影响，因为所谓最有效的运用，无非在于公共福祉的促进，国家若将关系公共福祉的行政任务私部门化，即产生担保责任，[3]从而国家必须注意合作对象的私部门是否具备了专业知识、给付能力、可资信赖性等资格

---

① 黄锦堂：《行政契约法主要适用问题之研究》，载台湾"行政法学会"主编：《行政契约与新行政法》，台湾元照出版社 2002 年版，第 31 页。

② 詹镇荣：《行政合作法之建制与开展——以民间参与公共建设为中心》，载行政法学会主编：《行政契约之法理、各国行政法学发展方向》，2009 年版，第 120 页。

③ Schmidt Aßmann：《行政法总论作为秩序理念》，林明锵等人译，第 3 章，第 114 页。

能力的适合性。[①] 此外,Schuppert 教授提出的意见书第 56 条第 2 款后段规定:“对于其个别的监督机关所提出公、私部门之间的业务执行报告,不仅应该包括业务执行的经济性,同时也应该包括公共任务执行的方式与方法。”

## 二、对等原则

对等原则要求公、私部门之间应该尽可能立于对等的地位,自愿性地共同针对公共建设的参与事件为意见交换,并以双方意思合意方式,共同决定合作的内容。从而必须维持国家与社会这两个次系统各自的理性,也就是一方面国家应维持其中立性,另一方面社会应保有其弹性。[②] 在对等原则支配下,公、私部门间的合作法律关系,在形式上应以合同确立,在实质上则应有责任及风险分担的约定。后者的想法在于,由于公私合作建立在公私部门对等的基础上,就行政任务的执行责任与风险应当通过合同予以分配,从而合作原则体现在合同内容上应有责任分配之约定。[③] Ziekow 教授则认为,[④]责任分担理念与下列认知相连结:由《基本法》所建构的国家责任,是为了执行应该完成的任务,与社会共同立于整体责任,可称为公、私部门的责任共同体,包含有两个面向:一是公部门与私部门于执行公益任务时的分工;二是为实现此分工所建构的合作性组织。因此,责任分担并非静态地着眼于任务的单次性分配,而应动态地协调因各种行为合理性所表征的角色。国家在宪法所设定的法律的框架内,应该担保公共任务的执行,此可以被视为是国家责任的法律内涵。

## 三、责任确保

当公私合作时,并不代表公部门对行政任务的责任已经全面解除,公部门尚保留有最终的执行责任,因此,若私部门未达到预期目标或是因情事变更导致私部门无法继续合作时,《行政合作法》应该要有公部门继续接手的相关设

① 程明修:《公私协力合同与行政合作法——以德国联邦行政程序法之改革构想为中心》,载《兴大法学》2010 年第 7 期。

② Schmidt Aßmann:《行政法总论作为秩序理念》,林明锵等人译,第 3 章,第 116 页。

③ 詹镇荣:《行政合作法之建制与开展——以民间参与公共建设为中心》,载行政法学会主编:《行政契约之法理、各国行政法学发展方向》,2009 年版,第 122~123 页。

④ Ziekow:《从德国宪法与行政法观点论公私协力——挑战与发展》,詹镇荣译,载《月旦法学》2010 年第 180 期。

计,以确保行政任务得以顺利完成。Schuppert 教授提出的意见书第 56 条第 4 款的设计,即为公部门的取回选择权机制。不过,公部门在选择取回的前提条件是有一个长期性的信息及相互沟通机制,使得公部门有管道取得必要的知识,以便判断是否取回或接管。[①]

## 四、公益维护

为了避免行政相对人的权益因为公私合作而受到损害,公部门仍然必须负担起公益维护的责任,通过相关的管制与监督措施,保障行政相对人在现代生活中获得符合人性尊严的最低限度照料,此乃基本权利的保护义务,是在福利国家原则下国家对人民生存确保的义务,不因为采取公私合作而有所松动。公益维护的法律内涵在于确保私部门给付提供的质量与结果。[②] Schuppert 教授提出的意见书第 56 条第 1 款规定:"于合同中应以适当方法确保公部门在执行任务的方式上保有充分影响力",这应该可以视为"担保国家"最重要的落实,进而具体化为公益的维护要求。此外,公部门还必须肩负起指导、促进以及监督的义务,从而有效督促私部门,并建立起公、私之间相互学习机制,这有助于消弭公、私之间在合作时可能产生的误会,有效地促进公共利益,提高服务质量。

## 五、公平竞争

在制定《行政合作法》的相关内容时,必须建构一个公平的竞争程序,此乃基于平等原则以及竞争自由权客观面的义务。[③] 公平竞争原则的法律内涵在于规范选择合作对象的程序和确保其质量的程序,以及规范竞争者、使用者与消费者之间的第三人保护机制。[④] 由于合作对象的选任乃公私合作的核心的内容,基本上合作合同缔约人的选任程序等于必须先开启一个最佳缔约人的调查程序,[⑤]所以担保国家对此原则的产生,也扮演相当重要的角色。

---

① Schmidt Aßmann:《行政法总论作为秩序理念》,林明锵等人译,第 3 章,第 117 页。

② Schmidt Aßmann:《行政法总论作为秩序理念》,林明锵等人译,第 3 章,第 117 页。

③ 詹镇荣:《行政合作法之建制与开展——以民间参与公共建设为中心》,载行政法学会主编:《行政契约之法理、各国行政法学发展方向》,2009 年版,第 126 页。

④ Schmidt Aßmann:《行政法总论作为秩序理念》,林明锵等人译,第 3 章,第 117 页。

⑤ 程明修:《公私协力合同与行政合作法——以德国联邦行政程序法之改革构想为中心》,载《兴大法学》2010 年第 7 期。

通过上述的讨论，可以得知国家影响力乃发自公私合作法制，并汇集责任分配、担保国家以及合作原则，聚集成为《行政合作法》之后，再具体化而成为国家义务。因此，在行政任务移转私部门时也应该落实权利保障功能。以平等原则出发来看，当公部门以资源分配者的姿态出现时，该原则除禁止公部门对有意愿合作的私部门为不平等的对待之外，更要求私部门应有相同的机会参与公部门所提供的给付。国家资源的分配通常是在特定的程序中完成。因此在该程序中，必须确保多数有相同利益的私部门都能够有相同机会的参与度，使得公部门更正确地考虑并评价每个有意愿参与私部门之间的不同，从而选择更合适的合作对象。在公私合作的情形下，为确保公部门能够理性地选择最合适的私部门，并落实职业选择自由与平等原则的要求，公部门必须建构适合的程序法制来达成此项任务，该程序应取向于公平、透明并能确保公平竞争的方式。①

# 第四节　行政合作法的主要内容

## 一、合作合同

《行政合作法》制度的设计，无非是通过责任分担、担保国家以及合作原则等概念的综合考察予以建立，而《行政合作法》的规范也可以区分为组织法及作用法，而作用法中重要的包括具体行政行为(强调当事人协力义务的建构)与合作合同(强调通过法律关系理论建构的合同关系)，乃至于非形式化行政行为，均可作为建构合作关系的基础。但《行政合作法》的格局必须是针对全面性的合作关系进行规范，其建构的观点与合作合同的建构观点应有范围上的差异。由行政合作法来看，《行政合作法》的规范强调立法者框架立法并具体化国家的担保责任，将担保国家责任阶层的执行责任、担保责任与接收责任进行妥善的分配。此外，行政合作法应该彰显公部门的管制角色与任务，而这需要公部门符合一定条件才能开启公私合作的规范模式。另外，公私合作的

① 郑光伦、陈之昱:《德国行政合作法之初探——以国家影响义务在合作契约条款中之建构为中心》,myweb.scu.edu.tw/～muenster/99_1_1.pdf,最后浏览日期:2016 年 4 月 1 日。

风险评估、当事人的选任程序等，均必须通过《行政合作法》这一规范平台来具体建构。[①]

反之，在合作合同的领域，合同条款所规范者乃双方当事人的权利义务，而合作合同条款所关注的与《行政合作法》所欲规范的有所不同。依德国联邦内政部行政程序法咨询小组所拍板的草案，合作合同应属行政合同下的另一种选择模式。换言之，即国家可通过选择合作合同，与私部门构筑合作关系，但无论如何，该合作关系仍在公法规范框架之下，并不会遁入私法领域。无论公法合同还是私法合同，公部门本于行为形式选择自由，可选择利用何种合同。但基于权力分立和法规广泛适用的观点，立法机关仅能就必须立法的底线进行框架，至于公部门应如何具体构筑合同内容，应该移转公部门在不同领域或具体个案中来决定，过度缜密的立法可能反而使合作合同的利用不彰，有害公私合作的原始目的。基于一定的法律基础，但以法律预先规定和容许由合同双方合意形成具体权利义务的情形，是属于不同层次但有整体关联。因此，法律对于合同进行规范，依合同运用关联性的不同形成情况，应考虑合同内容所具有的机会与风险，以法律为一定程度的掌握即可。

本书对于《行政合作法》的立法建构，原则上也采取较为保守的态度，《行政合作法》固然有立法的需求，但是其立法的框架应该有其界限。若由《行政合作法》作为公私合作形态的一个基础规范平台而言，行政合作法立法行为的意义甚至大于规范本身的意义。行政合作法可以标示一个行政革新的来临，并通过具体的立法行为带动国家迎接一个新的行政法发展纪元，其或多或少标示着一个新的国家形态的到来，例如由消极国家转型至担保国家，甚至是更进步的积极国家的概念，但更实质的意义是在管制松绑后对于公私合作行为能够更完善的执行任务的取向与目的。若过于细密的合作规范，势必使公私合作回归到高度管制的行政领域，对于任务的妥适执行，效果上可能有所减损。这也是为何德国联邦内政部行政程序法咨询委员会最终仅以国家影响力作为合作合同规范的底线，其本质即是基于这样的考虑。若立法机关认为在特定的领域必须通过更细密的规范架构合作关系，则立法机关参与建构合作国家或担保国家的界限将会往前推移，让立法的容许性更宽广，但本质均建立在任务的妥适执行上。虽然《行政合作法》和合作合同在关注的原则上没有本质的差异，《行政合作法》仅是格局更宽广，必须考虑公私合作中的每一个环

---

① 许登科：《德国担保国家理论为基础之公私协力法制——对台湾促进民间参与公共建设法之启示》，台湾大学法律学研究所2008年博士论文。

节；而合作合同所着眼的，应是在双方关系中如何将《行政合作法》基本的精神纳入，并化作具体条款，这是合作合同条款建构的理解。另外，合作合同既属于行政合同的一环，依照行政法的法理，行政合同的条款原则上仅遵循法律优位，而无法律保留的要求，对于行政相对人的权利侵害内容，也属于一种基本权利的放弃。[①] 因此，如何使合作合同建构的条款能够符合公私合作的理念，即落实国家影响力的要求，实为合作合同本身最应该受到关注的问题。

然而，立法机关所未规范的并不代表立法机关不能规范，因此，若由《行政合作法》作为一个框架立法的形态来看，立法机关应该衡量在不同事物本质中任务执行的需求，制定出更为细致的特别法规。换言之，公私合作的基本要求与事物本质，属于《行政合作法》可以处理的部分，但是并不排除立法机关可以通过个别立法来建构更细密的合作关系。

## 二、合作项目

目前学说对于《行政合作法》与合作合同应该考虑的因素，大致上包括：合同性质问题、合同容许性问题、合同相对人选任问题、第三人权利保护问题、合同监督与争议处理问题、担保责任的具体化问题、合作合同的存续力问题等。[②] 其中有关合同性质、合同容许性、第三人权利保护、合同监督与争议的问题，属于一般性规范，且与公私合作有紧密结合，因此学说多认为应以行政合作法来架构。[③] 至于担保责任的具体化及合同存续力的规定，有学者建议《行政合作法》也应纳入其中，但其细部内容，或许是合作合同可以着力的部分，因为担保责任的具体化与分担是通过合同条款来建构担保责任与承接责

① 江嘉琪：《行政合同第三讲——行政合同的合法要件》，载《月旦法学教室》2007年第57期。

② 程明修：《公私协力合同与行政合作法——以德国联邦行政程序法之改革构想为中心》，载《兴大法学》2010年第7期；吴志光：《ETC裁判与行政合同——兼论德国行政合同法制之变革方向》，载《月旦法学》2006年第135期；吴志光：《公私协力行为之公法化趋势——以委托经营管理及促进促进民间参与公共建设法之实务见解为核心》，载《辅仁法学》2008年第36期。

③ Schmidt Aßmann 教授则认为，合同中有关选定合同当事人和持续性影响监督私人给付的部分，应由行政法总论规范的建立作为一个管制手段。足见针对哪些事项应交由立法者型塑，这至今仍然是一个困难且不稳定的问题。参阅 Schmidt Aßmann：《行政法总论作为秩序理念》，林明锵等人译，第121页。

任在具体法律关系，而担保责任的具体化和合同存续力问题，与确保国家影响力的概念似乎也不谋而合。有学者认为，担保责任的发生，是因为公部门以一个基本权的保证人角色登场的缘故，[①]但此是针对责任分担的需求而言，如何分担，则是需要个案化的观察。此外，Schuppert 教授在其意见书第 56 条中"国家影响力"的规定，是属于担保责任所为的具体化规定，与行政程序法咨询小组最终采用的版本有着相同的思维。Schuppert 教授在其意见书第 56 条第 3 款的规范中，并明文确立国家信息权的落实，在针对功能私部门化影响义务中也是重要的项目。另于意见书第 57 条也规定合同上的合意应包括给付内容的质量、内容与范围、提供给付的报酬、给付质量的评价原则与标准。至于 Ziekow 教授的意见书中，第 62d 条中也明确表示，合作合同中必须包含：私部门提供给付的设施需要正常维护、符合科技标准、给付质量及标准的确定、合意约定处理交换达成目标及加强合作关系的重要信息义务、公部门对于私部门合作伙伴有信息权、监督权与指令权。[②] 这些均是连结担保责任的规范设计。

汇整两位教授对于行政程序法咨询委员会的想法，虽然是将《行政合作法》作为管制的预设，但是仍然可以得出一些不可或缺的合作合同条款内容。有学者认为，该合同本身应遵循一定的中心思维，即那些合同本身应具备以下的合同要素：私部门的义务与给付、行政主体的给付提供、旧设施的移交规范、针对兴建措施手段及执行详细记载并缔入合同、政府采购中建造给付模式在延长给付与建造时，以及将行政任务移转私部门的情况、公部门的管制权限、赔偿责任规范、报酬机制的调整规范、价格建构规范、建造的事后延长与改变、许可与委托经营的条件、合同终止时对于建造剩余价值的补偿规范、终止规范和提早结束合同的规范、私部门破产时的规范、主管机关的权力以及合同终止的规定。[③]

根据上述学说内容，大致上可以切割出合作合同条款必须落实国家影响力，而该义务内容可以再细分为担保责任具体化问题与合同存续问题。这两

① 程明修：《公私协力合同与行政合作法——以德国联邦行政程序法之改革构想为中心》，载《兴大法学》2010 年第 7 期。

② 郑光伦、陈之昱：《德国行政合作法之初探——以国家影响义务在合作契约条款中之建构为中心》，myweb.scu.edu.tw/～muenster/99_1_1.pdf，最后浏览日期：2016 年 4 月 1 日。

③ 郑光伦、陈之昱：《德国行政合作法之初探——以国家影响义务在合作契约条款中之建构为中心》，myweb.scu.edu.tw/～muenster/99_1_1.pdf，最后浏览日期：2016 年 4 月 1 日。

个命题即是针对国家影响力细致化的方式。担保责任涉及责任分担与责任阶段，已如前述。在责任分担的命题上，必须处理的便是如何分担。唯有通过合同条款将责任分担明确地划分，国家才能通过担保维持充分影响力来参与任务的执行，[①]例如私部门给付不能时公部门的接管方式等。至于合同存续问题，则系在合同成立后，公部门与私部门权利义务互动模式建构的基础。只有明确的设计公、私部门之间双方权利义务的互动方式，例如如何针对私部门为资金的挹注、合同给付的调整等，才能使公私合作的遂行发挥影响力。

## 三、担保责任

如何具体化担保责任，涉及责任分担条款的设计，至少包括以下四个内容：

第一，当事人给付的内容与方式，包括执行责任的分配、给付设备的维持与修缮、公部门在法律关系中的角色、风险的分担、国家担保责任应如何启动等。

第二，当事人给付的质量与标准，包括给付质量与标准的评估机制。这部分可能通过规范建构，但也可使双方当事人自行决定给付质量应如何评估，避免公私合作后因私部门成本考虑导致质量低下的问题。

第三，委托许可经营的条件，此是针对给付再转由合同外第三人承作的规范，借以确定三方法律关系中的权利义务进行。

第四，合同控制条款，包括国家的信息权、监督权、介入权和指挥权，在个案中做妥适的安排，而各项权力将因事物本质或公私合作方式的不同而有强弱的差异。

## 四、合同存续

关于合同存续问题，行政程序法咨询小组草案中，仅针对无法确保影响力合同使其无效，并且针对无效时，通过适当有效的规定取代之，使合同当事人

---

① 吴志光：《ETC裁判与行政合同——兼论德国行政合同法制之变革方向》，载《月旦法学》2006年第135期。

得请求回复到缔约前的状态，在学理上称之为合同的修缮。[①] Scuppert 教授针对国家无法于合同中发挥影响力或质量无法被保证的情况，于意见书第 58 条规定无效。若合同内容发生决定性的改变，当事人可要求调整合同；若无法调整，也可以请求终止合同。至于 Ziekow 教授的意见书，并无直接针对合同瑕疵为特别规定，仅指出合同当事人得针对任何未纳入合同的最低限度条款请求加入合同。

因此，合作合同的设计上应有相关的配套可供运用，其中包括以下五种内容：第一，合同的重大变更与调整。例如情事变更或规范变更的情况、给付迟延的效果、私部门破产的问题，双方给付应如何调整以达成执行任务的目的，应于合同明确的规范。第二，报酬调整的机制，这部分也是配合合同调整的措施。第三，无法调整的终止或解除约定，通过终止或解约的条款设计，使合作关系有基本的退场机制。第四，回复原状的效果，或通过合同修缮取代回复原状的条款。第五，赔偿或补偿规定，特别是在无法回复原状或回复原状对于公部门也影响重大时，赔偿和补偿的方式与额度也应在合同中载明。[②]

## 第五节　公私合作的愿景

### 一、21 世纪的展望

回顾 20 世纪的种种，从政治、社会、经济、环保、文化等，人类智慧所创造的进步与成就远超过以前数百万年所累积的总量，然而也带来更多的负面效应与社会问题。而社会问题的复杂度与数量的扩增即伴随着政府规模的扩大，尽管政府努力妥善因应处理，却经常束手无策，造成了不可治理的困境，显示出政府的效率低下与无能。因此，自 20 世纪 80 年代，从英国的撒切尔首

① 詹镇荣：《促进促进民间参与公共建设法之现实与理论——评台北"高等行政法院"之 ETC 相关裁判》，载《月旦法学》2006 年第 134 期。

② 郑光伦、陈之昱：《德国行政合作法之初探——以国家影响义务在合作契约条款中之建构为中心》，myweb.scu.edu.tw/～muenster/99_1_1.pdf，最后浏览日期：2016 年 4 月 1 日。

相、美国的里根总统以来，均大张旗鼓地整顿政府，其他如德国、法国、日本、加拿大、新西兰、澳大利亚等国也都进行了相当程度的政府改革。如此的大动作改革，一方面固然是为了因应许多国内外的重大政治、经济、社会等问题，另一方面更是为了跨入 21 世纪做准备。在各项政府改革的行动当中，最引人注目的就是如何提升政府效率与精简政府组织。如果政府组织精简的方向是正确的，那么应当进一步思考“政府”应该扮演怎样的角色？或者政府是否应该随着事情的多寡与复杂程度而无限扩张？或是回归到 19 世纪以前的政治学家所主张“保持最小规模的政府”的理念，只有若干必要性的事务才由政府出面？这些问题早已经过许多学派与学者间长时间的争辩，迄今尚难有令人满意的答案。

另外，在面对 20 世纪中期所产生的政府效率低下以及许多新的社会问题，各国政府却束手无策。面对此困境，新自由主义论者一味地想要缩小政府，采取精简、裁员等手段；相反，社会民主主义者则一贯主张应该扩大政府规模，以增加政府更大、更多的组织与功能来解决此困境。有学者认为，应该超越新自由主义者与社会民主主义者的争辩，提出“第三条路”（The Third Way）的主张，当代的人民有必要重构传统对于国家的刻板理解，也就是超越“把国家当作敌人”的右派和“认为国家就是答案”的左派，重新认识国家在目前及未来应有的定位及角色。也就是说，问题并不在于我们需要更大的或是更小的政府，而是要深思目前政府的治理方式是否能够适应全球化时代的需要，而非局限于政府精简或政府扩大的无解之争。[①] 另有学者认为，时下人民对政府权限的看法非常矛盾，既想维护限制政府权力的固有传统，又有许多问题需要政府出面解决。于是，与其他们主张在过与不及之间来回打转，还不如来为政府重新定位，把焦点放在政府要如何才能加强各个市民、小区和社会组织的自动自发精神及参与意愿。[②] 再从另一个角度来思考，传统形态的政府治理在未来已经无法能够有效地运作，其结构与功能已经无法因应时代的需求，因此有必要去重新界定政府治理的内涵与范围，甚至考虑在政府结构上进行重组，将过去仅由专业行政人员所组成的政府广泛地纳入民间力量的参与，使得政府的结构重组，组成一个合作型政府。

C.King 和 C.Stivers 在《政府与私部门一体》一书中提道：当全世界都在指责政府效率不彰而主张精简政府规模之际，21 世纪的政府应该重新思考其

① Giddens，Anthony：《第三条路》，郑武国译，台湾联经出版社 1999 年版，第 80～82 页。

② Robert N. Bellah et al.：《行政学》，孟汶静译，台湾三民书局 1994 年版，第 15 页。

组成的方式，最有效的方式即由传统界定的政府与人民合作模式下所创造的新政府形态。政策管理者是一位关心政治因素的政策分析家，既然是关心政治，故其非常重视公私合作，尤其是特别重视私部门所扮演的积极角色。他们认为，政府所要提供的服务并非顾客服务，解决政府问题也不是新公共管理所建议采取的以少作多、以缩小政府组织作为提高政府效率的手段，而是设法提高私部门的参与的积极性。另外，公部门也必须建立监督管道，以便能够适时地监督私部门。私部门面对这样的重大责任，自然不能忽略其职责，成为只顾享受权利、不尽义务的"搭便车者"，而是要成为一位兼顾义务与权利、个人自由与社会安全的"新公民精神"(New Citizenship)。①

## 二、新公民精神

新公民精神是美国学者 Rimmerman 所提出来的概念，②它是 20 世纪 60 年代"参与民主"概念的延伸。参与民主强调人民参与政策过程的参与权利，人民拥有最大的统治权限，民意代表与政府的权力都受到限制，重大政策都必须民意复决。③ 故许多参与民主的核心价值都可以纳入，如：私部门介入、政治平等、社会凝聚、充分信任、对多元意见的容忍，以及鼓励私部门组织与协会的成立与运作。如果私部门之间产生意见与行动的冲突，则以大家所同意的价值共识作为解决的机制。私部门所建立的小区是一个包含所有共同利益的私部门组织，私部门是积极、主动地参与，而非消极、被动地介入，新公民精神的任务是希望通过私部门实务的政治以达到改造政治的目的。因此，新公民精神认为国家应建立在私部门介入的基础上，诚如 Putnam 指出的：民主国家的机构不能以从上至下的方式而建立，必须建立在私部门信任与道德的日常传统之上。普氏认为以高层次的政治利益、社会平等、人际信任与自愿协会为基础的私部门小区，容易导致有效的治理与民主可能性。④

新公民精神既然是立基于参与民主，政策管理者的角色就成为促进型的

---

① 丘昌泰：《当代政策管理与新公共服务》，载《飞讯》2011 年第 110 期。

② Rimmerman，Craig A.，1997，The New Citizenship：Unconventional Politics，Activism，and Service，Boulder，CO：Westview Press.

③ 丘昌泰：《当代政策管理与新公共服务》，载《飞讯》2011 年第 110 期。

④ Putnam，Robert D. 1993. Making Democracy Work：Civic Transitions in Modern Italy. Princeton，N.J.：Princeton University Press，p172.

公共服务者、任务导向的会议召集者,以及倾听人民心声的行政者。此时公部门的角色在面对复杂社会中应该放弃中性工具角色、专业知识角色、社会积极行动者角色、企业型角色,而应该扮演协助私部门的角色,必须将公私合作视为私部门自我治理的社会管理的创新模式。事实上,公部门原本就是私部门委托某些人来替人民服务的机构,公部门的工作人员脱去其"公务员"的外衣后,本身也是私部门的一员,因此,公部门与私部门基本上是平等的、一体的。

法律、法规原本是用来引导公部门如何服务私部门的工具与方法,现在却反过来限制、规范了私部门的功能,让公、私部门之间产生了对立与不信任;同时,立法机关与行政机关之间大部分更是建立在不信任的关系之上,动辄质问、怀疑、不信任与倒阁,此一对立的关系在其基本假定的价值——彼此的不信任——没有改变之前,只会愈演愈烈。要打破这种宿命的恶性循环只有一条路径,即将公部门与私部门结合为一体,二者建立在同一个命运共同体之上,如此才能建立彼此互信、互赖的合作关系。①

从理论的角度来说,公共行政应建立一种官僚组织与民间社会相互渗透的机制,一方面,官僚组织提供公私合作的管道,达到民主行政的目的;另一方面,公部门应主动了解私部门的需求,并进一步协助私部门达成,以改变过去官僚组织只是被动、消极、保守的印象。换言之,一个完美的民主社会,既要有积极性的公部门,更要有积极性的私部门。然而,从公共行政理论的发展历史来看,从 Max Weber 的理想型官僚、F.W. Taylor 等人的科学管理学派以后,公共行政学受到这些理论与学派的影响,早已形成了诉诸权威的精英主义与国家中心论的官僚性政府,经过数十年来理论与行政实务界的批判与检验,官僚型政府的确受到了质疑与挑战。

公私合作是行政组织改革的第一步,私部门参与公共事务的执行,才能更有效地改造这个社会。然而,从事公共事务的活动并不等于介入政治权力的争夺,而是为了广大人民的利益,为了改革社会的问题,为了促进国家长期的发展。A.Giddens 在《第三条路》一书中提道:"无责任即无权利。"②这句话对于政府与私部门都同样适用。在代议民主制下,人民将本身的权利交给了委任的代表行使,政府即须对全体人民负责;相对的,人民要享有政府所提供的各项公共服务,也应该担负某些责任,这些责任就是对国家公共事务的关心及

---

① 许文杰:《公民参与公共行政之理论与实践——公民性政府的理想型建构》,台湾政治大学公共行政学系 1999 年博士论文。

② Giddens,Anthony:《第三条路》,郑武国译,台湾联经出版社 1999 年版,第 74 页。

实际的参与行动。换言之,人民与政府应一起担负治理国家政事的责任,而非一味地予以负面的批评或消极地应对。

目前,在世界各国正风起云涌的政府再造运动浪潮中,应该要舍弃"官僚性政府"的旧有典范,走向"合作型政府"的新典范。所谓合作型政府,就是以社会中心论的立场,主张在公共组织的内部决策由全体成员由下而上地形成,并且要充分反映民意,将公私合作纳入政策的规划与执行体系之中,不仅可以使政策得到有效的推动,更可以避免许多政策上的盲点。当代政府的治理观念应该从"官僚主义"蜕变到"合作主义"典范——这个典范所强调的是以私部门参与为导向,以公私合作为模式的政府。由此看来,如果说 20 世纪研究的政府形态是"服务型政府",那么在 21 世纪的研究方向就是"合作型政府"。

## 三、合作型政府

所谓合作型政府,并不是一个具体、有形的行政机关,而是一个抽象的概念,是一个理念的建构。其作为私部门积极参与行政任务的正当性理由,同时也指导行政官员在推动制度设计、改革时能朝向以私部门为中心的思维逻辑,因而能够培养公、私部门一体,彼此互信、互赖的感觉。若能如此,则人民不会只是一味指责政府效能不彰、官僚、僵化,政府官员们也不会再傲慢地不理会人民的需求。官僚性政府对于公私合作的限制,并从公共行政的本质中寻找另一个方向,这个方向就是建立一个不同典范的合作型政府。然而,要改变过去的政府典范,创造新典范的合作型政府,不能只做零星的流程改革或组织调整,必须采取全面性的建构途径,包括培育积极性的私部门、再造负责任的行政官员、发展前瞻性的政治家、设计有利参与的制度环境,以及落实地方自治精神等。

随着社会的工业化、都市化与多元化,行政任务日渐增多繁复,公部门无法全部亲自处理,必须引入公私合作的运作机制。公部门从过去作为人民生存照顾唯一给付者的典型角色,转换为与私部门共同担负起实现福利国责任的"合作人"角色。以特许经营的公共利益为例,包括公部门的声望、私部门的营运以及一般大众的使用利益,也就是公益与私益已经没有优先与对立的问题。虽然特许经营的公共工程一般由私部门所兴建及营运,但基于特许权关系与公部门并非放弃行政任务的前提下,公部门对于营运公私的种种监督手段不但不能放弃,而且必须要更强烈联系,以保障对社会持续维持给付义务与公共福祉的确保,落实民主国原则的精神。

过去，在政府特许经营模式中，公共工程在发生意外时，公部门往往以特许经营模式是由私部门建造与营运，而将监督责任甚至赔偿责任推卸给私部门。殊不知私部门的建造与营运在公私合作只扮演一部分的角色，基于国家有照顾人民基本权的保护义务，公部门通过具体的给付行政来落实对人民的生存照顾等理由，可以得知行政任务的执行虽然已经移转给私部门，但公部门并未放弃行政任务的执行，只是转变为担保者的角色，以确保公共服务的质量与实施。

# 结　论

传统政府体制已经无法因应福利国目标所带来的庞大行政任务，以及在全球化趋势下国家面临的国际竞争挑战，因此，提升政府效率以加强国家竞争力，增加在国际间的优势地位，成为各国在进行政府改造时所追求一致目标。在此目标下，落实政府组织改造目标，扩大公共服务参与，强化公私合作伙伴关系已经成为重要议题。公私合作的出现广受各国政府青睐，日益成为行政行为的主导模式，成为各国政府实现其经济社会目标和提升公共服务水平的基本措施和方式。除“去任务化”“地方化”与“法人化”外，公私合作成为政府改造计划中的重要手段之一，并在许多先进国家或地区受到高度推崇与广泛运用。在国家瘦身、行政革新、组织改造、管制松绑、官民合作等政策理念之下，连带开启新世代的私部门化运动，形成一股排山倒海、不可抵挡的世界潮流与国际趋势。从地方到中央，从区域到全球，处处可见，演进至今日，从20世纪到21世纪，已经成为公私合作时代。依据学者研究，公私合作至少有下列五种优点：一是政府的政策与施政内容较能符合人民的需要；二是增进政府与人民之间的信息交换；三是通过更多参与管道使不同阶层的利益受到重视与保护；四是人民的参与增加政府活动的合法性；五是增强政府向人民负责任的落实。

假定公部门与私部门是两个分立的部门，公私合作的动机实为公部门为汲取、吸收私部门的专业、创意、潜能、资金、管理模式、决策机制等要素，纳为公部门所用，以充实福国利民之资产。因此，私部门化运动乃是在特定的时代背景下，基于政府组织精简、自由化思维、提高竞争力、解除管制需求、去国家化理念等多重因素交错影响及观念激荡下，时起时落、断续进行的行政改革运动。不过，公私合作也有以下五个问题必须加以克服：一是公私合作可能会更费时；二是缺少专业知识的人民参与对政策未必有帮助；三是公私合作增加一些较不受到代表的群体参与，不具任何实质意义；四是利益的团体可能控制参与的动机与数目；五是公部门受制于公私合作，无法对公共利益做全面的考虑。[①]

尽管如此，公私合作仍被视为增进行政效率的一种重要且宝贵的资产，需要被更完善的研究与发展。

从传统警察国家到现代福利国家的转变过程中，由于国家角色的变迁，国家必须执行全面性的社会福利政策，导致行政组织过度膨胀与财政负担的严重恶化。为解决此问题，行政组织的改革开始启动，包括政府再造、公私合作、合作国家等，公部门逐渐将其行政任务转由私部门执行。由于私部门的参与不仅模糊公、私部门的分界，也对传统行政法学领域造成冲击，而使其有所响应与调整，以适应新的环境、任务与管制形态。在法律规范的体现上，如果不具法制基础，任意调整行政组织形式与任务执行形式，则有违民主国原则与法治国原则。因此，必须要有法学规范的理论、准则为依据，与来自正当性基础的支持，才可以正当化公部门权力作用与行政行为的合法性。

公私合作时，必然会降低公部门对该行政任务的控制能力。在此情况下，公部门必须落实包含基本原则（如民主国原则、法治国原则、公益原则、救济原则与权利保障原则）的各种要求以确保公私合作目的实现。因此，在建构公私合作行的制度时，应具体落实上述原则提出的要求。进一步言之，公私合作的理论基础方面，即是说明公私合作的正当性理由。因为在私部门的参与时必然会降低公部门对该行政任务的控制能力，因此公部门必须落实包含在正当性基础中的各种要求，在建构公私合作行政任务的法制时，应具体落实上述原则提出的要求。

在民主国原则方面，要求所有行使国家权力的行为皆应具备民主正当性。此外，在公私合作时，公部门应该建构能落实民主正当性的监督机制。

在法治国原则方面，在公私合作时，其要求将行使公权力的权限移转私部门时应符合法治的要求。法治国原则是为了通过促成一种客观、理性的统治方式，以实现维护私部门自由、确保法安定性与形成正当社会秩序三项实质目标。

在公益原则方面，为达到完善生活共同体的目标，必须致力于谋求公众，而非生活共同体成员之个人或个别团体的利益。就此而言，公益不应被理解为生活共同体中个别利益的堆砌，因为在将生活共同体理解为一个整体时，公

① 吴英明：《公私部门协力关系和公民参与之探讨》，载《中国行政评论》1993 年第 3 期。

众的利益应具有特殊的质量标准，也就是必须超越个别利益，而趋向于整个生活共同体的一般性利益。

在效率原则方面，要求以最有效运用资源的方式来实现预定的规范目标。在公私合作时，其要求公部门在选择委外时，应该考虑是否有助于提升行政效率。

在救济原则方面，要求在公私合作过程中侵害行政相对人的权利或利益时，国家必须形成有实效的权利救济管道。在权利保障原则方面，要求国家在建置公私合作的制度时，必须注意私部门与行政相对人基本权利的保障。

公私合作象征公部门的行政任务朝向私部门移转的过程与现象，展现公部门领域与私部门领域之间官民相倚、相互合作的动态关系，并标记出国家社会改革的需求与公、私部门之间任务的重组与变迁。不过，公私合作成为时兴用语，并蔚为风潮则是20世纪80年代的事。在行政革新、组织改造、管制松绑、公私伙伴、官民合作等政策理念之下，连带开启新世代的私部门化运动，并形成一股排山倒海、不可抵挡的世界潮流。因此，国外公私合作的制度建构和实施经验，对我国《行政程序法》的立法与相关公私合作制度建构，具有相当的参考价值。①

传统政府体制已无法充分执行福利国目标带来的庞大行政任务，再加上在全球化的发展趋势下，国家面临崭新的国际竞争模式，如何加强政府效能以提升国家竞争力，成为政府必须深切关心的议题。为达成此项目标，各国普遍采取公私合作的手段。因此，探讨公私合作在我国法制上应受到何等拘束，以及应该如何落实，在考虑设计相关制度时也要因行政任务的特性而有不同的考虑重点。鉴于公私合作后法律关系的复杂性，建议在推行相关政策与建构相关制度时，必须确保以下事项可以实现：

## 一、确保权利的保障

国家必须建立制度和制定法律，以保障人民的基本权利，也就是必须落实基本权利具有三大功能，即保护功能、防卫功能与救济功能。若欠缺一个可以实现基本权利的环境或制度，纵使人民有基本权利也不具意义。现代意义的

---

① 黄学贤、陈铭聪：《行政契约和行政处分的替代关系与选择标准之研究》，载《江淮论坛》2011年第4期。

制度性保障理论,旨在督促国家必须建构各种足以实现人民基本权利的制度或法律。在公私合作的法律框架下,出现两个权利保障的客体——私部门与行政相对人。在公部门与私部门的内部关系方面,私部门的基本权利必须受到保障;同样,在公私合作时与行政相对人的外部法律关系方面,行政相对人的基本权利也必须受到保障。

## 二、确保权限与责任分明

法治政府要求的是一种理性的统治,以避免恣意的可能性,行政任务的执行愈理性,其行为的预见性、控制性与审查性就愈高。法治国原则的目标落实到行政机关组织的设计时,要求必须清楚划分,借此使行政相对人得以事先预见其行为和责任范围。若未能清楚划分公、私部门的权限分配,容易混淆公、私部门间的责任分配,也将影响行政任务执行的可预见性,行政相对人将无法预见,进而主张和保护其权利。

## 三、确保公私合作的资格

法治政府建设要求行政任务能够以客观、理性的方式做成,借此防止恣意,并达成保障行政相对人权利,确保法安定性与形成社会正义的目标。为达成此等目标,私部门必须保持中立,在执行任务或作成决定时,不能着眼于自身的利益,而必须客观地、公平地考虑所有相关的利益。因此,在公私合作时,必须建构一套选择的机制,以确保其专业和资格,并合法、公正地执行行政任务。

## 四、确保有效的监督机制

公权力垄断原则的目的就是禁止私部门的参与,尽管国家角色的变迁,公私合作已经成为时代的潮流,当行政任务的执行引入公私合作时,也必须置于公部门监督控制之下。在公私合作中,私部门是居于辅助人员的地位,不能独立执行行政任务,其行动必须取决于公部门的决定和指示。换言之,公部门必须随时监督私部门的行为,提供明确的决定和指示;当私部门违法执行或执行不力时,公部门立即采取介入措施。

## 五、确保有效的救济程序

法治政府建设的公法保障要求公部门必须保障行政相对人的权利，在行政相对人的权益受到侵害时，为救济该权益，要求公部门应提供适当的救济管道。如果只保障行政相对人实体法上的权利，却不提供主张此等权利的程序上的权利，例如寻求法院的救济程序和请求国家赔偿责任，实体法上的权利保障将丧失其价值。因此，国家必须确保有效的诉讼制度和国家赔偿责任的制度，更重要的是，必须确保公部门无法借由行政手段来阻止行政相对人主张权利救济的可能性。

诉讼制度的形成是属于立法机关的任务，并就此拥有广泛的形成空间。[①]但是，并非立法者所形成的任何一种诉讼制度皆能满足诉讼权保障的要求，其必须能确保有实效的权利保障。有实效的权利保障应包含两个方面：第一，开放法院救济管道的要求，当人民于其权利受到侵害时，应该保障其寻求法院救济的可能性。第二，该诉讼制度应确保能进行有实效的法院审查，对于争议客体的事实确定或法律评价，法院应该享有审查权限。

---

① 例如，台湾地区"司法院大法官会议"在许多号解释中提及立法者对于诉讼制度的形成自由：诉讼制度应循之审级、程序及相关要件，应由立法机关衡量诉讼之性质，以法律为正当合理之规定；诉讼制度应循之审级制度及相关程序，立法机关自得衡量诉讼性质以为合理之规定；至于诉讼救济应循之审级、程序及相关要件，应由立法机关衡量诉讼案件之种类、性质、诉讼政策目的，以及诉讼制度之功能等因素，以法律为正当合理的规定。参见台湾地区"司法院大法官会议"释字第 393 号解释文、释字第 442 号解释文、释字第 512 号解释文。

# 参考文献


## 一、中文著作

1.黄学贤主编:《中国行政程序法的理论与实践》,中国政法大学出版社2007年版。

2.黄学贤:《中国行政法学专题研究述评(2000—2010)》,苏州大学出版社2010年版。

3.王克稳:《政府特许经营的基本理论与制度设计》,载《台湾地区行政法学会研讨会论文集》,台湾元照出版社2012年版。

4.夏勇:《法治源流》,社会科学文献出版社2004年版。

5.应松年、袁曙宏:《走向法治政府——依法行政理论研究与实证调查》,法律出版社2001年版。

6.陈泉生:《行政法的基本问题》,中国社会科学出版社2001年版。

7.邓正来:《国家与社会:中国市民社会研究》,北京大学出版社2008年版。

8.井敏:《构建服务型政府的理论与实践》,北京大学出版社2006年版

9.金太军:《政府职能梳理与重构》,广东人民出版社2002年版。

10.罗豪才主编:《行政法论丛》(第一卷),法律出版社1998年版。

11.李军鹏:《公共服务型政府》,北京大学出版社2004年版。

12.刘杰:《知情权与信息公开法》,清华大学出版社2005年版。

13.青锋:《行政管理体制改革新思维》,法律出版社2008年版。

14.杨紫垣、徐杰主编:《经济法学》,北京大学出版社2001年版。

15.姜明安主编:《行政法与行政诉讼法》,北京大学出版社、高等教育出版

社 1999 年版。

16.应松年主编:《行政法与行政诉讼法词典》,中国政法大学出版社 1992 年版。

17.王周户:《行政法学原理》,陕西人民出版社 1998 年版。

18.翁岳生主编:《行政法》,中国法制出版社 2007 年版。

19.刘莘:《法治政府与行政决策、行政立法》,北京大学出版社 2006 年版。

20.刘靖华、姜宪利:《中国法治政府》,中国社会科学出版社 2006 年版。

21.张树义:《法治政府的基本原理》,北京大学出版社 2006 年版。

22.肖金明:《法治行政的逻辑》,中国政法大学出版社 2004 年版。

23.段红柳:《构建法治政府论》,湖南人民出版社 2007 年版。

24.肖北庚:《走向法治政府》,知识产权出版社 2006 年版。

25.张英俊:《现代行政法治理念》,山东大学出版社 2005 年版。

26.李林:《中国法治发展报告》,社会科学文献出版社 2008 年版。

27.王强:《政府管理创新读本》,中国人民大学出版社 2006 年版。

28.汪太贤:《西方法治主义的源与流》,法律出版社 2001 年版。

29.胡锦光:《以案说法——行政法篇》,中国人民大学出版社 2006 年版。

30.俞可平:《地方政府创新与善治》,社会科学文献出版社 2003 年版。

31.李林:《中国法治发展报告》,社会科学文献出版社 2007 年版。

32.麻宝斌:《公共利益与政府职能》,吉林人民出版社 2003 年版。

33.俞可平:《治理与善治》,社会科学文献出版社 2000 年版。

34.宋功德:《行政法的均衡之约》,北京大学出版社 2004 年版。

35.张树义:《中国行政法学》,中国政法大学出版社 1989 年版。

36.张树义:《行政法学新论》,时事出版社 1991 年版。

37.孙笑侠:《法律对行政的控制——现代行政法的法理阐释》,山东人民出版社 1999 年版。

38.孙笑侠:《法的现象与观念》,山东人民出版社 2001 年版。

39.王连昌:《行政法学》,中国政法大学出版社 1994 年版。

40.邓正来:《市民社会理论的研究》,中国政法大学出版社 2002 年版。

41.江必新、周卫平:《行政程序法概要》,北京师范学院出版社 1991 年版。

42.徐显明:《人权研究》(第三卷),山东人民出版社 2003 年版。

43.陈振明:《政府再造——西方"新公共管理运动"评述》,中国人民大学出版社 2003 年版。

44.西方法律思想史研究会:《自然法:古典与现代》,中国法制出版社 2007

年版。

45.翁岳生:《行政法》,台湾翰芦图书出版有限公司 1998 年版。

46.翁岳生:《法治国家之行政法与司法》,台湾月旦出版社 1994 年版。

47.李震山:《行政法导论》,台湾三民书局 2003 年版。

48.萧文生:《国家法Ⅰ——国家组织篇》,台湾元照出版社 2008 年版。

49.吴庚:《行政法之理论与实用》,台湾三民书局 2002 年版。

50.法治斌、董保城:《宪法新论》,台湾三民书局 2003 年版。

51.陈敏:《行政法总论》,台湾三民书局 2003 年版。

52.陈锐雄:《民法总则新论》,台湾三民书局 1982 年版。

53.黄锦堂:《行政组织法论》,台湾翰芦图书出版有限公司 2005 年版。

54.詹中原:《公共行政理论与实务分》,台湾五南图书出版股份有限公司 1993 年版。

55.陈爱娥:《行政组织》,载《行政法入门》,台湾元照出版社 2000 年版。

56.黄默夫:《基础行政法》,台湾三民书局 2006 年版。

57.许庆雄:《宪法入门》,台湾月旦出版社 2001 年版。

58.刘嗣元、石佑启:《国家赔偿法要论》,北京大学出版社 2005 年版。

59.李惠宗:《行政法要义》,台湾元照出版社 2008 年版。

60.陈其南:《公民国家意识与台湾地区政治发展》,台湾允晨出版社 1992 年版。

61.董保城、湛中乐:《国家责任法》,台湾地区元照出版社 2008 年版。

62.马怀德:《行政法制度建构与判例研究》,中国政法大学出版社 2000 年版。

63.杨欣:《民营化的行政法研究》,知识产权出版社 2008 年版。

64.马怀德:《行政程序立法研究——行政程序法草案建议稿及理由说明书》,法律出版社 2005 年版。

65.马怀德主编:《行政法与行政诉讼法》,中国法制出版社 2000 年版。

66.方世荣、石佑启主编:《行政法与行政诉讼法》,北京大学出版社 2005 年版。

67.周佑勇:《行政法原论》,中国方正出版社 2000 年修订版。

68.廖义男:《国家赔偿法》,自刊,1998 年版。

69.章志远:《个案变迁中的行政法》,法律出版社 2011 年版。

70.陈新民:《公共利益的概念》,载《宪法基本权利之基本理论(上)》,台湾三民书局 1996 年版。

71.石佑启:《行政服务承诺制析论》,载《行政法论丛》第4卷,法律出版社2001年版。

72.[美]J.M. Barbalet:《私部门资格》,谈谷铮译,台湾桂冠出版社1991年版。

73.程明修:《行政法之行为与法律关系理论》,台湾新学林出版股份有限公司2005年版。

74.许宗力:《论行政任务的民营化》,载《当代公法新论(中)》,台湾元照出版社2002年版。

75.张桐锐:《合作国家》,载《当代公法新论(中)》,台湾元照出版社2002年版。

76.许宗力:《基本权的功能与司法审查》,载《宪法与法治国行政》,台湾元照出版社1999年版。

77.应松年、刘莘主编:《行政处罚法理论与实务》,中国社会出版社1996年版。

78.董保城、湛中乐:《国家责任法——兼论大陆行政补偿与行政赔偿》,台湾元照出版社2008年版。

79.Owen E.Hughes:《公共管理新论》,林钟沂、林文斌译,台湾韦伯文化事业出版社2000年版。

80.David Osborne、Ted Gaebler:《新政府运动》,刘毓玲译,台湾天下出版社2003年版。

81.David Held、Anthony McGrew、David Goldblatt、John Perraton:《全球化大转变》,沈宗瑞、高少凡、许湘涛、陈淑玲译,台湾韦伯文化事业出版社2001年版。

82.黄锦堂:《行政组织法的基本问题》,载翁岳生编:《行政法2000(上)》,台湾翰芦图书出版有限公司2000年版。

83.黄锦堂:《行政契约法主要适用问题之研究》,载台湾"行政法学会"主编:《行政契约与新行政法》,台湾元照出版社2002年版。

84.李震山:《论行政损失补偿责任——以行政程序法之补偿规定为例》,载台湾行政法学会主编:《损失补偿、行政程序法》,2005年版。

85.[日]盐野宏:《行政法》,杨建顺译,法律出版社1999年版。

86.程明修:《国家法讲义(一)——宪法基础理论与国家组织》,台湾新学林出版股份有限公司2006年版。

87.林秀莲:《国家赔偿法之修正方向——兼论行政执行等相关法律之配

合修正》，载台湾“行政法学会”编：《当事人协议务、行政调查、国家赔偿》，台湾元照出版社2006年版。

88.程明修：《行政行为形式选择自由——以公私协力行为为例》，载《行政法之行为与法律关系理论》，台湾新学林出版股份有限公司2005年版。

89.陈爱娥：《国家角色变迁与行政组织法学面临的挑战》，载《行政法入门》，台湾元照出版社2004年版。

90.林明锵：《担保国家与担保行政法——从2008年金融风暴与毒奶粉事件谈国家的角色》，载《政治思潮与国家法学——吴庚教授七秩华诞祝寿论文集》，台湾元照出版社2010年版。

91.Giddens、Anthony：《第三条路》，郑武国译，台湾联经出版社1999年版。

## 二、中文期刊

1.张成福：《论公共心脏的“公共精神”》，载《中国行政管理》1995年第5期。

2.齐明山：《对新公共管理的几点反思》，载《北京行政学院学报》2003年第5期。

3.沈荣华：《论服务行政的法治架构》，载《中国行政管理》2004年第1期。

4.吴玉宗：《服务型政府：概念、内涵和特征》，载《西南民族大学学报》2004年第2期。

5.杨国鹏：《我国公共服务型政府建设问题研究综述》，载《中州学刊》2006年第2期。

6.吕雅范、于新恒：《对我国服务型政府建设现状的评析及其对策建议》，载《行政与法》2007年第12期。

7.郑传坤：《建设服务型政府与行政执法改革》，载《行政法学研究》2004年第1期。

8.杨阳、李希顺：《论政府法治进程中的立法问题》，载《理论观察》2005年第5期。

9.王丛虎：《我国服务型政府的行政法分析》，载《中国行政管理》2007年第6期。

10.莫于川：《建设法治政府推动法文化革新——依法行政须树立现代行政法治观念》，载《理论与改革》2004年第5期。

11.杨海坤：《行政法哲学的核心问题：政府存在和运行的正当性》，载《上

海师范大学学报(哲学社会科学版)》2007年第11期。

12.童之伟:《权利本位说再评议》,载《中国法学》2000年第6期。

13.吴金虎:《我们需要什么样的政府法治精神》,载《法学天地》1999年第4期。

14.韩蒙:《建设法治政府的路径选择》,载《成都行政学院学报》2006年第12期。

15.蔡社文:《我国社会保障支出水平分析》,载《预算管理与会计》2004年第7期。

16.徐晓菁:《民营化之法律概念》,载《公营事业评论》1999年第4期。

17.李爱媚:《从行政自由裁量权角度谈公务中依法行政》,载《法制与社会》2006年第7期。

18.周志忍:《我国行政体制的特征与政府职能优化》,载《唯实》1997年第6期。

19.陶学荣、黄元龙:《论公共服务型政府建设途径》,载《甘肃社会科学》2005年第3期。

20.娄成武:《论行政责任》,载《辽宁行政学院学报》2005年第6期。

21.魏娜:《私人参与下的民主行政》,载《国家行政学院学报》2002年第3期。

22.杨立新:《为什么说依法行政是依法治的关键》,载《党政干部学刊》1999年第6期。

23.芦明:《论依法行政》,载《中国行政管理》2005年第1期。

24.刘熙瑞、段龙飞:《服务型政府:本质及理论基础》,载《国家行政学院学报》2004年第5期。

25.姜晓萍:《论"服务型政府"的基本内涵》,载《四川行政学院学报》2004年第2期。

26.张康之:《论政府的非管理化——关于"新公共管理"的趋势预测》,载《教学与研究》2000年第7期。

27.马海龙、张钦朋:《服务型政府管理中的协商民主研究》,载《行政与法》2006年第12期。

28.高凛:《控权论:现代行政法学的理论基础》,载《南京师大学报(社科版)》1998年第4期。

29.蒋开富:《正当性的语义学与语用学分析》,载《广西社会科学》2005年第5期。

30.周世中:《论法的正当性》,载《学术论坛》2001年第4期。

31.张千帆:《世界行政法体系的形成与发展》,载《比较法学研究》2006年第6期。

32.詹镇荣:《国家任务》,载《月旦法学教室》2003年第3期。

33.詹镇荣:《无偿性通讯监察设备设置义务之合宪性疑义》,载《月旦法学》2000年第64期。

34.[德]Hans D. Jarass:《基本权作为防卫权及客观原则规范》,陈慈阳译,载《月旦法学》2003年第98期。

35.(德)KarlAugustBettermann:《基本人权之界限》,蔡震荣译,载《新知译粹》1992年第5期。

36.吕炳宽:《基本权之违宪审查基准》,载《实证法学》2003年创刊号。

37.吴信华:《基本权利的体系思考》,载《月旦法学教室》2003年第9期。

38.杨解君:《行政主体及其模式的理论界定与探索》,载《法学评论》1999年第5期。

39.李兆勇:《浅议行政委托的规制》,载《法制与经济》2008年第12期。

40.王晨:《行政委托内涵之重构》,载《行政与法》2008年第11期。

41.章志远:《公共行政私部门化的行政法学思考》,载《政治与法律》2005年第5期。

42.李兆勇:《浅议行政委托的规制》,载《法制与经济》2008年第12期。

43.莫于川:《行政职权的行政法解析与建构》,载《重庆社会科学》2004年第1期。

44.马乐、田园:《行政协助的法律定位与控制》,载《行政与法》2005年第5期。

45.杨杰:《服务型政府的若干问题分析》,载《长白学刊》2005年第2期。

46.江嘉琪:《行政合同第三讲——行政合同的合法要件》,载《月旦法学教室》2007年7月第57期。

47.林明昕:《论ETC案中之行政争讼问题——以暂时权利保护为中心》,载《台湾地区本土法学》2006年第82期。

48.林永发:《行政契约论》,载《全国律师》1998年10月。

49.陈爱娥:《自由平等博爱——福利国原则与法治国原则的交互作用》,载《台大法学论丛》1997年第2期。

50.陈爱娥:《行政行为形式—行政任务—行政调控——德国行政法总论改革的轨迹》,载《月旦法学》2005年第120期。

51.陈爱娥:《国家角色变迁下的行政任务》,载《月旦法学教室》2002年第3期。

52.陈爱娥:《政府业务委托民间办理的法律规制——公私部门合作法制的建构》,载《月旦法学教室》2000年第8期。

53.陈爱娥:《代议民主体制是民主国原则的不完美形式?——加强、补充代议民主体制的可能途径》,载《中央警察大学法学论集》1999年第4期。

54.陈爱娥:《政府业务委托民间办理的法律规制——公私部门合作法制的建构》,载《月旦法学教室》2003年第8期。

55.陈爱娥:《行政任务取向的行政组织法——重新建构行政组织法的考虑观点》,载《月旦法学教室》2003年第5期。

56.陈爱娥:《基本权作为客观法规范——以组织与程序保障功能为例,检讨其衍生的问题》,载《宪法解释之理论与实务》第2辑,2000年版。

57.陈爱娥:《国家角色变迁下的行政任务》,载《月旦法学教室》2002年第3期。

58.陈爱娥:《行政任务取向的行政组织法——重新建构行政组织法的考虑观点》,载《月旦法学教室》2003年第5期。

59.[德]Jan Ziekow:《从德国宪法与行政法观点论公私协力》,詹镇荣译,载《月旦法学》2010年第180期。

60.詹镇荣:《国家任务》,载《月旦法学教室》2003年第3期。

61.詹镇荣:《公经济法之概念、体系与新趋势》,载《月旦法学教室》2008年第75期。

62.詹镇荣:《无偿性通讯监察设备设置义务之合宪性疑义》,载《月旦法学》2000年第64期。

63.詹镇荣:《德国法中社会自我管制机制初探》,载《政大法学评论》2004年第78期。

64.詹镇荣:《论民营化类型中之公私协力》,载《月旦法学》2003年第102期。

65.詹镇荣:《变迁中之行政组织法——从组织形式选择自由到组织最适诫命》,载《中研院法学期刊》2010年第6期。

66.詹镇荣:《民营化后国家影响与管制义务之理论与实践——以组织私法化与任务私人化之基本型为中心》,载《东吴法律学报》2003年第1期。

67.詹镇荣:《无偿性通讯监察设备设置义务之合宪性疑义》,载《月旦法学》2000年第64期。

68.詹镇荣:《竞争者无歧视程序形成请求权之保障》,载《月旦法学》2006年第138期。

69.[德]Jan Ziekow:《从德国宪法与行政法观点论公私协力》,詹镇荣译,载《月旦法学》2010年第180期。

70.詹镇荣:《促进民间参与公共建设法之现实与理论——评台北“高等行政法院”之ETC相关裁判》,载《月旦法学》2006年第134期。

71.曾淑芬、谢豫立:《信息社会、全球化经济与福利国家》,载《当代杂志》2001年第171期。

72.廖俊松:《福利国家私部门化的观察与检讨》,载《小区发展季刊》1999年第85期。

73.廖俊松:《二十一世纪的公共管理:从新公共管理到民主治理》,载《行政》2007年第76期。

74.古允文:《从福利国家发展谈私部门化下国家角色的转换》,载《小区发展季刊》1997年第80期。

75.李宗勋:《公私协力与委外化的效应与价值:一项进行中的治理改造工程》,载《公共行政学报》2004年第12期。

76.黄茂荣:《政府业务委托民间办理相关法制之研究》,载《植根杂志》1999年第8期。

77.陈铭聪:《私人参与社会管理的法律问题》,载《东吴法学》2012年春季版。

78.陈铭聪:《浅谈私人参与公共事务的界限》,载《江苏法制报》第6版法学研究,2010年2月20日。

79.陈铭聪:《美国征收法制中公共利益研究》,载《三江高教》2012年第2期。

80.黄学贤、陈铭聪:《行政合同与具体行政行为的代替关系和选择标准之研究》,载《江淮论坛》2011年第248期。

81.马乐、田园:《行政协助的法律定位与控制》,载《行政与法》2005年第5期。

82.林明锵:《论行政委托私人——其基本概念、法律关系及限制监督》,载《宪政时代》1993年第2期。

83.林明锵:《促进民间参与公共建设法事件法律性质之分析》,载《台湾地区本土法学》2006年第82期。

84.周志宏:《教育事务私部门化的法律问题》,载《月旦法学》2003年第

102期。

85.林子仪:《行政检查业务委托民间办理法制之研究报告》,"行政院研究发展考核委员会"委托,1998年。

86.王毓正:《论国家环境保护义务之私化》,载《月旦法学》2004年第104期。

87.张文郁:《行政委托》,载《台湾地区本土法学》2002年第41期。

88.蔡茂寅:《行政委托与法律保留原则》,载《月旦法学》2002年第83期。

89.蔡茂寅:《财政法》,载《月旦法学教室》2008年第70期。

90.蔡茂寅:《政策统合机关、独立机关定位及设立原则探讨》,载《国家政策季刊》2002年创刊号。

91.黄学贤、陈铭聪:《正当法律程序在土地征收程序的适用研究》,载《甘肃行政学院学报》2011年第2期。

92.李建良:《行政合同与私法合同区分的新思维——从青年公园设施委托经营管理维护合同定性问题谈起》,载《月旦法学》2008年157期。

93.李建良:《具体行政行为的解决与行政救济途径的择定》,载《台湾地区本土法学》2002年第40期。

94.李建良:《因执行违规车辆拖吊及保管所生损害之国家赔偿责任——兼论委托私部门行使公权力之态样与国家赔偿责任》,载《中兴法学》1995年第39期。

95.李震山:《以法律赋予私部门完成行政任务之法理思考》,载《月旦法学》2000年第63期。

96.詹镇荣:《无偿性通讯监察设备设置义务之合宪性疑义》,载《月旦法学》2000年第64期。

97.程明修:《行政诉讼模式之适用——有关双阶理论、行政处分是否消灭的争议》,载《台湾地区本土法学》2006年第81期。

98.程明修:《国家通过公共场所的监视器对人民基本权利的干预》,载《法学讲座》2002年第3期。

99.程明修:《公私协力行为对建构行政合作法之影响——以台北"高等法院"ETC案为契机》,载《月旦法学》2006年第135期。

100.程明修:《公私协力合同与行政合作法——以德国联邦行政程序法之改革构想为中心》,载《兴大法学》2010年第7期。

101.吴志光:《ETC裁判与行政合同——兼论德国行政合同法制之变革方向》,载《月旦法学》2006年第135期。

102.吴志光:《公私协力行为之公法化趋势——以委托经营管理及促进民间参与公共建设法之实务见解为核心》,载《辅仁法学》2008年第36期。

103.陈英钤:《行政法院作为行政程序的守护神》,载《月旦法学》2006年5月。

104.黄振声:《政府部门奖励民间参与交通建设之研究:以台北市公共停车场BOT为例》,台北大学公共行政暨政策学系2002年硕士论文。

105.李东颖:《行政任务委托民间的宪法界限——以公安机关危害防止任务作为观察对象》,台北大学法学系2003年硕士论文。

106.许登科:《德国担保国家理论为基础之公私协力法制——对台湾促进民间参与公共建设法之启示》,台湾大学法律学研究所2008年博士论文。

107.刘如慧:《论行政机关选择公法及私法手段之自由——以德国法为中心》,台湾大学法律研究所1995年硕士论文。

108.陈鸿嘉:《台湾公用民营事业市场解除管制之可行性研究——以天然气产业为例》,逢甲大学经营管理硕士在职专班2007年硕士论文。

109.洪咏智:《经济辅助竞争者诉讼之研究》,台湾辅仁大学法律学研究所1996年硕士论文。

110.李希扬:《台湾教育事业民营化之研究》,台湾师范大学教育系1999年硕士论文。

111.叶秀云:《业者参与公共建设之国家担保责任与强制接管》,台湾国防大学管理学院法律学系2010年硕士论文。

112.李丽娜:《论我国BOT特许经营行政合同存在的问题及其完善》,贵州大学2009年硕士论文。

113.赵磊:《行政法视域下的公私协力行为研究》,东北师范大学2011年硕士论文。

114.许文杰:《公私合作公共行政之理论与实践——公民性政府的理想型建构》,台湾政治大学公共行政学系1999年博士论文。

## 三、外文著作

1.Böckenförde, Ernst-Wolfgang: Demokratie als Verfassungsprinzip, in: J. Isensee/P. Kirchhof (Hg.), Handbuch des Staatsrechts, Band Ⅰ, § 22, 1995.

2.Drews, Bill/ Wacke, Gerhard / Vogel, Klaus/ Martens, Wolfgang: Gefahrenabwehr, 9.Aufl., 1986.

3.Erichsen, Hans-Uwe / Ehlers, Dirk(Hg.): Allgemeines Verwaltungsrecht, 12 Aufl., 2002.

4. Grabbe, Jügen, Verfassungsrechtliche Grenzen der Privatisierung kommunaler Aufgaben, 1979.

5.Guzy, Christoph: Polizeirecht, 2. Aufl., 1994.

6.Guzy, Christoph(Hg.): Privatisierung von Staatsaufgaben: Kriterien-Grenzen-Folgen, 1998.

7.Herzog, Roman: Ziel, Vorbehalt und Grenzen der Staatstätigkeit, in: J. Isensee/P. Kirchhof (Hg.), Handbuch des Staatsrechts, Band Ⅲ, § 58, 1998.

8.Helm, Thorsten Matthias, Rechtpflicht zur Privatisierung, 1999.

9.Isensee, Josef: Gemeinwohl und Staatsaufgaben im Verfassungsstaat, in: J. Isensee/P. Kirchhof(Hg.), Handbuch des Staatsrechts, Band Ⅰ, § 57, 1998.

10.Knemeyer, Franz-Ludwig: Polizei-und Ordnungsrecht, 7.Aufl., 1998.

11.Krebs, Walter: Verwaltungssorganisation, in: J. Isensee/P. Kirchhof (Hg.), Handbuch des Staatsrechts, Bd. Ⅲ, § 69, 1996.

12.Köhler, Gerd Michael / Dürig-Friedl, Cornelia: Demonstrations-und Versammlungsrecht, 4.Aufl., 2002.

13.Lisken/Denninger: Handbuch des Polizeirechts, 1992.

14.Maurer, Hatmut: Allgemeines Verwaltungsrecht, 12. Aulf., 1999.

15.Nitz, Gehard: Private und öffentliche Sicherheit, 2000.

16.Richter, Ingo / Schuppert, Gunnar Folke / Bumke, Christian: Casebook Verfassungsrecht, 4.Aufl., 2001.

17. Schuppert, Gunnar Folke (Hg.): Jenseits von Privatisierung und "schlankem" Staat, 1999.

18. Schmidt-Aßmann, Eberhard (Hg.): Besonderes Verwaltungsrecht, 10.Aufl., 1995.

19. Schmidt-Aßmann, Eberhard / Hoffmann-Reim, Wolfgang (Hg.): Oranisationsrecht als Steuerungsressource, 1997.

20.Schmidt-Aßmann, Eberhard / Hoffmann-Reim, Wolfgang(Hg.): Effizienz als Herausforderung an das Verwaltungsrecht, 1998.

21. Schmidt-Aßmann, Eberhard: Der Rechtsstaat, in: J. Isensee/P.

Kirchhof(Hg.),Handbuch des Staatsrechts,Bd.Ⅲ, § 23,1995.

22.Schuppert,Gunnar Folke: Die öffentliche Verwaltung im Kooperationsspektrum staatlicher und privater Aufgabenerfüllung : Zum Denken in Verantwortungsstufen,in: Die Verwaltung 31/1998.

## 四、外文期刊

1.Bauer,Hartmut: Privatisierung von Verwaltungsaufgaben,VVDStRL 54(1995),S. 243 ff.

2.Di Fabio,Udo: Verwaltung und Verwaltungsrecht zwischen gesellschaftlicher Selbstregulierung und staatlicher Steuerung, VVDStRL 56 (1997),S. 235 ff.

3. Gallwas, Hans-Ullrich: Die Erfüllung von Verwaltungsaufgaben durch Private,VVDStRL 29(1971),S. 211 ff.

4. Gramm, Christof: Schranken der Personalprivatisierung bei der inneren Sicherheit-Zugleich ein Beitrag zur Rechtsdogmatik des Art. 33 Abs. 4 GG,VerwArch 1999,S. 329 ff.

5. Heintzen, Markus: Beteiligung Privater an der Wahrnehmung öffentlicher Aufgaben und staatliche Verantwortung,VVDStRL 62(2003),S. 220 ff.

6. Hoffmann-Riem, Wolfgang: Übertragung der Polizeigewalt auf Private ?,ZRP 1977,277 ff.

7.Krölls, Albert: Die Privatisierung der inneren Sicherheit, GewArch 1997,S. 445 ff.

8.Osterloh,Lerke: Privatisierung von Verwaltungsaufgaben,VVDStRL 54(1995),S. 204 ff.

9.Pitschas,Rainer: Gefahrenabwehr durch private Sicherheitsdienste ? Zur gesetzlichen Neuregelung der Beziehungen zwischen Polizei und Sicherheitsgewerbe-,DÖV 1997,S. 393 ff.

10.Pitschas,Rainer: Polizeirecht im kooperativen Staat-innere Sicherheit zwischen Gefahrenabwehr und kriminalpräventiver Risikovorsoge, DÖV 2002,S. 221 ff.

11.Schmidt-Aßmann,Eberhard: Verwaltungslegitimation als Rechtsbegriff,AöR 116/1991,S. 329 ff.

12. Schmidt-Preuß, Matthias: Verwaltung und Verwaltungsrecht zwischen gesellschaftlicher Selbstregulierung und staatlicher Steuerung, VVDStRL 56(1997),S. 160 ff.

13. Schoch, Friedrich: Privatisierung von Verwaltungsaufgaben, DVBl. 1994,S. 962 ff.

14. Schulte, Martin: Gefarenabwehr durch private Sicherheitskräfte im Licht des staatslichen Gewaltmonopols, DVBl. 1995,S. 130 ff.

15. Stober, Rolf: Staatliches Gewaltmonopol und Sicherheitsgewerbe, NJW 1997,S. 889 ff.

16. Stober, Rolf: Police-Private-Partnership aus juristischer Sicht, DÖV 2000,S. 261 ff.

17. Stober, Rolf: Private Sicherheitsdienste als Dienstleister für die öffentliche Sicherheit ?, ZRP 2001,S. 260 ff.